I N V E S T I G A Ç Ã O

IMPRENSA DA UNIVERSIDADE DE COIMBRA
COIMBRA UNIVERSITY PRESS

EDIÇÃO
Imprensa da Universidade de Coimbra
Email: imprensauc@ci.uc.pt
URL: http//www.uc.pt/imprensa_uc
Vendas online: http://livrariadaimprensa.uc.pt

COORDENAÇÃO EDITORIAL
Imprensa da Universidade de Coimbra

CONCEPÇÃO GRÁFICA
António Barros

IMAGEM DA CAPA
By l0da_ralta [CC-BY-2.0 (http://creativecommons.org/licenses/by/2.0)],
via Wikimedia Commons

PRÉ-IMPRESSÃO
Mickael Silva

PRINT BY
CreateSpace

ISBN
978-989-26-0699-6

DOI
http://dx.doi.org/10.14195/978-989-26-0700-9

DEPÓSITO LEGAL
375353/14

© MAIO 2014, IMPRENSA DA UNIVERSIDADE DE COIMBRA

O SISTEMA DA INCOMPLETUDE

A *Doutrina da Ciência* de Fichte
de 1794 a 1804

DIOGO FERRER

IMPRENSA DA
UNIVERSIDADE
DE COIMBRA
COIMBRA
UNIVERSITY
PRESS

ÍNDICE

Apresentação 7
Introdução 11
  1. A Doutrina da Ciência como teoria da consciência 11
  2. A acção originária 18
  3. A reinterpretação fichteana do transcendentalismo. O método
    da Doutrina da Ciência 31
  4. A diferença crítica 36
    4.1. A sensibilidade não é o entendimento e vice-versa 36
    4.2. A diferença entre discursividade e intuição 38
    4.3. Passividade e actividade 42
    4.4. Posição e conceito 45

**1. Fundamentação e abertura. Os *Fundamentos da Doutrina
da Ciência* de 1794/1795** 49
  1. As condições da fundamentação do saber 49
  2. O eu como paradigma da identidade 53
    (1) Função do eu no desenvolvimento da doutrina 56
    (2) A atestação da identidade na consciência 57
    (3) O eu como fonte de sentido reflexiva e conceptual 58
  3. O jogo dos princípios 59
  4. A unidade dos princípios e a ambiguidade do primeiro princípio ... 61
    4.1. A unidade dos princípios 62
    4.2. A ambiguidade do primeiro princípio 63
  5. Os princípios e a sua relação com os conceitos sintéticos
    ou categorias 64
  6. O percurso da Doutrina da Ciência teórica 67
  7. A imaginação e a conclusão da Doutrina da Ciência teórica 77
  8. O teorema fichteano da incompletude 79
  9. A Doutrina da Ciência prática 83

2. A Doutrina da Ciência *Nova methodo* 87
   1. Uma exposição alterada 87
   2. A consciência imediata 92
   3. A *Nova methodo* como sistema do idealismo................. 94
   4. O princípio central da *Nova methodo*...................... 97
   5. A dedução do não-eu na *Nova methodo* 101
   6. As duas séries. A actividade prática e o sentimento............. 106
   7. Sentimento e corpo...................................... 110
   8. "Sair de si"... 112
   9. Teoria e prática 115

3. A síntese final da Doutrina da Ciência *Nova methodo* 119
   0. Pressupostos e enquadramento da síntese final da *Nova methodo* ... 119
   1. Como e onde percepcionar a razão?....................... 125
   2. A acção como apelo tornado percepcionável 127
   3. A concretização do apelo como base do sistema do idealismo
      e como cadeia da formação da consciência................... 129
   4/5. O Outro como noúmeno e como fenómeno................. 132
   6. Da livre articulação à organização natural do corpo 133
   7/8. A determinação recíproca entre real e ideal e o fecho do sistema 137

4. A *Exposição da Doutrina da Ciência* de 1801/1802 143
   1. Crítica e novos problemas a enfrentar 143
   2. A construção do saber 155
   3. A Introdução à *Exposição* de 1801/1802 como condução ao "saber
      absoluto"... 158
   4. Sobre os conceitos de ser e de liberdade na Introdução à *Exposição*
      de 1801/1802 163
   5. Excurso. O espaço do saber: a dialéctica do ponto e da linha 168
   6. Os princípios da auto-análise do saber...................... 170
   7. Sobre a segunda parte da *Exposição* de 1801/1802 181

5. O termo de um desenvolvimento: A primeira versão da *Doutrina da
   Ciência* de 1804 183
   1. A conclusão de um trajecto do pensamento 183
   2. O princípio da *Doutrina da Ciência* de 1804/I................ 189
   3. A problematicidade da evidência.......................... 194
   4. Superação da problematicidade da evidência 197
   5. O termo de um desenvolvimento. A auto-exposição do saber 202

Bibliografia.. 211

Apresentação

J. G. Fichte ocupa um lugar decisivo na história da filosofia. O seu pensamento é um momento central de uma época histórico-filosófica que se desenvolveu na sequência de Kant, época onde parecem ter sido exploradas e cumpridas, de um modo renovado, as possibilidades últimas da razão metafísica moderna. Fichte expôs uma teoria dos fundamentos do saber humano que visava apresentar, de uma maneira demonstrativa e sistemática, os primeiros princípios da consciência humana e das modalidades da sua relação com o mundo. Dado tratar-se de uma teoria do saber, que se pretendia científica em sentido filosófico, o autor denominou-a *Doutrina da Ciência* (*Wissenschaftslehre*). A partir de 1794 até à morte do autor, em 1814, a Doutrina da Ciência foi exposta em versões sucessivas, que jamais vieram a encontrar uma forma definitiva. Estes textos constituem um corpus filosófico único pelo seu ímpeto de questionamento, pela extensão e originalidade da sua reflexão acerca do que significa o saber, o pensar ou o experienciar conscientes.

A Doutrina da Ciência é, por um lado, um exemplo de imaginação filosófica e de busca sistemática de respostas para o problema que assume como seu. Mas a leitura do corpus fichteano é também, por outro lado, um exercício filosófico que se depara com diversos obstáculos. Estes devem-se ao estado inacabado – embora completo –, de quase todas as versões da Doutrina da Ciência, que constituem torsos não preparados para publicação pelo autor, bem como a dificuldades intrínsecas ao modo de escrita, ao método, ao estilo da argumentação, ao nível da abstracção atingido e, finalmente, ao carácter inédito de muito do seu vocabulário.

Este livro pode ser entendido como uma introdução às quatro primeiras versões da Doutrina da Ciência, redigidas entre 1794 e 1804, nomeadamente os *Fundamentos da Doutrina da Ciência* (1794/1795), a *Doutrina da Ciência nova methodo* (1796-1798), a *Exposição da Doutrina da Ciência* (1801/1802) e a primeira versão da *Doutrina da Ciência* de 1804. Mas pretende ir além da mera introdução, apresentando também um conjunto de novas interpretações que permitem recuperar o fio condutor de cada um destes textos, bem como a sua inserção dentro de uma coerência e de um desenvolvimento mais gerais do pensamento do autor. Oferece assim um percurso cronologicamente orientado por estes textos, reputados dos mais complexos da história da filosofia, buscando em cada um deles chaves de leitura claras, argumentos e teses principais, com atenção a algumas das mais importantes motivações externas e internas associadas às modificações que o pensamento do autor experimenta entre cada uma das versões da Doutrina.

O presente estudo foi apresentado em provas de agregação na Universidade de Coimbra em Abril de 2013. Parte dele teve origem em estudos de pós-doutoramento levados a cabo no Centro de Filosofia da Universidade de Lisboa ao abrigo de uma bolsa da Fundação para a Ciência e a Tecnologia – FCT, sob orientação do Prof. Doutor Leonel Ribeiro dos Santos, cujo incentivo e amizade agradeço muito especialmente. Agradeço também ao Prof. Doutor António Manuel Martins o suporte bibliográfico para este trabalho fornecido pela Unidade de Investigação Linguagem, Interpretação e Filosofia.

Partes da Introdução e de três dos capítulos foram expostos e discutidos como conferências na UNIOESTE - Universidade Estadual do Oeste do Paraná, Toledo, Brasil, em Junho de 2010 (Introdução), na Faculdade de Letras da Universidade de Coimbra, em Dezembro de 2011 (Capítulo 1) e na Universidade de Salamanca em Março de 2012 (Capítulo 2). Registo o meu agradecimento a essas instituições pelos honrosos convites nas pessoas dos Profs. Doutores António Manuel Martins, Reynner Franco e Luciano Utteich.

Todos os capítulos são inéditos, com excepção do Capítulo 4, do qual se encontra publicada uma versão castelhana sob o título "La síntesis final de la Doctrina de la Ciencia *Nova methodo*: Comentario al § 19", in *Endoxa*: Series Filosóficas, 30 (2012), pp. 411-430, publicada pela UNED de Madrid.

Além das pessoas já referidas, quero agradecer o incentivo intelectual, apoio e amizade dos Profs. Doutores Carmo Ferreira e Maria Luísa Portocarrero. Agradeço também ao Centro de Estudos Clássicos e Humanísticos –

CECH e à Imprensa da Univesidade de Coimbra, nomeadamente nas pessoas dos Profs. Doutores Maria do Céu Fialho e Delfim Leão, pelo patrocínio e a receptividade à publicação desta obra.

Introdução

1. A Doutrina da Ciência como teoria da consciência

A obra de Fichte contém a tentativa mais completa e sistemática de auto--interrogação na história da filosofia. Se a filosofia deve, em geral, passar por um estudo das condições da representação de qualquer objecto no saber ou no discurso, o pensamento de Fichte é um marco central na história da filosofia. Além deste esforço ímpar de auto-interrogação, Fichte elaborou também um dos mais significativos ensaios de um pensamento sistemático na história da filosofia ocidental. Segundo o autor, a sua filosofia é, "objectivamente, a doutrina de como o saber surge e se faz a si em geral, a sua história anterior ao seu nascimento".[1] O "saber" e a "ciência" ("Wissen", "Wissenschaft") são o tema central do seu pensamento teórico. O "saber" é um conceito comparável, com algumas restrições, à intencionalidade, i.e., engloba a totalidade dos conteúdos que podem ser presentes à consciência humana – com a restrição, contudo, de que sejam considerados como conteúdos válidos, ou seja, verdadeiros. Na medida em que é uma teoria acerca das condições de possibilidade dos vários tipos de conteúdos da consciência humana, o pensamento fichteano é comparável à fenomenologia transcendental. Fichte defende que

---

[1] "[...] objektive, Lehre wie das Wißen überhaupt sich macht, u. entsteht, seine Geschichte vor seiner Geburt" (*Gesamtausgabe der Bayerischen Akademie der Wissenschaften*, hrsg. von Reihard Lauth & Hans Jacob, Friedrich Frommann, Stuttgart – Bad Cannstatt, 1962-, volume II/10, 115). Esta edição das obras de Fichte será citada doravante sob a sigla GA seguida, sem outra indicação dos números da série/volume e página. As citações do texto de Fichte seguem a grafia original conforme esta edição, que diverge por vezes marcadamente da grafia alemã actual. Para uma recente visão geral do pensamento de Fichte, v. S. Turró, *Fichte: De la conciència a l'absolut* (Barcelona, 2011).

o saber tem determinadas características gerais que podem ser explicadas segundo leis ou padrões típicos e que se pode, por conseguinte, construir uma teoria geral do que é o saber e dos seus padrões gerais, teoria que denomina "Doutrina da Ciência".

A Doutrina da Ciência apresenta especiais dificuldades de leitura e interpretação, devidas a diferentes factores. A primeira dificuldade é o facto de dispormos de mais de quinze versões diferentes da mesma teoria, expostas ao longo de duas décadas de actividade filosófica, entre 1793 e 1814. Assim, haveria que determinar que versão deve ser privilegiada, qual delas apresenta o pensamento e teorias de Fichte numa forma mais completa e coerente. Em segundo lugar, cada um destas versões apresenta-se ao leitor como um difícil caminho de discussões abstractas por vezes labirínticas acerca de conceitos cognitivos e metafísicos, servindo-se de um método específico, que nem sempre é claro. Acresce que somente a primeira destas versões foi pensada e preparada pelo autor para publicação, tendo as restantes ficado no estado de torso, onde as transições argumentativas raramente são suficientemente claras. Como dificuldade da coisa mesma observa-se que o tipo de investigação transcendental levada a cabo por Fichte tem de se contentar com um instrumento adaptado, a linguagem, cujo uso primeiro é a referência, a diferentes títulos, a objectos, e não às condições de possibilidade de toda a objectividade, ou do sentido em geral.

Com estes problemas em mente, tentaremos mostrar, ao longo de uma interpretação e um percurso reconstrutivo da *Doutrina da Ciência* nas suas diferentes exposições entre 1794/1795 até 1804, que o seu estudo é filosoficamente recompensador. Esta década de reflexão do autor mostra-nos um período de descoberta, um outro de aprofundamento e extensão e, finalmente, uma chegada a um ponto de vista de equilíbrio que se deverá manter, nos seus traços gerais, nas exposições até à morte do autor, em 1814. Por falta de espaço, esta segunda década da Doutrina da Ciência não será objecto deste estudo. Centrar-nos-emos, então no estudo das versões de 1794/1795, de 1796/1798, de 1801/1802 e na primeira versão de 1804.

Os difíceis caminhos da reflexão de Fichte acerca do saber e da "ciência" levantam e respondem sistematicamente a questões importantes sobre conceitos epistemológicos fundamentais, e constroem a pouco e pouco uma panorâmica coerente e sistemática acerca do conhecimento e da acção humanos. Questões clássicas da filosofia são reapresentadas sob uma óptica do problema da fundamentação, sujeitas a uma discussão permanente das razões para qualquer tese ou ideia apresentada. Seria difícil encontrar muitos outros pensadores com um cuidado – e *pathos* – comparável em fundamentar em última instância e sistematicamente as suas afirmações.

A variedade das exposições de uma mesma doutrina pode significar duas coisas: ou o autor supõe que a sua teoria não deve, por alguma razão, ter uma forma canónica, ou crê não ter encontrado uma tal forma acabada para a filosofia. Embora Fichte escreva ocasionalmente que está ainda à procura de uma exposição mais perfeita para a doutrina ou, numa carta, que dispõe de um "sistema completo também na sua forma exterior",[2] defende também, já desde o início em 1794, que o seu sistema não é adaptável a nenhuma terminologia fixa.[3] Por isso, "a minha teoria pode ser exposta de modo infinitamente variável. Cada um terá de a pensar diferentemente, de modo a que *ele próprio* a possa pensar."[4] E reafirmará, ainda em 1805, que "a Doutrina da Ciência não é de todo um livro impresso: é um pensamento vivo, que tem de ser produzido sempre de novo e que se exprime de modo diverso sob diferentes condições da época e da comunicação."[5]

As diferentes exposições não apresentam uma estrutura comum, uma ordem ou sequência fixa de questões. Há a busca de um ponto central, ou de uma "síntese suprema", ou seja, de um fundamento ou razão última a que se deixam de algum modo reconduzir todas as outras razões. Mas o local preciso em que esta síntese última ocorre é variável, ou mesmo múltipla em cada uma das versões, a sua definição é mutável, sem prejuízo de princípios gerais de compreensão que são convergentes em todas as diferentes versões, e que justificam que se fale de *uma* Doutrina da Ciência. Em 1801/1802, Fichte apresenta um apontamento "acerca do método da WL"[6] onde se encon-

---

[2] GA III/5, N. 657.
[3] Cf. GA I/2, 252
[4] Carta a Reinhold, 21.3.1797. Cf. GA III/2, 346.
[5] GA II/9, 181.
[6] Utilizarei com frequência, para designar a filosofia teórica de Fichte, a abreviatura "WL", de "Wissenschaftslehre" ("Doutrina da Ciência").

tra uma definição que parece corresponder com efeito ao procedimento das sucessivas exposições. Pelo que tem de esclarecedor e de orientação para a leitura e compreensão do procedimento das exposições da WL, citamos um longo excerto: a WL é "um só olhar claro, que unifica o diverso e faz o uno fluir num diverso [...]. A Doutrina da Ciência permanece assim, em toda a extensão e amplitude que se lhe possa dar na exposição sucessiva, sempre somente um e o mesmo olhar indivisível, o qual se eleva, a partir do zero de claridade, onde ele tão-somente *é*, mas não se conhece, sucessiva e gradualmente até à clareza, simplesmente, onde ele intimamente se penetra, onde reside e existe [...]. Esta ciência não prossegue para a frente numa sequência simples, como uma linha [...]; um tal procedimento só é possível dentro e sobre um organismo do saber já pressuposto e subjacente [...]: pelo contrário, a WL tira conclusões multilateral e reciprocamente, sempre a partir de um ponto central em direcção a todos os pontos, e de todos os pontos novamente de volta, tal como num corpo orgânico."[7] Assim, a referida "forma externa acabada" da doutrina não deve significar uma letra ou exposição fixa, mas que a exposição, além de apresentar os princípios do saber, é capaz de mostrar como e porque a razão é uma faculdade que não se pode esgotar em qualquer perspectiva que a pretenda expor. Nesta medida, a Doutrina da Ciência é uma ideia em sentido kantiano, de acordo, aliás, com a afirmação deste de que o sistema é, justamente, uma ideia. Ou, como Fichte afirma ainda muito cedo no seu desenvolvimento filosófico, "filosofias como a sua ou a de Kant podem ser expostas de várias maneiras diferentes".[8]

A tese principal da WL exposta neste último ponto, ou seja, a impossibilidade de fixar terminologicamente a actividade do eu, é directamente rele-

---

[7] "[...] der Eine klare Blik, der das Mannigfaltige einet, und das Eine in ein Mannigfaltiges verströmt [...]. Somit bliebe die Wissenschaftslehre, in der ganze Länge, und Ausdehnung, die man ihr durch den successiven Vortrag geben möchte, doch immer nur ein und eben derselbe untheilbare Blik, der nur aus dem Zero der Klarheit, in welchem er bloß ist, aber sich nicht kennt, successiv und gradweise erhoben würde zur Klarheit schlechthin, wo er sich selbst innigst durchdringt, und in sich selbst wohnet und ist [...]. Diese Wissenschaft ist nicht vorwärts folgernd in einer einfachen Reihe, gleichwie eine Linie, [...] dergleichen Verfahren nur innerhalb und über einem schon vorausgesezten und unterliegenden Organismus des Wissens möglich ist [...]: sondern sie ist allseitig und wechselseitig folgernd, immer aus einem CentralPunkte aus nach allen Punkten hin, und von allen Punkten zurük, gleichwie in einem organischen Körper" (GA II/6, 142-143).

[8] GA III/2, 343.

vante para a questão da multiplicidade das exposições. Fichte estabelece a necessidade metodológica de que esta ciência explique não só o saber e a representação, em toda a multiplicidade das suas ordens e categorias, mas que se exponha também a si em si mesma. De algum modo, a ciência tem de conter em si algo como um capítulo acerca de si mesma como ciência. Assim, "uma filosofia que não se possa explicar, fundar ou justificar a si mesma [...] é certamente falsa."[9] Uma condição central da validade de uma doutrina filosófica é, então, a sua capacidade de auto-explicitação e de justificação teórica de si mesma.

Compreender a inadequação de qualquer terminologia ou forma fixas não significa que a multiplicidade das exposições não levante questões. A "ciência" de Fichte carece de interpretação em muitos pontos da sua exposição e conteúdo. A despeito da justificação teórica para a multiplicidade das exposições, não pode deixar de ser questionado se a variedade das exposições significa que Fichte mudou radicalmente as suas perspectivas, como defendido por alguns intérpretes,[10] se essa alteração significa um desenvolvimento ordenado ou se não se trata de uma variação arbitrária sem ordem ou sentido definido de desenvolvimento. Há uma série ordenada de exposições, que novos pontos teóricos emergem nas sucessivas exposições, o que conduz Fichte a introduzir novos pontos de vista? Há razões internas para o desenvolvimento das exposições ou deveríamos antes buscar razões externas?

Não há dúvida de que um grande impulso para o desenvolvimento da doutrina é determinado pela crítica de filósofos como Jacobi, Schelling ou Hegel. Defenderei que nalguma medida, com as suas versões mais tardias, Fichte

---

[9] GA II/11, 299.

[10] Esta é a "Windelband-Rickert-Schule", a que se opõe a "Fischer-Wundt-Schule" segundo a denominação de W. Janke, *Die dreifache Vollendung des Deutschen Idealismus: Schelling, Hegel und Fichtes ungeschriebene Lehren* (Amsterdam – New York, 2009, 174). Para um sumário acerca da "doutrina alterada" e sobre os factores externos vs. internos do desenvolvimento da WL na interpretação do séc. XIX e primeiras décadas do séc. XX, v. ainda M. Wundt, *Fichte-Forschungen* (Stuttgart, 1929), que faz um estudo de algumas das principais versões da WL até 1813, concluindo que não há uma "transformação contínua da sua doutrina mas, pelo contrário, [...] diferentes roupagens para um e o mesmo pensamnto fundamental" ("[...] fortgesetzte Veränderung seiner [sc. Fichtes] Lehre, sondern vielmehr [...] verschiedene Einkleidungen eines und desseben Grundgedankens") (op. cit. 7). Mais recentemente Janke (op. cit., 175) entende que há um desenvolvimento dentro de um programa que permanence idêntico, mas que só atinge a sua forma completa entre 1801 e 1804.

pretende mostrar que as novidades filosóficas dos seus críticos só podem ser entendidas à luz dos conceitos da própria WL. Esta integra temas e questões tomadas dos seus críticos, reconduzindo-os, no entanto, sempre ao seu próprio ponto de vista. Está fora de questão que a WL de 1801/1802, ou de 1804/II, por exemplo, incluem uma resposta a estas críticas. Fichte jamais assumiu uma crítica interna à sua própria teoria,[11] mas pretendia mostrar, aparentemente, que ela era capaz de lidar com os seus críticos sem ter de abandonar o seu próprio território, que não obstante as críticas e novas perspectivas filosóficas de outros autores, a WL manteve-se como o único fundamento último para a compreensão do saber humano. Como explicitamente reconhece, Fichte busca "acompanhar o seu tempo com a sua interpretação".[12] A questão que deve ser posta ao nível da interpretação é em que medida Fichte teve êxito neste propósito ou se foi forçado a introduzir novos significados para os seus conceitos, ou novos conceitos fundamentais que representem uma alteração das perspectivas da teoria.[13]

Uma questão central é a de saber se estes princípios formam um sistema, e se é possível encontrar uma perspectiva unificada sobre eles. A condição de possibilidade principal da filosofia como uma busca *a priori* de conceitos adequados depende de uma unidade sistemática. Se não há princípios comuns para as diversas áreas ou "sistemas" do saber, então, esse mesmo reconhecimento do facto de que estas diferentes áreas ou "sistemas" do saber não têm princípios comuns é um tipo de saber cujos princípios não devem ficar desconhecidos, mas devem ser inquiridos. Esta ideia, de que mesmo uma afirmação céptica deve ser em última instância fundada, é típica da Doutrina

---

[11] Apesar da nota na WL 1804/I (GA II/7, 220), onde se lê que a "consciência da luz como princípio do seu próprio ser e, provavelmente, só por intermédio do seu princípio, como princípio de um outro ser objectivo, é o ponto de vista fáctico próprio da WL e da filosofia transcendental em geral, facticidade além da qual não foram as exposições da WL até aqui" ("[...] das leztere Bewußtseyn [sc. des Lichtes als Prinzip seines eigenes Seyns und wahrscheinlich erst vermittelst dessen Prinzip eines anderen objektiven Seyns ist] der eigentliche faktische Standpunkt der WL und der TranszendentalPhilosophie überhaupt, in welcher Faktizität nun die bisherigen Darstellungen der WL stehen geblieben [...].") Mas voltaremos a esta questão no nosso capítulo final.

[12] SW VII, 264.

[13] Para um exemplo claro, ao nível do pensamento político, deste procedimento, v. o nosso artigo, D. Ferrer, "O Nacionalismo de Fichte e a Transformação da Doutrina da Ciência", in *Revista Filosófica e Coimbra* 17 (2000), 97-119.

da Ciência. Segundo isto, não saber os princípios de algum saber significa que este saber é reconhecido como um *facto*, enquanto que a filosofia transcendental significa, pelo contrário, saber os princípios, ditos "genéticos" que subjazem aos factos. Se há um princípio de não saber, este princípio deveria ser integralmente conhecido, exposto e justificado.

Conforme Fichte expõe no opúsculo introdutório à WL, o *Conceito da Doutrina da Ciência*, de 1794, se encontrássemos que não há somente um, mas vários sistemas diferentes de conhecimento, isto significaria em última instância a facticidade de todo o conhecimento e a impossibilidade de uma filosofia transcendental. O saber estaria perante nós como um mero facto, sem princípios últimos e a filosofia não teria sentido como teoria do saber. E se se admitir que *ciência* significa conhecimento dos princípios, a inexistência de princípios últimos significaria tão-somente a impossibilidade da WL. O saber teria de ser tomado como um facto em última instância inexplicável, cujos princípios últimos não poderiam ser conhecidos. Uma perspectiva unificada sobre o saber humano, que não assentasse novamente sobre um facto por explicar é a WL, e Fichte defende que "este sistema [sc. a WL] traz *unidade* e *coerência* ao ser humano completo".[14] Isto significa que os diferentes sistemas do saber devem ser reunidos sob uma explicação unificada. Este é o ideal do conhecimento científico, e a razão por que a filosofia é denominada "ciência".

Estas leis e padrões do saber que o filósofo busca não podem ser expostos satisfatoriamente de um modo naturalístico, porquanto segundo Fichte não podem dispensar conceitos que não pertencem ao campo da natureza objectiva. Sob uma explicação naturalística, o saber teria de ser tomado como um facto empírico, ou "histórico", na terminologia do autor. A inadequação de tomar o saber como um facto empírico, ou como o que na altura se denominava um "facto de consciência" foi o impulso decisivo para a primeira descoberta filosófica de Fichte, como se verá mais abaixo.

Deve-se notar que até 1801 Fichte empregou com muito maior frequência o termo "representação" ("Vorstellung"), como precursor do que mais tarde chamou "saber". A principal tarefa da filosofia, neste primeiro período até

---

[14] GA I/2. Este é um tópico principal do opúsculo *O Conceito da WL* de 1794 (cf. GA I/2, 115, 121) e também das exposições da WL de 1804 (cf. GA II/7, 68; GA II/8, 8-10).

1801, foi definida como a de "explicar a representação", a que se seguiu, no período posterior, a de compreender "o que é o saber em si".[15] Supondo que a consciência humana tem regras e padrões sob os quais ela representa ou "põe" representações, a resposta a esta tarefa incluiria uma explicação e ordenação sistemática dos conteúdos da consciência humana.

2. A Acção Originária

Que a representação não pode ser ela mesma considerada um facto, sujeito às mesmas condições de aparição de qualquer outro facto empírico foi a razão por que Fichte introduziu, como uma descoberta filosófica fundamental, o conceito de "Tathandlung", i.e., de um "acto originário". O neologismo "Tathandlung", que não é traduzível satisfatoriamente para o português, foi introduzida na sua *Recensão de Enesidemo*, publicada em 1793.[16] O termo é construído por analogia com o termo alemão "Tatsache", substituindo o elemento "Sache", que significa "coisa", pelo elemento "Handlung", ou seja, "acção". Isto significa algo como "facto-acto", "acto-acção" ou "estado de acção".[17] A inovação terminológica traz à linguagem a tese de que a consciência, apesar de aparecer a si mesma, ou seja, para nós, como um facto, só pode ser explicada como contendo na sua base um acto. A representação é um facto que resulta de um acto. A tese supõe uma ontologia que torne consistente e conceptualmente produtiva uma distinção essencial entre facto e acto. O primado metafísico da acção é, talvez, o traço característico mais durável

---

[15] Cf. GA II/7, 74, 86; GA II/9, 180.

[16] GA I/2, 46.

[17] R. R. Torres Filho, propõe "estado-de-acção" (Fichte, *A Doutrina-da-Ciência de 1794 e outros Escritos*, trad. R. R. Torres Filho, São Paulo, 1988³, 43); na nossa tradução propomos "acto-acção" (Fichte, *Fundamentos da Doutrina da Ciência Completa*, trad. D. Ferrer, Lisboa, 1997). Veja-se a explicação de Neuhouser, que propõe "Fact-act" (F. Neuhouser, *Fichte's Theory of Subjectivity*, Cambridge, 1990, 102, 106). A. Schnell (*Réflexion et spéculation: L'idéalisme transcendantal chez Fichte et Schelling*, Grenoble, 2009, 67) recolhe as seguintes propostas de tradução: "'fait-action' (A Renault), ou [...] "actuation" (J.-Ch. Goddard) ou, de façon moins convaincante [...] 'action agie' (I. Thomas-Fogiel') ou 'action efficace' au sens ancien de ce qui a une efficace (X. Tilliete)." Na inexistência de um neologismo satisfatório noutras línguas, a expressão "acção originária" poderá dar conta do termo.

em toda a evolução do pensamento de Fichte, e manifesta-se em dois aspectos inovadores do seu pensamento. A centração da filosofia primeira na acção conduz o autor, por um lado, ao exercício de um método filosófico inovador no contexto da história da filosofia e, por outro lado, tem como resultado uma metafísica da acção que pretende levar a filosofia transcendental-crítica de Kant até aos seus limites últimos.

Nas suas *Meditações próprias sobre a Filosofia Elementar*,[18] um questionamento crítico da "filosofia elementar" de Reinhold,[19] redigido pouco antes da *Recensão de Enesidemo*, Fichte concorda com Schulze,[20] que procurou mostrar no seu livro *Enesidemo* que a representação, como um *facto*, não pode ser explicada por um outro facto, o facto da consciência.[21] O argumento de Schulze pretendia ser uma refutação céptica da filosofia crítica de Reinhold, que fundava toda a representação sobre o "facto da consciência".[22] Mas foi interpretado por Fichte como uma crítica a qualquer filosofia que tome algum facto como o seu dado primeiro. Se de todo pode ser fundada, a representação de factos enquanto tal não pode ser fundada em nenhum outro facto, uma

---

[18] GA II/3, 21-177.

[19] O austríaco Karl Leonhard Reinhold (1758–1823) pode ser considerado o primeiro filósofo efectivamente pós-kantiano. Esteve entre os primeiros a reconhecer o significado do pensamento de Kant, ao mesmo tempo em que identificou e buscou resolver as suas insuficiências, desenvolvendo a sua chamada "filosofia elementar". Nesta, procurava unificar a filosofia kantiana com base no conceito de representação. Teve um papel essencial tanto na divulgação quanto no desenvolvimento da filosofia além de Kant e, como resultado deste labor filosófico, leccionou a partir de 1787 na Universidade de Iena. Nas palavras de D. Henrich, Reinhold "foi influente como o fundador do monismo metodológico" que Fichte adoptou como ponto central da sua filosofia, e "introduziu um princípio da consciência como o axioma básico da sua filosofia fundamental [,...] que considerou poder fornecer os fundamentos para o pensamento válido, que Kant não tinha exposto na sua filosofia crítica" (D. Henrich, *Between Kant and Hegel. Lectures on German Idealism*, Cambridge Mass., 2003, 73n.). As suas principais obras são o *Ensaio de uma Nova Teoria da Faculdade Humana da Representação*, de 1789 (*Versuch einer neuen Theorie des menschlichen Vorstellungsvermögens*) e a *Nova Exposição dos Momentos Principais da Filosofia Elementar* de 1790 (*Neue Darstellung der Hauptmomente der Elementarphilosophie*).

[20] Gottlob Ernst Schulze (1761-1833) publicou em 1792 uma obra de crítica céptica ao pensamento de Reinhold, o *Enesidemo* (*Aenesidemus oder über die Fundamente der von dem Herrn Professor Reinhold in Jena gelieferten Elementar-Philosophie*). Cf. Henrich, op. cit., 147-152. Esta obra de Schulze, sobre a qual Fichte redigiu a sua conhecida *Recensão do Enesidemo*, teve influência decisiva sobre Fichte e toda a filosofia pós-kantiana. Sobre estes autores, com traduções de alguns textos e excertos, v. Cf. F. Gil (Coord.), *Recepção da Crítica da Razão Pura* (Gulbenkian, Lisboa, 1992), 155-201, 249-269, 309-312).

[21] GA II/3, 26.

[22] Cf. GA I/2, 46.

vez que todo o facto possível, se pode de todo ser representado, i.e., presente à consciência, tem de estar também ele sujeito às condições da representação. E, assim, a consciência, na medida em que é um facto, não pode fundar a representação. Ela é somente mais um facto a ser fundado de algum outro modo.

Esta fundação da representação sobre um facto corresponderia a uma fundamentação de tipo naturalístico, ou como Fichte estudará na sua *Primeira Introdução à Doutrina da Ciência*, de 1797, a fundar a representação em última instância sobre uma "coisa".[23] Na medida em que o *facto* enquanto tal é o que está em causa, a admissão de uma "coisa" ou de um dado de facto como candidato a fundamento do saber acarreta não distinguir o "facto" ou a "coisa" da sua representação.

Intervém aqui, no raciocínio de Fichte, a semântica do termo "fundamentar" ou "fundamento". O termo "fundamentar", considera o filósofo, obriga sempre a uma exterioridade do fundamento em relação ao fundado: "de acordo com o seu simples pensamento, o fundamento está fora do fundado".[24] Se esta semântica da exterioridade ou diferença entre fundamento e fundado for aceite, dentro de uma série de factos o fundamento de um facto pode ser encontrado num outro facto. Porém, na medida em que for legítima uma tradução conceptual da questão, a facticidade em geral não pode ser fundada num outro facto, e teríamos então de transcender a esfera dos factos. O problema será, consequentemente, o da legitimidade desta tradução e generalização conceptuais da pergunta pelo fundamento. Podem-se levantar, aqui, diversas questões: (a) porque se há-de tentar construir conceitos de generalidade de tipo metafísico-transcendental; (b) se de todo faz sentido questionar além da experiência dada e, em caso positivo, de que coisas há, (c) efectiva ou (d) legitimamente, conceitos. Para tais questões introdutórias, situadas no limite do sentido de todo o questionamento metafísico-transcendental de Fichte, podem encontrar-se em diferentes pontos da obra diversas linhas de resposta, que não se deverão, contudo, apresentar aqui senão de modo introdutório.

---

[23] Cf. GA I/4, 188.

[24] "Der Grund fällt, zufolge des bloßen Denkens eines Grundes, außerhalb des Begründeten" (GA I/4, 187).

(a) O motivo de buscar conceitos gerais a este nível já foi enunciado: trata--se de inquirir, a fim de a promover, acerca da unidade não só da consciência humana, mas do "homem inteiro". A questão parte de uma vontade de unificação, compreensão e coerência da consciência humana perante si mesma e o seu mundo. Segundo a *Primeira Introdução à Doutrina da Ciência*,[25] a limitação da inquirição ao plano das 'coisas' não abre qualquer perspectiva de explicação daquilo que caracteriza mais propriamente o domínio da consciência, a saber, a sua idealidade. Há aqui um assumir o dado, e aparente facto, de que uma tal explicação da consciência corresponderia à sua integração num domínio ou "série" a que não pertence por direito, e cujo modo de conceptualização e linguagem lhe são essencialmente inadequados.[26] (b) Fichte pretende atribuir sentido ao questionamento além da experiência dada, essencialmente pela noção de acção, ou do que se faz para além do que simplesmente se parece constatar como dado. Especialmente a partir do período mais tardio da evolução do seu pensamento, Fichte explica repetidamente que os objectos (conceptuais e intuitivos) de que fala têm de ser produzidos por cada um. A quem faltar esta capacidade de produzir conceptualmente, como uma acção, os objectos de que se fala, o discurso da WL não tem objecto.[27] Porque a consciência é, em geral, uma actividade, os conceitos são produzidos por ela, tanto os abstractos quanto os empíricos. (c) Fichte denomina "intuição intelectual" esta capacidade de produzir os conteúdos, e não alguma visão 'interior' de objectos privados. (d) Os conceitos legítimos são aqueles que permitem a perspectiva de uma auto-compreensão unificada da consciência humana. Esta auto-compreensão é o saber do saber, ou seja, a própria WL, cuja possibilidade deve ser demonstrada, por isso, pela sua realização.[28] Na medida em que o saber e os conceitos envolvidos na sua explicitação são produzidos pelo eu, não é possível estabelecer antecipadamente, num saber

---

[25] Cf. GA I/4, 196.

[26] Actualmente conhecemos um problema semelhante na tradução dos denominados *qualia* em linguagem não fenomenalista, ou fisicalista. Cf. J. Greve – A. Schnabel, *Emergenz. Zur Analyse und Erklärung komplexer Strukturen*, Frankfurt a.M., 2011, 14.

[27] Cf. WL II/9, 179.

[28] GA I/2, 117; tb. II/6, 140.

prévio, a possibilidade ou não da unidade de todo o saber. A "ciência" é, em geral, uma realização, não um dado.

Assim, se é possível uma inquirição da facticidade em geral para além da série dos factos, a representação não deve ser entendida como um facto a mais, a ser de algum modo fundado. Isso significa que o "saber", e não a "coisa" sabida como facto deve vir em primeiro lugar na lógica da fundamentação, e a explicação da representação não pode ser feita, segundo Fichte, com base em razões naturalísticas, ou em geral na natureza. Há um "salto" entre a natureza e o eu.[29] Fichte recusa todo o tipo de "Naturphilosophie" ("Filosofia da natureza"), ou seja, qualquer filosofia para a qual a natureza esteja em primeiro lugar no que diz respeito à compreensão da representação ou do "saber". Este será o motivo central da sua longa controvérsia com Schelling.[30]

A toda esta questão acerca do estatuto de facticidade do saber e da sua fundamentação, Fichte responde na *Recensão de Enesidemo* que "a primeira pressuposição errada que conduziu [Reinhold] à sua exposição acerca dos princípios de toda a filosofia é que se tem de partir de um facto. Temos de ter um princípio real, e não somente formal. Um tal princípio não pode expressar um facto (Tatsache), mas pode também expressar um acto originário (Tathandlung)."[31] Esta complexa ideia levanta algumas novas questões e tem uma importante consequência. (a) Em primeiro lugar, o que distingue de modo tão fundamental um facto possível ou real na consciência, ou da consciência, do chamado "acto originário" ("Tathandlung")? (b) Em segundo lugar, porque e como pode o conceito de acto explicar a representação melhor do que algum facto? (c) Terceiro, não é a *Tathandlung* apenas um conceito metafísico que ultrapassa toda a experiência possível e, por isso, inaceitável para uma filosofia crítica? E (d) quarto, como uma consequência, um tal conceito implica que a *Tathandlung* não pode ser representada, ou seja, que não pode ocorrer como um facto na consciência.

(a) A primeira questão a abrir o caminho para a compreensão da acção como fundamento último, é sobre o que distingue fundamentalmente um

---

[29] GA I/2, 427.
[30] V. o cap. 4 infra.
[31] GA I/2, 46.

facto possível ou real na consciência, ou o facto da consciência, do denominado "acto originário". Um facto é somente uma ocorrência dada que pode, em princípio, ser uma coisa, um objecto ou processo natural representado na consciência. Ao substituir o facto por um acto, Fichte defende que o significado tem de ser em última instância produzido ou, ao menos, que só pode ser apreendido por sujeitos capazes de acção. Em geral, o significado pressupõe a acção ou a sua possibilidade. O saber envolve necessariamente significados, e este é o resultado de uma "produção", levada a cabo por agentes. Segundo Fichte, o significado não é originalmente um conteúdo mental, seja de sujeitos naturais, psicológicos, lógicos ou transcendentais. O significado não é de todo originalmente um conteúdo a ser apreendido por mentes, mas o resultado da existência de agentes. Implica que se se nega a existência de agentes, nega-se também ou a existência de saber ou, ao menos, a possibilidade de explicar a representação e de fundamentar o saber.

Esta última implicação é importante porquanto Fichte defende em diversas ocasiões, como dois pontos essenciais da filosofia, que (1) a existência do saber não é necessária,[32] e (2) que a possibilidade de fundar a representação é somente aquilo que poderíamos denominar uma hipótese de trabalho e não uma certeza, ou dogma filosófico. A não necessidade do saber é um tema central a partir de 1801 e, como veremos, está na base da afirmação da sua liberdade, que será um dos princípios centrais da fundamentação do saber.

A existência de agentes implica o saber, e a existência deste implica os primeiros. Fichte aceita claramente que este é um círculo, mas um círculo necessário na filosofia, e cujos termos são funcionalmente diferenciados dentro da totalidade do saber. Este círculo não é vicioso na medida em que abrange toda a possibilidade do saber em geral. Supondo que esta implicação pode ser provada como correcta e necessária, se se nega a existência do saber e de agentes não teria sentido dizer ainda qualquer outra coisa. Qualquer interpretação de Fichte não deve esquecer que se trata de uma "pragmática do espírito humano",[33] daquilo que se faz quando se pensa ou fala.

---

[32] Embora não seja de todo um "facto" no sentido de um facto empírico, o saber tem também um certo tipo de facticidade, ou seja, é contingente, pode ser ou não ser. Cf. e.g. GA II/7, 97, 142, 146, 153, 182. Mas acerca disto veja-se mais abaixo.

[33] GA I/2, 365.

As teses fichteanas podem ser vistas como uma redução do conteúdo teorético da representação à actividade prática, ou seja, como a eliminação ou explicação dos factos da consciência por intermédio dos actos do "eu". O principal resultado de uma tal abordagem pragmática é, segundo o filósofo, a unificação das faculdades teóricas e práticas da razão humana, ou seja, entre o saber e o agir. A unificação da razão, segundo Fichte um dos principais problemas que Kant deixou por resolver para os seus sucessores, significaria uma integração perfeita da actividade e da passividade do homem, do que ele sabe e do que faz, dos seus ideais projectados e da realidade. Uma tal unificação significa, para o autor, o ideal da liberdade.

(b) A nossa segunda questão era como e porque o conceito de um acto, melhor do que algum facto, pode explicar a representação? Como vimos, uma explicação da representação não deveria apontar para nenhuma outra representação, uma vez que explicar a representação por meio de alguma representação seria circular ou inútil. Fichte propõe, por isso, que a acção deve tomar o lugar dos factos como explicação da representação. Isto deverá evitar o círculo da reflexão, onde a consciência tem de ser já reflexiva antes de poder reflectir sobre si mesma.[34] Isto significa que a consciência, não obstante reflectir sobre si mesma, não é originariamente auto-reflexiva. Como Fichte afirma em 1794, o primeiro princípio da filosofia (como explicação da representação), "deve exprimir aquele acto originário que não ocorre, nem pode ocorrer entre as determinações empíricas da nossa consciência mas, pelo contrário, que está na base de toda a consciência, e unicamente a torna possível."[35] A consciência, embora seja um facto, funda-se sobre uma actividade que é qualificada como um "acto originário". Fichte desenvolve a ideia de que a representação ocorre *para* um eu, e que esta relação expressa pelo termo "para" não pode ser explicada como uma relação simplesmente objec-

---

[34] O estudo seminal para esta questão é o de D. Henrich, *Fichtes ursprüngliche Einsicht* (Frankfurt a. M,. 1967; v. esp. 14, 21, 30). Um tratamento actual e especialmente clarificador da questão encontra-se em U. Schwabe, *Individuelles und transindividuelles Ich. Die Selbstindividuation reiner Subjektivität und Fichtes Wissenschaftslehre. Mit einem durchlaufenden Kommentar zur Wissenschaftslehre nova methodo*, Paderborn – München 2007, 380ss.

[35] "[Er] soll diejenige Thathandlung ausdrücken, die unter den empirischen Bestimmungen unsers Bewustseyns nicht vorkommt, noch vorkommen kann, sondern vielmehr allem Bewustseyn zum Grunde liegt, und allein es möglich macht" (GA I/2, 255).

tiva, por exemplo, de causalidade entre duas coisas. A representação assenta sobre o facto de que o mundo – ou, em geral, segundo a terminologia fichteana: o não-eu – adquire e tem significado para o eu. Isto pressupõe "vida", conforme Fichte dirá mais tarde e, além disso, a actividade específica do eu. Não poderia haver relação de representação sob as condições tipicamente indiferentes de relação como a que duas coisas estabelecem entre si. A noção de *Tathandlung* exprime a hipótese de que a representação pode ser compreendida através da actividade.

(c) A terceira questão é se a *Tathandlung* é mais do que um conceito metafísico que ultrapassa toda a experiência possível e é por isso inaceitável para a filosofia crítica. Referiu-se como na *Segunda Introdução* de 1797, Fichte defende que o fundamento é exterior ao fundado. Assim, o fundamento da experiência tem de residir fora dela, e o fundamento da consciência igualmente fora da mesma. Contudo, Fichte aceita, por outro lado, o ponto crítico de que "o ser racional finito não dispõe de nada a não ser da experiência".[36] Isto poderia significar que a explicação da experiência e, logo, da representação empírica não é possível. No entanto, Fichte acrescenta que, apesar de o homem não dispor de nada além da experiência, ele pode reflectir ou "abstrair, i.e., separar, pela liberdade do pensar, aquilo que na experiência está ligado".[37] Assim, a reflexão sobre a experiência será o único meio de encontrar a sua explicação e fundamento. A reflexão desempenha um papel metodológico chave na WL. Todos os conceitos filosóficos são adquiridos por meio da reflexão sobre as condições de possibilidade de um determinado acto do espírito humano. A primeira condição é a actividade em geral, ou seja, o acto originário da *Tathandlung*. Segundo Fichte, a filosofia crítica interdita à intuição o acesso a algo além da experiência, mas não impede a "intuição de um acto".[38] Se isto é correcto, então a intuição de um acto que vai além da experiência deverá ser identificada com a reflexão sobre a experiência. A consciência da experiência, ou a representação assenta no acto da reflexão. Mas, uma vez que o acto originário não pode vir à consciência como facto ou

---

[36] GA I/4, 188.
[37] GA I/4, 188.
[38] GA I/4, 216-217.

algo presente a ela ou nela, o acto não é a própria reflexão empírica, mas o que torna possível a reflexão e a consciência empíricas. Fichte não está a considerar coisas em si como entidades físicas ou metafísicas, mas o modo como as coisas podem aparecer na representação. A WL não é uma teoria metafísica sobre coisas além da experiência, mas uma lógica transcendental, lógica da representação das coisas na consciência. Que neste ir além da experiência se possa falar de algo como uma metafísica do saber ou metafísica da acção é uma questão a ser tratada posteriormente, mas que não se opõe à ideia de uma lógica transcendental. A WL estuda as condições de possibilidade desta reflexão sobre a experiência.

A questão da lógica transcendental não é uma questão acerca do ser, como na metafísica, mas acerca do saber, e a reivindicação de Fichte é a de que o saber só pode ser compreendido sistematicamente por meio de conceito críticos. Ele compreende a sua filosofia como uma reinterpretação da filosofia transcendental de Kant. Considera a filosofia de Kant somente como uma apresentação de resultados, cujas premissas e fundamentos o próprio Kant não expõe. Posto que este conhece os resultados sem as premissas, Fichte pergunta se "o imortal Kant terá, como Sócrates, um génio que lhe diz aquilo que ele mesmo não conhece?"[39] O projecto da WL é, por conseguinte, de encontrar as premissas em falta, i.e., os fundamentos necessários à filosofia transcendental-crítica. Depois de completar a sua primeira exposição da Doutrina da Ciência mostrando como as formas da intuição podem ser derivadas da actividade do eu, Fichte fecha o seu *Esboço do que é próprio da Doutrina da Ciência* de 1795 justamente com a afirmação de que "trazemos agora o nosso leitor precisamente até ao ponto onde Kant o vem buscar."[40] A Doutrina da Ciência é a actividade do eu subjacente que produz as faculdades que Kant mostrou serem necessárias para a consciência objectiva. Mas teremos ainda de explicar mais profundamente a relação entre a filosofia de Fichte e o criticismo kantiano, em especial no que se refere ao sentido da divisão crítica das

---

[39] GA II/3, 12.
[40] "[...] wir setzen unser Leser vor jetzo gerade bei demjenigen Punkt nieder, wo Kant ihn aufnimmt" (GA I/3, 208).

faculdades e à possibilidade de a ultrapassar numa unidade mais vasta sem retornar à metafísica tradicional.

(d) A noção de um acto originário que funda todos os factos da consciência conduziu à consequência de que o acto originário não pode ocorrer como um facto "entre as determinações empíricas da nossa consciência".[41] A tese de Fichte é, em termos muito directos, como vimos, de que o fundamento da consciência não pode ocorrer na consciência, na medida em que qualquer conteúdo da consciência pressupõe a consciência. Se esta se torna um conteúdo de si mesma, então auto-pressupõe-se novamente. A consciência pressupõe-se a si, e está sempre dada como já constituída. Esta dificuldade conceptual conduzirá à conclusão de que alguma actividade desconhecida, dotada de alguma forma de identidade com ela, embora não uma identidade integral, deve subjazer à consciência.

Isto quer dizer que uma condição da aparição é que o sujeito não pode jamais tornar-se num objecto[42] para si mesmo. E isto significa não só que o estatuto de um objecto é essencialmente diverso da consciência, mas que esta, como um facto, é essencialmente diferente da consciência como actividade originária. Esta é uma situação especialmente problemática na medida em que a consciência tem de se identificar como tendo algo de comum com esta actividade obscura suposta mas, ao mesmo tempo, como sendo diferente dela. Longe de tomar esta dificuldade como motivo para abandonar um modelo da filosofia fundado sobre o conceito do eu e das condições da consciência, Fichte considera toda a argumentação destinada a explicar e a resolver este problema como a principal preocupação e conteúdo da filosofia. Em termos puramente conceptuais, esta situação foi traduzida como a necessidade de que a identidade real (do eu ou de qualquer outro objecto) seja constituída por identidade e não-identidade simultâneas. E num grau seguinte de generalização, por exemplo, que a contradição é inerente a todo o fenómeno real

---

[41] GA I/2, 255.

[42] No sentido forte de "Objekt", ou seja, constatável como dado ao sujeito, separado e contraposto a ele. Naturalmente, no sentido de "Gegenstand", objecto em sentido lato, como qualquer outro tema, ele pode ser objecto de si mesmo.

conforme presente ao eu. Mas estas não serão, senão indirectamente, as vias que Fichte tomará perante a dificuldade.[43]

Na sua primeira exposição da WL, os *Fundamentos da Doutrina da Ciência* de 1794/1795, a tese principal é a de que o eu não é idêntico a si, i.e., não é idêntico à sua actividade originária, mas que o deve ser, para ser si mesmo. E isto não deve ser visto como uma confissão de fracasso, mas como um resultado válido da análise da actividade do eu. Não se pode dizer que o eu é idêntico a si mesmo, mas tão-pouco se pode dizer o contrário, que o eu é diferente de si mesmo. Se não houvesse identificação do eu consigo mesmo não haveria reflexão ou aparição de todo. Assim, Fichte conclui que deve haver um "eu absoluto" além do eu empírico, como um acto não reflexivo, e a identificação de ambos não é algo de dado, mas a finalidade da WL e o telos do "esforço" que sustenta a representação.

Ora, que uma actividade obscura subjaz ao eu significa que este não pode apreender o seu próprio princípio, ou começo. Ou seja, quando o eu se apreende a si próprio está já constituído na sua forma real e factual, e não como a suposta actividade fundamental. Fichte exprime esta conclusão dizendo que "não há um primeiro momento, um começo da consciência."[44] A consciência está sempre dada a si mesma como já existente. Esta diferença essencial entre o que a consciência pode apreender e os seus fundamentos pode ser designada como uma *diferença transcendental*, uma vez que toda a filosofia transcendental assenta sobre ela, como se irá ainda ver. Esta diferença poderá aliás estender o seu significado até assumir a forma da sombra ou do negativo que permite pensar a constituição do real. O princípio, a origem ou o "começo" da consciência não estão dados a esta. São uma actividade que tem de ser pressuposta se a consciência deve ser explicada. A identidade absoluta

---

[43] Estas serão teses de Hegel e de Schelling. Segundo Lauth, Fichte teria experimentado e abandonado muito cedo esta via nas suas *Eigene Meditationen* (GA II/3, 21-177) (Cf. R. Lauth,"Genèse du 'Fondement de toute Doctrine de la Science' de Fichte à partir de ses 'Méditations personnelles sur l'Elementarphilosophie'" (in *Archives de Philosophie* 34 (1971), 51-79), e R. Lauth, *Hegel critique de la Doctrine de la Science de Fichte*, Paris, 1987, 124). Para Fichte, a actividade permanece sempre o motor inerente de todo o pensar, e a actividade não pode ser objectivada. O ponto de partida não pode ser, por isso, de modo nenhum substantivado, mas tem de estar no âmbito da "luz" da subjectividade.

[44] "es giebt keinen ersten Moment, keinen Anfang des Bewußtseyns" (III/2, 346, Carta a Reinhold, 2.7.1795 (cf. tb. GA I/2, 218)).

do eu só pode ser pensada como um ideal que tem de ser posto para a explicação da consciência. Nos termos de 1794/1795, o eu só pode ser explicado pela posição da sua identidade absoluta como fundamento ideal da consciência empírica. A identidade ideal é algo que "deve-ser", que deve subjazer a todo o saber empírico, inclusivamente ao saber de si que deve, segundo Kant, poder acompanhar todas as minhas representações. A identidade absoluta de uma actividade pressuposta do eu é uma exigência metodológica, ou somente uma hipótese – a admitir se o saber pode ser explicado em conceitos.[45]

Para se compreender todo o potencial desta ideia, a via de Fichte para lidar com esta questão pode ser considerada em comparação com Schelling. Este, no seu *Sistema do Idealismo Transcendental* de 1800 tomou a actividade original como "actividade inconsciente" do eu.[46] Esta é a actividade produtora dos objectos da representação. A interpretação de Schelling desta actividade de produção vai assumir mais tarde, no seu livro de 1809, *Sobre a Essência da Liberdade Humana* a forma de um "fundamento" ("Grund") obscuro que subjaz à existência de qualquer ente.[47] O "fundamento" é uma actividade negativa subjacente requerida para a existência. O existente tem, paradoxalmente, de se constituir contra essa actividade negativa inconsciente. Reencontramos assim o tema do antecedente implícito ou obscuro de toda a determinação consciente de objectos existentes.

Não é claro até que ponto a posição de Fichte é coerente na matéria. A actividade subjacente só é conhecida na medida em que é posta relativamente ao eu. A actividade desconhecida na base do eu é, de certo modo, já um eu, e Fichte tem assim de dizer que esta actividade inconsciente é de algum modo já consciência. Lê-se, por exemplo que "a consciência pura nunca chega

---

[45] Comenta G. Zöller significativamente que "the I qua transcendental subject, while being the archetype of all consciousness, is never given as such. [...] Fichte's *Wissenschaftslehre* is the author's lifelong struggle to keep up with the disappearance of the pure I" (G. Zöller, *Fichte's Transcendental Philosophy: The Original Duplicity of Intelligence and Will*, Cambridge, 1998, 38), ou seja, com a tentativa de definição do seu carácter não objectivo.

[46] Cf. Schelling, *System des transzendentalen Idealismus* (Hamburg, 1992, 9, 18, 59).

[47] Cf. Schelling, *Philosophische Untersuchungen über das Wesen der menschlichen Freiheit* (Hamburg, 1997, 29-30, 47, 50).

à consciência."⁴⁸ Na verdade, a única determinação desta actividade, além do seu carácter dinâmico, é que se trata de uma actividade pré-consciente, i.e., só é actividade como condição da consciência. Este tema será central na versão de 1796-1798, denominada *Nova methodo*, que abordaremos mais abaixo.

Para Fichte, a actividade subjacente não é jamais entendida como algo de negativo, contra o qual o existente se tenha de afirmar, mas como uma condição da aparição do ser. O eu tem de se reconhecer a si mesmo nessa actividade, que não será então uma base inconsciente, um fundamento negativo, irracional ou mesmo destrutivo da subjectividade definida do eu, mas um ideal projectado de unificação entre o eu e o seu mundo ou, em termos mais gerais, entre o eu e o não-eu. A "pura consciência", condição da consciência real, é somente um ideal.

A consciência pura ideal funciona, assim, não como um ser absoluto hipostasiado, mas como um suposto epistemológico que permite definir, por contraste, as condições da consciência real. É, consequentemente, a priori impossível que a consciência ideal se torne uma consciência real, na medida em que as condições da realidade são exactamente aquelas que a consciência ideal por definição não preenche, ou seja, a presença de um não-eu como oposto ao eu. A supressão das condições da realidade suprimiria a consciência real. Como se verá ainda, a compreensão da consciência a partir destes supostos repousa sempre sobre a impossibilidade da sua conceptualização ou, mais exactamente, as condições de a conceptualizar são as mesmas condições que a tornariam impossível. Mas isto é para Fichte a marca de água da experiência – i.e. que contém um elemento não conceptualizável, teorizado de múltiplos maneiras em múltiplas exposições e argumentos como intuição, "infinidade" ou por exemplo "quantitabilidade", ou, mais metafisicamente, "existência".

A experiência não é algo que acontece a uma consciência existente prévia, não é algo que de fora surpreenda a consciência, mas constitui-a existencialmente. Se se retirar a experiência, retira-se também a consciência e o saber. Conforme Fichte exprime esta tese, em termos metafísicos, em 1794/1795,

---

⁴⁸ "[...] das reine Bewußtseyn nie zum Bewußtseyn gelangt" (GA I/2, 263). Fichte aplica esta ideia a Espinosa, mas parece claro que é também válida em geral e, assim, ao seu próprio sistema. Como diz, a consciência de Deus é "inexplicável", não podemos sequer "pensá-la" (GA I/2 391).

a substância é constituída pelos seus acidentes.[49] E assim, se a experiência é tomada como um acidente do eu substancial, Fichte reencontra a tese de Hume de que o eu não é nada mais do que um feixe dos seus acidentes. Como o filósofo argumenta em 1804, tomar qualquer coisa como um objecto significa aplicar-lhe o "é", o princípio da objectivação predicativa.[50] O "é" exprime a transformação da actividade originária em pensamento reflexivo e, então, num objecto. Quando o acto é pensado, é apreendido sempre como um facto objectivo, segundo o princípio da diferença transcendental. O "é" torna actividade em ser. Mas a actividade é, todavia, o ideal do eu. O mesmo acontece ao eu: se a ciência lhe tenta aplicar o "é", torna a sua actividade em passividade ou num objecto, e a actividade perde-se.

A obra de Fichte é, em geral, o estudo do conceito de actividade como ponto principal do projecto de uma exposição sistemática e unificada do saber humano. Neste conceito, e nas suas múltiplas virtualidades e transformações, reside a pré-história da consciência, ou a já referida "história da consciência antes do seu nascimento".[51] No entanto, o projecto de unificação reflexiva do saber humano parte, segundo Fichte, de uma apropriação e reinterpretação da filosofia transcendental-crítica de Kant.[52]

3. A reinterpretação fichteana do transcendentalismo. O método da Doutrina da Ciência.

Já referimos a posição de Fichte acerca da necessidade de fornecer à filosofia de Kant as suas premissas. A afirmação de Kant, na *Crítica da Razão Pura*, de que a sua crítica do conhecimento é somente a propedêutica da ciência,[53] e não a própria ciência, foi compreendida por Fichte – seguindo Reinhold

---

[49] Cf. GA I/2, 299-300, 350.

[50] Cf. GA II/8, 188, 220.

[51] GA II/10, 115, supracitado na n. 1. Este campo pressuposto à consciência será progressivamente caracterizado por Fichte como vida. J.-Ch. Goddard, *Fichte: L'émancipation philosophique* (Paris, 2003), confere especial atenção a esta apresentação do "champ transcendantal comme vie" (op. cit. 11). Cf. tb. ib. 12s).

[52] Esta tese é defendida recentemente e.g. por A. Schnell, op. cit., esp. 18-23.

[53] Kant, KrV, B 26.

– como significando que a crítica kantiana pressupõe algum princípio que possa reunir e explicar num sistema unitário o conteúdo da filosofia transcendental. O sistema da filosofia transcendental é a explicação completa de um tal princípio do saber humano juntamente com o seu desenvolvimento em sistema como um todo articulado e coerente. O saber engloba, assim, todas as faculdades teoréticas e práticas, ou seja, os traços gerais do conhecimento e da acção humanos.

O projecto é em si mesmo problemático e hipotético, na medida em que a crítica implica, de acordo com Kant, a divisão da razão humana em no mínimo duas faculdades, sensibilidade e entendimento. Esta separação pode definir-se como a *diferença crítica* que constitui o coração da mesma crítica e implica a consequência de que a metafísica é impossível como uma doutrina que julga sinteticamente a priori acerca de coisas em si. Como Fichte a compreende, a divisão das faculdades segundo a *Crítica da Razão Pura* está correcta. É uma decorrência directa da impossibilidade da metafísica tradicional o facto de que a intuição humana é somente sensível e o conceito, ou o entendimento, meramente discursivo. Segundo Kant, o entendimento humano não pode ser intuitivo e a intuição não pode pensar. Kant define o entendimento e a sensibilidade principalmente por contraste recíproco.[54] Contudo, a divisão das faculdades entre uma faculdade essencialmente activa e outra passiva não pode ser uma distinção simplesmente em duas faculdades, mas tem de ser tripartida, de tal maneira que a separação entre sensibilidade e entendimento não pode ocorrer sem a presença da razão, como terceira faculdade. A determinação da razão perante o seu outro em geral, qualquer que ele seja, implica a posição da passividade perante esse outro e, nesta medida, a existência da sensibilidade. A auto-determinação da razão, por sua vez, requer uma faculdade onde a pura actividade do entendimento pode ser vista como a faculdade das totalidades incondicionadas, e esta faculdade é a razão. Isto decorre directamente das condições estabelecidas na primeira exposição da WL, os *Fundamentos* de 1794/1795. A auto-posição incondicionada do eu corres-

---

[54] Kant, KrV, B 29. V. o nosso artigo, D. Ferrer, "Subjectividade e Método Crítico em Kant" (in L. Ribeiro dos Santos (Coord.), *Kant: Posteridade e Actualidade. Colóquio Internacional*, Lisboa, 2007, 193-206), 200-201.

ponde à actividade pura da razão como totalidade absoluta. Esta actividade, se de todo se deve determinar, não o pode fazer senão como dividida entre uma actividade limitada, centrada sobre a apercepção de si, o entendimento com os seus conceitos puros, por um lado e, por outro lado, o momento de passividade da razão, que afecta o entendimento como a finitude das suas séries e se traduz como a sensibilidade, ou a auto-doação da razão incondicionada ao não-eu e a correspondente doação deste ao eu determinado. A teoria básica da auto-posição do eu e contraposição ao não-eu é uma re-exposição, ao nível de acções originárias do espírito humano, da ordenação e função das faculdades na *Crítica da Razão Pura*. A teoria de Fichte da reflexão nos *Fundamentos* de 1794/1795 mostra que essa tripartição é inevitável se deve haver consciência reflexiva.

Na medida em que a divisão de faculdades é essencial à razão humana, o projecto de Fichte parece querer unificar o que não pode ser unificado. A dualidade parece ser essencial para os propósitos críticos de Kant, de tal modo que qualquer projecto e construção de um sistema unificado a partir da filosofia crítica resultaria numa filosofia totalmente diferente. No entanto, Fichte insiste ao longo de toda a sua obra que a sua filosofia é kantiana no seu espírito, senão na letra.[55] Como pode Fichte reunir a construção kantiana num sistema unificado de outro modo senão reunindo sensibilidade e entendimento numa raiz comum e retornando assim à metafísica pré-crítica, que Kant tinha já abandonado em 1770?[56] Não é a reivindicação de Fichte, de se manter kantiano, apenas um equívoco, ou há uma possibilidade de pensar uma unidade sistemática do conhecimento sem abrir mão da divisão crítica das faculdades?

A Doutrina da Ciência procura manter tanto a exigência crítica de que a metafísica permaneça impossível, enquanto doutrina que enuncia juízos sintéticos sobre coisas em si, e a exigência sistemática de conferir unidade à cons-

---

[55] V. R. R. Torres Filho, *O Espírito e a Letra. A Crítica da Imaginação Pura, em Fichte* (São Paulo, 1975, 162-169).

[56] V. I. Kant, *De mundi sensibilis atque intelligibilis forma et principiis*, Ak.A II, 391-392 (*Von der Form der Sinnen- und Verstandeswelt und ihre Gründen*, in *Werke*, Darmstadt, 1983, vol II, 29-30).

ciência ou "trazer o homem a um acordo consigo mesmo",[57] i.e., a construção de um sistema do saber sob princípios teoréticos unificados. Pode fazer-se remontar a ideia de que um corpo de conhecimentos tem de estar "sistematicamente" organizado aos chamados "sistemas" astronómicos do mundo. O "sistema" do mundo significa uma explicação geral dos fenómenos segundo leis e princípios concordantes.[58] Kant está bem ciente disso quando compara a tese principal da sua crítica à "revolução copernicana". Kant entende o sistema da filosofia como a "ideia" de trazer todo o conhecimento a uma ordem unificada. Isto significaria poder dar uma resposta a todos os problemas do conhecimento. Como Kant o enuncia, "todos os problemas da razão pura têm de poder ser resolvidos", porquanto a todas as perguntas que a razão levanta ela tem de poder também dar resposta.[59]

Neste contexto, Kant admite pelo menos três tipos de problemas. Em primeiro lugar, questões sobre objectos *dados* à razão, i.e., questões empíricas, onde "temos, de facto, um conceito suficiente para levantar a questão, [embora] possamos estar totalmente em falta de materiais ou da capacidade para responder a ela."[60] Em segundo lugar, há as questões transcendentais sobre as origens do conhecimento, que corresponde à questão fichteana sobre o "saber", i.e., questões às quais "justamente o mesmo conceito que nos põe em posição de levantar a questão também nos tem de qualificar para a responder."[61] Estas são questões conceptuais, propriamente filosóficas. E finalmente, há as questões transcendentes, acerca de objectos que não nos podem ser dados. A estas, "podemos responder que a própria questão é nula."[62]

Esta possibilidade de uma resposta completa aos problemas da razão é a ideia do sistema. Tal é o ideal da razão, de responder a todas as suas questões, razão que Kant apresenta então como uma esfera completa, que retorna a si

---

[57] "[,,,] den Menschen in Übereinstimmung mit sich selbst zu bringen" (GA IV/3, 326).

[58] Cf. Ch. Krijnen, *Philosophie als System. Prinzipientheoretische Untersuchngen zum Systemgedanken bei Hegel, im Neukantismus und in der Gegenwartsphilosophie* (Würzburg, 2008), 16s.

[59] Kant, KrV, B 476-477.

[60] Kant, KrV, B 505.

[61] Kant, KrV, B 505.

[62] Kant, KrV, B 507.

mesma. Perguntas e respostas vão a par na medida em que ambas dependem do mesmo solo epistemológico. Como um sistema, a razão é, então, completa e, por assim dizer, contida em si mesma. Apesar de não inquirir mais fundo acerca das consequências implicadas por uma tal concepção da razão, como habilitada a responder a todas as questões que pode levantar a seu próprio respeito, esta capacidade auto-produtora da razão já se encontra referida na *Crítica da Razão Pura*, onde a razão é apresentada como vida, capaz de se "desenvolver a si".[63] Este ponto será tomado em consideração especialmente no § 65 da *Crítica do Juízo*[64] e, mais tarde, também por Fichte, como já se referiu.

Uma tal ideal de uma razão inteiramente auto-contida irá permanecer como um ideal de sistema comum ao Idealismo Alemão, e também para Fichte, que irá descobrir justamente as suas insuficiências. Este ideal da razão será construído por Fichte como um "saber absoluto", um "olho fechado" que não pode ser aberto sem originar justamente a separação das faculdades, como iremos estudar ainda.[65] Trata-se, assim, não de construir um interior totalmente auto-contido mas também, numa formulação um pouco mais tardia, de saber "como sair da luz absoluta".[66] A introdução da determinação no saber ou na "luz absoluta" ocorre pela separação das faculdades. Só a separação entre entendimento e intuição permite a reflexão determinada do eu perante um não-eu determinado, i.e., a "quantificação" ou a existência reconhecida como diferente do ser.

Construir um sistema, mas manter ao mesmo tempo a metafísica dentro dos seus limites críticos, exige uma reflexão sobre o modo como as faculdades são distintas. A questão é se é possível de algum modo transpor essa separação sem hipostasiar um conhecimento de coisas em si. Com o conceito de *Tathandlung* é definido um princípio de "saber absoluto" de um acto e,

---

[63] "[...] sich bloß auswickelnde[...] Vernunft" (Kant, KrV, B 863).
[64] Cf. Ak.A V, 371-373 (*Werke*, Darmstadt, 1983, vol. 8, 483-485).
[65] Cf. Cap. 5 infra.
[66] "[...] para a fundação do saber na sua verdadeira essência, a luz não pode permanecer em si mesma, mas tem de encontrar um meio de sair de si" ("[...] für eine Ergründung des Wissens in seinem wahren Wesen muß das Licht nicht in sich selber bleiben, sondern es muß ein Mittel finden aus sich selbst herauszugehen") (GA II/9, 229).

assim, é lançada uma ponte entre as faculdades. No que se refere ao acto, "sei-o porque o faço".[67] No acto originário, há um conceito que produz o seu objecto, o que corresponde à definição do intelecto intuitivo. Como Kant o definirá, o "intellectus archetypus" "põe" o seu objecto somente por pensá-lo. Mas o entendimento humano não é "archetypus" mas somente "ectypus",[68] ou seja derivado. A tese de Fichte é que o intelecto "arquetípico" é, em geral, uma pura actividade.

4. A diferença crítica

4.1. A sensibilidade não é o entendimento e vice-versa

Para esboçar o modo como Fichte lida com a questão da separação crítica das faculdades, deve começar-se por enunciar essa separação segundo estabelecida por Kant. A diferença crítica aparece essencialmente sob quatro formas características. (1) Em primeiro lugar, a distinção é caracterizada principalmente de modo negativo. O entendimento é dito "não ser a sensibilidade", e a sensibilidade "não ser o entendimento". (2) Em segundo lugar, o entendimento é discursivo, ao passo que a intuição é uma condição não-discursiva do conhecimento. (3) Terceiro, a sensibilidade é passiva, enquanto que o entendimento é activo. (4) A sensibilidade "põe" o seu objecto, enquanto que o entendimento só o pensa.

Todos estes modos de caracterizar a diferença crítica são importantes no pensamento de Fichte. Não se poderia estudar aqui esta diferença exaustivamente na obra de Fichte, mas poderão apresentar-se alguns traços gerais e locais especialmente significativos para que se possa acompanhar o destino e as transformações da diferença crítica na WL. (1) A caracterização exclusivamente negativa da diferença parece ser a menos informativa sobre o assunto. No entanto, acabará por ser talvez a mais fundamental e a mais pro-

---

[67] Este saber do agente daquilo que faz é parte essencial da definição explícita da intuição intelectual no primeiro pensamento de Fichte. Cf. GA I/4, 216-217.

[68] Cf. Kant, Ak.A. V, 408 (*Werke*, Darmstadt, 1983, vol 8, 526).

dutiva, especialmente se se tomar em linha de conta o desenvolvimento do Idealismo Alemão. O modo como Fichte se reapropria desta caracterização encontra-se em temas como o do "obstáculo" ("Anstoß"), dos *Fundamentos* de 1794/1795, conceito puramente negativo que se encontra como a condição final do conhecimento teorético. O "obstáculo" é a mais pura expressão da oposição entre a actividade do eu e a oposição do não-eu. Segundo os *Fundamentos da Doutrina da Ciência*, o "obstáculo" ou "choque" ("Anstoß") marca o limite da filosofia teorética. O conceito de *obstáculo* assinala o ponto onde a síntese entre o eu e o não-eu não mais é possível, e a actividade do não-eu não mais pode ser explicada como uma simples passividade do eu. Ou seja, embora o obstáculo só se possa dar perante a actividade do eu, ele não pode de modo nenhum ser deduzido a partir dessa actividade. O obstáculo é o conceito que permite entender que o não-eu é definitivamente irredutível ao eu ao nível da razão teórica. A negação significa aqui que o eu é, em definitivo, confrontado com o que não é ele mesmo e que ele não pode assimilar a si por nenhuma categoria teórica. Este é propriamente o limite entre a actividade e a passividade do eu, limite definido como conceito negativo. O obstáculo é o puro ser-afectado.

Uma comparável expressão da pura negatividade encontra-se ainda na *Exposição da Doutrina da Ciência* de 1801/1802.[69] Aqui, o negativo dá-se como o oposto ao saber, i.e., o não-saber como a condição de que o saber se saiba como limitado e como contingente. A limitação do saber é aqui entendida simplesmente como o saber da sua própria negação. Saber a sua negação é aquilo que constitui o saber como finito e reflexivo. Ao saber o seu negativo como uma possibilidade, o saber reconhece-se como podendo ser ou não-ser. Esta tomada de consciência decorre, como iremos estudar mais abaixo, do saber se conhecer como livre. A tese de Fichte é que o saber só se pode conhecer como contingente, dotado de possibilidades, inserido na limitação e na sensibilidade (tempo e espaço) porque é livre.

---

[69] Cf. GA II/6, 183.

4.2. A diferença entre discursividade e intuição

(2) A definição da diferença crítica como diferença entre discursividade e intuição irá encontrar igualmente algumas variações temáticas na WL. A intenção geral dos *Fundamentos* de 1794/1795 é apresentada pelo autor de forma imagética como a de lançar uma ponte entre o eu e a coisa em si, ou entre real e ideal.[70] A consciência finita não pode ser explicada senão por esta interacção entre o real e o ideal. E Fichte, segundo o seu procedimento típico, imediatamente reflecte sobre o próprio conceito de explicação. A questão é sempre também já uma meta-questão. Ao se pretender explicar algo atende-se inevitavelmente a toda a situação pragmática da explicação. Assim, não se trata somente de explicar a consciência, mas de questionar, nessa explicação, "para quem deve ela ser explicável? E quem é que a explica? Os próprios seres finitos."[71] Todo o empreendimento filosófico só faz sentido levado a cabo por naturezas finitas e para naturezas finitas. É um círculo que parte e retorna à finitude. Se a nossa natureza não fosse de molde a reflectir sobre si mesma e a levantar questões a seu respeito, não haveria a necessidade de explicação, mas tão-pouco haveria consciência tal qual a conhecemos e podemos conceber.[72] O problema é não só posto pela possibilidade da reflexão, como consiste nessa mesma possibilidade de reflectir. A questão é, de certo modo, tautológica, porque é acerca do próprio haver questão. E a solução, segundo Fichte não é alguma interdição ou limitação da reflexão, mas "reflectir até ao fim".[73] A tese geral é que a reflexão é o problema, mas também o enunciado

---

[70] Cf. GA I/2, 412-413, nota 74 infra.

[71] "Wen soll es erklärbar werden? Wer überhaupt ist es denn, der es erklärt? Die endlichen Naturen selbst" (GA I/2, 412).

[72] Trata-se, nestas passagens, da descoberta por Fichte de uma estrutura de pré-compreensão ontológica em que se move a inteligência finita. Acentua fortemente a relação entre Fichte e Heidegger A. Denker, "Fichtes Wissenschaftslehre und die philosophische Anfänge Heideggers", in *Fichte-Studien* 13 (1997), 32-49.

[73] Naturalmente, a interdição da reflexão é uma solução, por desaparecimento, do problema filosófico da consciência. Tal é o programa de Wittgenstein, *Tractatus logico--philosophicus*. Pelo contrário, segundo I. Thomas-Fogiel, a reflexão é o tema central e "structure inchangée de la philosophie de Fichte de 1793 à 1813" (Cf. I. Thomas-Fogiel, *Fichte. Réflexion et argumenation*, Paris, 2004, 65). Segundo a autora, o aspecto mais importante e inédito do pensamento de Fichte é o facto de que pela primeira vez o discurso filosófico não trata de um objecto, ainda que esse objecto seja o próprio si-mesmo "de l'expérience

do problema. O problema consiste em ser e em poder ser enunciado, e é, por isso, um problema da própria enunciação, e não uma questão objectiva sobre factos do mundo. Fichte continua: "logo que dizemos 'explicar' estamos já no campo da finitude; porque todo o *explicar*, ou seja, o que não é um abranger de uma só vez, mas um proceder de um para o outro é algo de finito, e o limitar, ou determinar é justamente a ponte sobre a qual se passa e que o eu tem em si mesmo."[74] A necessidade de *explicar* é fruto da discursividade que deriva da finitude do eu. Só necessitamos de explicação porque não temos uma apreensão imediata e infinita da totalidade do ser e do sentido, mas uma apreensão progressiva, "quantitativa" ou discursiva. O eu tem, por isso, em si mesmo, a ponte que conduz entre a realidade que lhe é dada e a idealidade em que representa essa realidade, contando para isso com a sua actividade própria. A função da síntese e a construção da consciência objectiva é o atravessamento da ponte entre a sua própria actividade e a passividade pela qual lhe é doado o real. Afinal, a finitude característica do eu é a diferença entre

---

interne" (73), mas constitui "une interrogation sur le statut du discours du philosophe" (ib.), "interrogation sur la prétention à la validité des énoncés philosophiques" (73-74). Segundo Fogiel, o fundamento em Fichte não é nem o eu, na sua primeira filosofia, nem Deus, na filosofia tardia, "mais un principe d'identité (acord du Tun [agir] et du Sagen [dizer])" (ib., 103n) – isto é, uma identidade entre o que se diz e o que se faz. Trata-se, por isso, de uma pragmática do próprio discurso filosófico (cf. 110).

[74] "So wie wir sagen 'erklären' sind wir schon auf dem Felde der Endlichkeit; denn alles *Erklären*, d.i. kein Umfassen auf einmal, sondern ein Fortsteigen von einem zum andern, ist etwas endliches, und das Begrenzen, oder Bestimmen ist eben die Brücke, auf welcher übergegangen wird, und die das Ich in sich selbst hat" (GA I/2, 412-413). O processo de explicação e fundamentação discursivas é comparável a uma ponte. Se for permitido desenvolver a metáfora, deverá admitir-se que a ponte é uma unificação entre duas margens separadas. As margens só se reúnem, por definição, na fonte primeira de onde nasce a corrente que ela ultrapassa. A partir daí estão irremediavelmente separadas, a menos que a ponte as venha reunir. A ponte necessita de um ponto de apoio em cada uma das duas margens que vai unir. Está ancorada e apoiada nas duas margens que une. Além disso, a ponte lança-se como um percurso sobre o vazio. Embora, no sentido dos seus alicerces, dependa inteiramente do fundamento dado por cada uma das duas margens, num outro sentido não depende de todo deles, mas da sua própria capacidade de auto-suporte. A obra de arte é, como diz Fichte a propósito do pensamento filosófico, uma reflexão "artificial". A ponte, nos termos de Fichte, seria condicionada quanto à forma e incondicionada quanto ao conteúdo, distinguindo-se os diferentes sentidos em que o terceiro princípio (que se aprofundará nas pp. 60 e ss. infra), como uma ponte que, num sentido, carece de algum fundamento exterior a ela e, noutro sentido, não carece de fundamento, mas funda-se, como uma ponte, a si mesma. Porque não tem um fundamento em toda a sua extensão, e assenta sobre o vazio, a ponte é, assim como o eu, o seu próprio sujeito, ou apoia-se em si mesma.

a intuição real e o conceito ideal pelo qual reconhece e assimila o que lhe é dado pela intuição.

Especialmente no período mais tardio da WL, esta noção da complementaridade entre as faculdades é apresentada como o conceito do "Als" ("enquanto", "qua" ou "como"). Este conceito significa o acto pelo qual o saber apreende algo "como" tal. A apreensão requer sempre uma identificação de algo "qua" algo determinado, ou seja, a conceptualização do objecto dado à intuição. O "qua" é aquilo que distingue algo, pela sua identificação conceptual, de uma suposta "coisa em si", sem o deixar de referir a ela. O "qua" é um acto intelectual de reflexão, pelo qual a intuição recebe um "representante" ("Stellvertreter").[75] Esta diferença na identidade introduzida pelo "Als" pode ser designada *diferença reflexiva*.[76]

Logo no início dos *Fundamentos* de 1794/1795 encontra-se a origem desta diferença reflexiva na análise do princípio de identidade, segundo a fórmula A=A. Se se entender o acto de identificação de não importa que objecto segundo a fórmula A=A, este objecto A ocorre em dois sentidos: em primeiro lugar, como um algo não identificado, pura posição; em segundo lugar, ocorre identificado "*como*" A. "Em relação ao próprio A, *se* ele existe [ist] ou não, nada está assim [sc. pelo princípio de identidade] posto."[77] O princípio de identidade, que exprime, aqui, o reconhecimento da identidade conceptual, nada decide quanto à existência ou posição de algum objecto. Esta posição primeira é não identificada e é, por isso, definida como um "pôr desconhecido de A".[78] Segundo a filosofia transcendental, o conceito que identifica o objecto *como* algo de determinado nada pode decidir acerca da posição (existência) ou não de A na intuição. Por isso "*se* e *como* A é posto, não o sabemos", porque é assunto que só pode ser conhecido *a posteriori* pela posição na intuição.

---

[75] GA II/7, 120.

[76] A filosofia de Fichte procura, assim, teorizar de modo unificado as três diferenças, transcendental, crítica e reflexiva. Que se trata de diferenças em sentido pregnante do termo é demonstrado pelo facto de nenhuma delas poder ser unificada de modo simples, mas ser antes sempre um resultado de uma unidade que só é unidade na produção desse tipo de diferenças.

[77] GA I/2, 257.

[78] "unbekanntes Setzen des A" (GA I/2, 257).

Aquilo que está entre a intuição e o seu reconhecimento conceptual é a tomada de consciência da identidade do objecto. Ora, o paradigma teórico de toda a identidade é, como se verá, a identidade do próprio eu. Este paradigma é a fonte de qualquer *reconhecimento* de algo, ou seja, da possibilidade de o reconhecer como idêntico a si mesmo e como algo determinado. O eu é a condição de possibilidade primeira de toda a identidade ou identificação de algo *qua* algo. Assim, a "ponte" entre intuição e conceito encontra-se paradigmaticamente no modo como o eu se apreende a si mesmo. O eu está na base de toda a mediação conceptual do existente. Não há nenhum ser *enquanto* ser senão pelo acto da reflexão, de desdobramento ou de posição do ser na consciência pura. Esta será a razão da teoria da imagem na WL mais tardia, especialmente a partir de 1805. Segundo esta teoria, a principal característica do saber é a de ser "imagem".[79] A análise da imagem revela que ela não é nem pode ser imagem sem ser reconhecida "qua" imagem, na sua distinção daquilo de que é imagem. Se há imagem, então tem de haver um sujeito que a capta *como* imagem que a identifica como tal, refere ao modelo e faz distinguir ele.

O *qua* não é nenhum elemento materialmente novo em relação ao imediato da intuição. Permite-nos ir além desta sem lhe acrescentar nada de diferente dela. Assim, o saber (ou a existência, como se verá no ponto 4, mais abaixo) "é, pois, unidade orgânica da intuição: este ser, intuído, e da inteligência, intuído *enquanto tal*: unidade orgânica de ambos."[80] O ser dá-se na imagem como intuição. Uma vez identificado pela capacidade identificadora do conceito, ele é *"als solches"* ("como tal"), reflectido, apreendido e constitui-se então o saber objectivo com todas as suas determinações específicas que constituem o objecto da WL.

A discursividade do conceito que está referida em todas estas dimensões ao longo do desenvolvimento da WL, depende da identificação da coisa *enquanto* algo, o que corresponde à forma do juízo. A não-discursividade da intuição é entendida por Fichte como uma referência pré-judicativa ao ser, o qual é referido então como não-identificado ou, poderia também dizer-

---

[79] Cf.Cap. 5 infra.
[80] "nun ist organische Einheit der Intuition: dieses Seyn, angeschaut, der Intelligenz, angeschaut *als solches*: organische Einheit beider" (GA II/9, 198).

-se, como coisa em si. Esta é a referida "posição obscura" de qualquer A não-identificado, pressuposta por qualquer identificação de objectos reais. A construção de um sistema crítico-transcendental dependerá de como for possível unificar estas faculdades, que correspondem ao imediato e à mediação do ser no eu ou no saber. Ver-se-á, no entanto, sobretudo na *Doutrina da Ciência nova methodo* as razões por que este "não-identificado" pode e deve ser legitimamente tomado não como uma coisa em si indefinida, mas como o determinável pressuposto em toda a determinação.[81]

4.3. Passividade e actividade

(3) A definição da diferença crítica como diferença entre actividade e passividade é retomada de modo extensivo na exposição dos *Fundamentos* de 1794/1795. Nesta exposição, a primeira definição do "eu" é a de ser actividade. A primeira definição daquilo que se lhe contrapõe – que é denominado o "não-eu" – é, por conseguinte, a de ser passividade. Na medida em que o não-eu é posto como não mais do que a auto-mediação do eu, que é toda a actividade, a posição do não-eu corresponde à posição de passividade no eu. Nestas condições, o eu é entendido como simultaneamente activo e passivo, o que permite mediar o momento da passividade, equiparável à intuição, com o momento da actividade, da sua espontaneidade, equiparável ao conceito. Nesta mediação do eu, tudo se passa no domínio das relações do eu consigo mesmo: "o eu determina, pela actividade, a sua passividade; ou, pela passividade, a sua actividade."[82] Há uma interdeterminação e correspondência quantitativa rigorosa entre os opostos, a actividade e a passividade. A passividade é somente uma quantidade reduzida de actividade "e um tal quantum, na medida em que é ainda toda a actividade, é uma passividade; ainda que, *em si*, ele seja igual a uma actividade."[83] Embora estas determinações sejam inevita-

---

[81] Cf. Cap. 3 infra.

[82] "[...] das Ich bestimmt durch Thätigkeit sein Leiden; oder durch Leiden seine Thätigkeit" (GA I/2, 295).

[83] "[...] und ein solches Quantum ist insofern es nicht alle Tätigkeit ist, ein Leiden; ob es *an sich* gleich Thätigkeit ist" (GA I/2, 297).

velmente derivadas da posição do eu como actividade pura e do não-eu como o seu oposto, permanece a questão "como pode o eu ser ao mesmo tempo activo e passivo?"[84] A proposição é contraditória e, por isso, não é válida. Mas, ao mesmo tempo, tem de ser válida se a consciência deve ser possível, posto que esta depende da inter-determinação entre actividade e passividade. Esta situação, descrita na síntese E do § 4 dos *Fundamentos* de 1794/1795,[85] mostra a unidade do eu como uma exigência mas, ao mesmo tempo, como uma oposição de tipo contraditório. O eu tem de ser uno mas, se deve ser presente a um mundo real objectivo, não pode ser uno, mas tem de se cindir num momento de actividade e noutro de passividade. E a questão geral da unidade do eu é a questão de pensar de modo unificado passividade e actividade.

Deve observar-se que a inter-determinação entre actividade e passividade não é, por si só, uma contradição. Só é pensada como contraditória perante a posição da unidade do eu, que não pode ser ambos simultaneamente. Sem esta exigência de unidade, estaríamos ao nível de uma dualidade irresolúvel, na verdade de um simples facto da inter-determinação entre actividade e passividade. Neste sentido, dualidade ou diversidade é sempre interpretável como facticidade. A contradição, porém, só surge perante a exigência de unidade do eu. A contradição é entre o eu em dois sentidos, como pura actividade e como reciprocidade entre actividade e passividade. Mas, uma vez que se está a lidar com uma contradição, a solução terá de passar por uma diferenciação de aspectos. Num aspecto, o eu é activo, noutro, é activo e passivo. De certo modo encontramos aqui a já referida divisão triádica sensibilidade-entendimento-razão da razão humana, entre um momento passivo, outro activo e um terceiro que pretende englobar os dois. Se e como esta pretensão de unidade da razão pode ser cumprida é a questão.

A solução da contradição passa por entender que a actividade do eu é, em parte, uma reciprocidade entre actividade e passividade e, em parte, um actividade independente dessa reciprocidade, ou seja, uma actividade que se subtrai da mera conta corrente de subtrair actividade do eu para a entregar

---

[84] "[...] wie es [sc. das Ich] thätig und leidend zugleich seyn könne?" (GA I/2 298).
[85] Cf. GA I/2, 318ss. Tb. Cap. 1.6 infra.

à sua passividade.⁸⁶ O estabelecimento de uma actividade independente é então a apresentação de um fundamento real: "o fundamento de uma qualidade chama-se *fundamento real*."⁸⁷ Esta será uma peça fundamental para o idealismo transcendental, visto que mostra que o real é qualitativamente distinto de uma simples subtracção recíproca entre eu e não-eu, mas exige uma maior integração. A diferença entre passividade e actividade é somente um momento no caminho da WL teórica, onde se mostra que a realidade do eu e do não-eu têm de ser qualitativamente distintas para que a consciência do eu se possa determinar. A diferença entre actividade e passividade do eu não é uma diferença irredutível, mas deixará a sua marca na necessidade da realidade se dar como intuição, como algo de não conceptual e irredutível à idealidade do eu. "Os absolutamente opostos (o subjectivo finito e o objectivo infinito) são, antes da síntese, algo de meramente pensado e, conforme entendemos aqui sempre esta palavra, são algo de ideal. Porque devem ser unificados pelo pensamento, mas não o podem ser, eles, por meio dessa oscilação do espírito – que nesta função se chama imaginação – recebem então realidade, uma vez que são assim intuíveis: ou seja, recebem realidade em geral, porque não há nenhuma outra realidade além da que é dada pela intuição."⁸⁸ A intuição exprime-se idealmente pela incapacidade do pensamento conceptual em resolver a oposição entre subjectivo e objectivo – i.e., em dar conta da diferença transcendental. O limite do conceito, como incapacidade em resolver aquilo que, no entanto, deve resolver, é a posição da realidade e, consequentemente, a intuição. Neste sentido, a oposição fichteana entre actividade e passividade elabora o terceiro enunciado da diferença crítica por Kant (diferença entre actividade e passividade), articulando-o com o primeiro enunciado (a definição por oposição).

---

⁸⁶ GA I/2 304. Cf. Cap. 1.6 infra.

⁸⁷ GA I/2 309.

⁸⁸ "Die absolut Entgegensetzten (das endliche subjektive und das unendliche objektive) sind vor der Synthesis etwas bloß gedachtes, und, wie wir das Wort hier immer genommen haben, ideale. So wie sie durch das Denkvermögen vereinigt werden sollen und nicht können, bekommen sie durch das Schweben des Gemüths, welches in dieser Funktion Einbildunbgskraft gennent wird, Realität, weil sie dadurch anschaubar werden: d.i. sie bekommen Realität überhaupt; denn es giebt keine andre Realität, als die vermittels der Anschauung" (GA I/2, 368).

4.4. Posição e conceito

(4) O quarto enunciado da diferença crítica por Kant é uma diferença entre posição e conceito. Posição, segundo Kant, é sinónimo de existência, e objecto de intuição. A pedra central do edifício da *Crítica da Razão Pura* é que de nenhum conceito se pode inferir a posição, i.e., a existência do seu objecto. Note-se que o uso por Fichte do termo "posição" ou "pôr" ("Setzen") não é o mesmo de Kant. Ao contrário deste, para Fichte "posição" não significa o mesmo que existência, mas a simples presença de um objecto numa qualquer faculdade ou sob qualquer modo de presença. "Posição" designa, assim, o ser em geral anterior a toda a categorização e modalizações. O conceito de posição substitui, nos *Fundamentos* de 1794/1795, o conceito de ser na sua máxima generalidade. "Pôr" algo é de algum modo admiti-lo ou considerá-lo como sendo em qualquer sentido ou categorização. "Posição" é, em geral, apenas conferir sentido a uma dada determinação objectiva, não se restringindo ao sentido existencial. A "posição" kantiana está presente no pensamento de Fichte não sob o mesmo nome, mas como "existência". A sua principal expressão é, na WL tardia, especialmente no ciclo de exposições de 1804/1805, que culmina na versão de Erlangen (1805) como uma análise da existência.[89] Nesta, o saber é entendido como "existência do absoluto". A "forma existencial" do absoluto é o eu. Em geral, a existência do absoluto não é redutível a conceitos, e tem de incluir um factor de intuição. Dito de outro modo, o conceito tem de ser posto para que possa ser anulado e dar-se assim o puro facto da existência do saber. O saber é existência e, como tal, é um facto impossível de derivar de quaisquer conceitos. A condição existencial do saber é, justamente, a oposição entre intuição e conceito, ou seja a necessidade de que o conceito seja posto para que possa ser negado e, com isso, introduzida a intuição.

A noção da existência aparece de modo muito pouco marcado já na *Exposição* de 1801/1802, onde se lê que "o ser (a existência) do saber – e só o saber tem existência, e toda a existência se funda nele – depende simples-

---

[89] Cf. GA II/7, 103, 107; GA II/9, 185ss. V. infra Cap. 5.

mente do próprio ser absoluto."⁹⁰ Embora de modo ainda não desenvolvido, a concepção do saber como distinto do ser absoluto faz do saber um modo de ser distinto do absoluto, estabelecendo assim a diferença entre ser ("Seyn") e existência ("Daseyn"). Esta diferença surge no contexto de uma crítica a Espinosa, feita em termos pragmáticos. Fichte pergunta "mas como podes chegar ao pensar do ser como uno, e que verdade tem então esse teu saber? Em suma, realizas então tu mesmo inconscientemente aquilo que negas em todo o teu sistema, a liberdade formal, o ser e o não-ser."⁹¹ Isto significa que o pensamento de um ser absoluto como substância una e encerrada em si é impensável. O facto de ser pensada contradiz o conteúdo desse pensamento. Aquilo que se faz (*pensar* o absoluto) contradiz aquilo que se diz, ou o conteúdo (a unidade absoluta do ser). Assim, pelo menos o pensamento deve ser acrescentado ao ser em sentido absoluto. Isto que se tem de acrescentar denomina Fichte a "liberdade formal, o ser e o não-ser." O saber é, então, um ser "fora" do ser, modo de ser na exterioridade que Fichte vai definir como a "existência". E já nesta exposição de 1801/2 se observa que este ser fora do ser é apreendido pela intuição, em contraste com o ser absoluto que é visado pelo pensar.

Mas, acrescente-se, a existência não é somente *apreendida* pela intuição, mas *constitui* a própria intuição. A intuição é, segundo esta exposição, "formalmente livre", o que significa, como o texto citado indica, que *pode ser ou não ser*. Isto significa antes do mais que a intuição não possui a necessidade caracteristicamente conceptual. A intuição é o "exterior" ao conceito, o contingente. A intuição vai corresponder, então, à exterioridade, à divisão "quantitativa" do conceito, à contingência e à possibilidade do devir. Ela é, como diz Fichte, "determinada" pelo ser absoluto, mas não perde a sua essencial contingência, mutabilidade, repetibilidade e divisibilidade quantitativa. Estas características permitem a Fichte ligar a constituição da intuição como dotada

---

⁹⁰ "[...] das Seyn (Daseyn) des Wissens [-] und nur das Wissen hat Daseyn, u. alles Daseyn ist nur in ihm begründet [-] hängt schlechthin von ihm selbst [sc. dem absoluten Seyn] ab" (GA II/6, 228). Isto significa que, embora, num sentido, o saber seja livre, noutro sentido depende da sua diferença em relação ao ser.

⁹¹ "[...] wie k[annst] du denn zum Denken desselben [sc. des Seyns], als Einem heraus, und welche Wahrheit hat denn dieses dein Denken[?] Kurz, du vollziehst da selbst dir unbewußt, das was du in deinem ganzen System läugnest, die formale Freiheit, das Seyn u. Nichtseyn" (GA II/6, 228).

de suficientes diferenças em relação ao conceito para que possa constituir um componente do saber essencialmente distinto do conceito.[92] O saber conta assim, para além do ser conceptual, com a existência formal, ou seja, que se configura em formas da intuição – o tempo e o espaço – as quais, conforme ensinado por Kant na *Crítica da Razão Pura*, são elementos do saber de natureza basicamente distinta dos conceitos. O saber é, assim, existência, ou seja, intuição determinada[93] pelo conceito.

Na versão de 1805, expressamente dedicada ao estudo da "existência", defende-se justamente que a perspectiva transcendental é aquela que distingue entre ser e existência.[94] A tese de 1801/1802, de que o ser absoluto determina a sua aparição como saber, mantém-se nesta versão de 1805. A existência é o ser reflectido e apreendido no saber, dotado de projecção e reflexão. Como saber, "a existência [...] é a unidade orgânica da inteligência e da intuição."[95] O facto de que Fichte faz da diferença crítica um dos seus temas centrais permite, assim, observar como se pretende manter como filósofo transcendental mas, ao mesmo tempo, explorar todas as possibilidades de tornar produtiva a diferença entre entendimento e intuição. Fichte assume

---

[92] Acerca de todo este ponto, veja-se o Cap. 5 infra.

[93] "Das unmittelbare, lezte unmittelbare Objekt des Wissens ist sichtlich die Freiheit selbst, materialisirt, als Quantität, jedoch durch das absolute schlechthin bestimmt." ("O objecto imediato, o objecto último imediato do saber é, manifestamente, a própria liberdade, materializada como quantidade, mas determinada simplesmente pelo absoluto") (GA II/6, 206). A WL de 1801/1802 é como uma tradução fichteana dos elementos centrais do criticismo kantiano. A 'tradução' desta passagem em termos kantianos, que resume nos traços mais gerais concebíveis o argumento da obra, é a seguinte: o saber tem por objecto a liberdade, ou seja, aquilo que não se esgota na definição analítica e necessária do ser conceptual. Este produz somente definições conceptuais fixas, impróprias à espontaneidade da liberdade. A liberdade materializa-se como quantidade porque a não-conceptualidade existe como forma da intuição, espaço e tempo, essencialmente quantificáveis, ao contrário do puro uno essencial, não quantificável. A determinação pelo conceito, ou pelo ser, da existência é uma tese central da WL de 1801/1802 que surge também referida neste passo: a restrição de que esta materialização da liberdade e quantificação, como tempo e espaço, é "determinada pelo absoluto" significa que as formas da intuição seriam cegas e seriam uma pura multiplicidade indeterminada sem a sua ordenação conceptual. É o pensar que confere ser "absoluto" à intuição. Se, neste passo conclusivo e essencial, o "absoluto" surge como sinónimo funcional de "ser" e de "conceito", claramente se pode defender que o ser absoluto não é um "deus abscondito" além de todo o saber – mas a determinação da intuição pelo pensar.

[94] Cf. GA II/9, 186.

[95] "[...] die Existenz [...] ist die organische Einheit der Intelligenz, u, Intuition" (GA II/9, 193).

então uma proximidade distanciada de Kant, no sentido em que obedecendo a uma mesma matriz, transcendental e crítica, da filosofia, busca meios inteiramente novos para a sua investigação e exposição.

O nosso percurso pelo desenvolvimento da primeira década da Doutrina da Ciência vai observar de que modo esta busca infatigável de uma síntese do saber que seja ao mesmo tempo uma teoria da consciência e uma "ciência" da fundamentação do saber vai atravessar sucessivamente os *Fundamentos da Doutrina da Ciência* (1794/1795), a *Doutrina da Ciência nova methodo* (1796/1798), a *Exposição da Doutrina da Ciência* (1801/1802) e a *Primeira Exposição* de 1804, onde parece encontrar finalmente uma forma conceptualmente estável.

Três temas ou modos de abordagem da WL confluem na investigação que se segue. Em primeiro lugar, tentaremos caracterizar a via e estrutura argumentativa com que Fichte define o plano fundamental da filosofia. Em segundo lugar, tentaremos não perder jamais de vista uma abordagem temática que reconstrói a argumentação da WL em cada uma das exposições do arco temporal considerado. E, por fim, empreenderemos uma abordagem de tipo 'diacrónico', que atenderá ao desenvolvimento do pensamento do autor e à diferença das suas exposições. Estas três questões não se podem tratar isoladamente, mas são antes linhas de orientação permanente para o nosso percurso de pensamento em conjunto com Fichte.

Através de todas as metamorfoses do pensamento de Fichte, as linhas de orientação propostas permitirão descobrir no conceito de um "sistema da incompletude" um elemento de continuidade e uma invariante fundamentais. Uma das teses centrais da Doutrina da Ciência, através das diferentes versões que iremos estudar, é que existe uma relação de dependência sistemática entre as necessárias reflexividade e liberdade do saber humano, e algumas das características principais da experiência, como sejam a sua espácio-temporalidade, particularidade, contingência e essencial incompletude.

1. Fundamentação e abertura. *Os Fundamentos da Doutrina da Ciência* de 1794/1795

1. As condições da fundamentação do saber

Um dos problemas centrais que dão origem à Doutrina da Ciência é, como se mencionou, o de "explicar a representação", problema que se transforma, mais tarde, no de explicar o que é o saber. Em geral, as duas questões convergem para a elaboração de uma teoria da consciência que englobe todas as suas valências, ou seja, se a entendermos no seu sentido pleno, o que significa que não só envolve a totalidade dos conteúdos que lhe são presentes, mas também um elemento absolutamente essencial que, dadas as suas características específicas, não se pode dizer exactamente um conteúdo ao mesmo nível dos outros. Como conteúdos da consciência poderíamos incluir todas as representações conscientes, e ainda sentimentos ou sensações. Fazendo agora abstracção da acção, o elemento mais significativo da consciência é o da objectividade. O elemento da objectividade pode designar-se também a *realidade* das representações ou ainda, segundo a terminologia da primeira fase de Fichte, as "representações acompanhadas do sentimento de necessidade".[96]

Esta questão ultrapassa, contudo, o sentimento em sentido estrito. Não se trata somente de um sentimento, e a tese de que o que se designa por "realidade" objectiva se pudesse restringir a sensações sentidas como necessárias seria certamente insuficiente para enunciar o que está em causa. Não se trata somente de sensações a que está associado um sentimento especial, mas de algo mais do que isso. Vários anos mais tarde, Fichte refere-se ainda a este

---

[96] GA I/4, 186.

elemento da representação, ou do saber, da perspectiva da posição subjectiva perante ele, como "admitir ou não admitir" algo.[97] E designa-o também como "crença".[98] Qualquer que seja a designação, este elemento consiste na presença do eu a um mundo e dentro de um mundo, e envolve por isso todos os elementos, abstractos e concretos, necessários à coerência de um mundo. Vai englobar o "eu", o "tu", o corpo e, em geral, toda a chamada "quintuplicidade", i.e., a estrutura fixa da consciência, articulada em natureza, direito, ética, religião e ciência. A esta estrutura rígida teriam de se acrescentar ainda a história[99] e a experiência estética, que Fichte nunca chega a colocar no centro da sua atenção.

Explicar o saber é, também, fundamentar, uma exigência da razão discursiva, mediada, dotada da capacidade de questionar. Trata-se de encontrar um outro elo numa série de condições e, finalmente, de encontrar um elo inicial. Como dissemos, da perspectiva da Doutrina da Ciência seria inútil pretender encontrar como primeiro elo para a explicação da consciência algum facto. Na medida em que a consciência é também um facto, a sua fundamentação não poderia ser encontrada noutro facto, pelas razões já aduzidas. Isto anularia também a possibilidade de uma fundamentação em círculo, que é viciosa se não contiver um princípio diferente dos principiados. O círculo, na totalidade, careceria então de fundamentação. Por fim, a possibilidade de interromper arbitrariamente a cadeia de fundamentação num qualquer ponto, seria equivalente a renunciar à fundamentação do saber. O saber resultaria como não sistemático e não unificado, ou seja, como um conjunto de saberes a que não caberia nenhuma unidade.

Como Fichte estudará exaustivamente na Segunda Exposição da WL de 1804, fundar é também reconduzir a multiplicidade à unidade, ou seja, é pensar a unidade de um qualquer sistema de conhecimentos.[100] Como unidade, verifica-se imediatamente que o fundamento não poderia ser, neste sentido,

---

[97] "Nicht gelten lassen : gelten lassen: wie nennen wirs? Glaube" (GA II/9, 233)

[98] Ib. Cf. tb. I/2, 429.

[99] Sobre o conceito de história em Fichte v. R. Picardi, *Il concetto e la storia: La filosofia della istoria di Fichte*, Bologna, 2009.

[100] Um estudo sistemático desta versão está fora do nosso âmbito, que se estende somente até à primeira versão de 1804.

senão um conceito relacional, que unifica sem anular a diferença entre os elos unificados, o que só pode ser feito por intermédio de uma diferenciação de planos ontológicos entre o princípio e os principiados. Esta diferença de plano ontológico entre o princípio e os principiados pode ser designado, em geral, como "reflexão", na medida em que não pode ser somente mais um elemento no mesmo plano que os outros, mas deve caber-lhe um estatuto *entre* estes elementos e *além* deles. Como se observa na exposição de 1804/ II, a WL, enquanto fundamentação do saber, não se encontra em nenhum dos membros das divisões ou disjunções requeridas para a constituição do saber, "não se encontra própria e rigorosamente, em nenhum dos dois, mas no ponto de unidade de ambos."[101] A caracterização deste ponto entre os elementos materiais do saber será a tarefa da fundamentação. Em qualquer caso, deverá observar-se que Fichte não parte de uma afirmação dogmática de que a unidade sistemática (fundamentação) do saber é possível, mas a unidade começa por ser uma mera hipótese, que deverá ser demonstrada pela sua realização.[102] Não seria possível supor uma lógica mais elevada que pudesse determinar a possibilidade ou impossibilidade: é esta mesma lógica primeira do saber que está em causa e que deve ser construída.

O saber não se poderia fundar num facto, nem de modo circular, e tão-pouco seria aceitável a renúncia a priori à sua fundamentação e a resignação à multiplicidade. Requer-se, por conseguinte, uma fundamentação reflexiva, que permita unificar o diverso fáctico a partir de um nível de consideração distinto do nível fáctico da consciência, ou dos seus elementos constituintes. Estará presente em todas as versões da WL a tentativa de definição deste plano fundador, por diferentes vias.

Fichte denomina princípio ("Grundsatz") a unidade fundamental do saber. O princípio não pode ser um facto e tem de ser capaz de ligar a multiplicidade sem a reduzir simplesmente à unidade, para o que é requerida uma reflexão. O que se observa ao longo do estudo da Doutrina da Ciência é que o princípio assume diferentes formas, consoante as diferentes exposições da dou-

---

[101] "[...] eigentlich und der Strenge nach in keinem von beiden, sondern in dem Einheitspunkte beider steht" (GA II/7, 33).

[102] Cf. GA I/2, 110, 117.

trina. É, no entanto, uma invariante através de todas as diferentes exposições a tese de que o princípio está para além da consciência subjectiva humana, como mostra Wolfgang Janke.[103] O princípio começa por ser concebido como a "acção originária", atribuída ao eu absoluto, como uma condição da consciência que está para além da consciência comum – embora possa ser objecto da consciência artificial e filosoficamente orientada. Aparece também como a "consciência imediata", condição inconsciente da consciência. Como tal condição inconsciente ainda, ou pré-consciente, é também "vida". E será também entendido, por fim, como se verá na versão de 1804, como um ser "Absoluto" ou "essência" além da existência consciente do eu.

O princípio obedece a diversas condições. Ele deve ter a capacidade de abranger numa unidade diferenciada a totalidade do que é representável e, por outro lado, de ser auto-fundado. Como unidade e generalidade, terá de ser o que acompanha toda a representação. Como fundamentação última, terá de se explicar a si mesmo. Começaremos pelo estudo do princípio conforme apresentado na sua forma inicial e mais marcante, nos *Fundamentos* da WL de 1794/1795.

---

[103] As obras mais significativas são W. Janke, *Fichte. Sein und Reflexion: Die Grundlage der kritischen Vernunft* (Berlin, 1970), *Vom Bilde des Absoluten* (Berlin, 1992) e *Die dreifache Vollendung des Deutschen Idealismus: Schelling, Hegel und Fichtes ungeschriebene Lehre* (Amsterdam – New York, 2009). Pela coerência, fundamentação e extensão da sua obra, é provavelmente o principal intérprete do pensamento de Fichte. No entanto, não estamos de acordo com a tese geral de que a preocupação e o objecto central da WL é o absoluto entendido onto-teologicamente e o seu conteúdo principal a teorização da sua inacessibilidade à consciência humana, e a consequente deposição "do eu-sujeito absoluto como princípio supremo do conhecer e do ser" ("des absoluten Ich-Subjekts als oberstes Prinzip von Erkennen und Sein" (...)) (W. Janke, *Die dreifache Vollendung des Deutschen Idealismus. Schelling, Hegel und Fichtes ungeschriebene Lehre*, Amsterdam – New York, 2009, 199). Estas preocupações e essa teorização estão sem dúvida presentes, mas a preocupação e o objecto central de Fichte é a acção e o saber humanos. Em nosso entender, não se trata simplesmente de substituir uma fundamentação na consciência humana por uma outra fundamentação num inconceptualizável onto-teológico. A função do absoluto é somente o de horizonte-limite que provoca essa acção e esse saber. Sobre a tese, que não subscrevemos, da WL como uma "teologia negativa transcendental", cf. Janke, op. cit., 19, 246, 273, 289. Do mesmo modo, I. Thomas-Fogiel recusa que a filosofia tardia de Fichte seja uma forma de teologia negativa, mas somente de uma apresentação "de la structure du savoir du savoir" (I. Thomas-Fogiel, op. cit., 204).

2. O eu como paradigma da identidade

Na sua análise das condições da representação, Fichte parte do enunciado do princípio da identidade, "**A=A**" e acrescenta, como alternativa que considera para o efeito equivalente, a formulação "se **A** é, então **A** é". O nervo do argumento que apresentará é a tese, à partida muito discutível, de que "**A=A**" exprime algo de diferente de "**A**" simplesmente. A simples posição de **A** não é equivalente à posição da sua identidade consigo mesmo. Fichte exprime esta tese com recurso à diferença entre predicação e posição pré-predicativa: "ser, sem predicado, exprime algo de totalmente diverso do que ser, com um predicado."[104] Obtém, assim, como inevitavelmente implicados no enunciado da identidade, dois dos conceitos decisivos para a sua concepção da razão e da filosofia.

(1) Trata-se, em primeiro lugar, de conferir ao elemento pré-predicativo uma função de horizonte externo de toda a discussão, de uma condição exterior ao sistema da predicação e do seu correlato objectivo, cuja descrição será o tema da WL. Na verdade, o que poderíamos denominar "**A**" deve desaparecer do horizonte de questionamento, substituído pelo questionamento das condições da sua identidade ou da sua identificação. Pode-se dizer que "**A**" não é tema ou problema para a filosofia transcendental, mas somente "**A=A**".

A questão acerca de um qualquer "**A**" é, assim, afastada, substituída pela questão da sua identidade. Ou seja, a questão da posição de um qualquer objecto é eliminada à partida, posto que, na argumentação desenvolvida, "se, e como **A** em geral é posto, não o sabemos",[105] ou seja, não podemos

---

[104] "Seyn, ohne Prädikat gesezt, drückt etwas ganz anders auf, als seyn mit einem Prädikate" (GW I/2, 256). Acerca da questão da predicação v. Cap. 4 infra.

[105] "[...] ob, und wie A überhaupt gesezt sey, wissen wir nicht" (GA I/2, 257). A. Schmidt, *Der Grund des Wissens. Fichtes Wissenschaftslehre in den Versionen von 1794/95, 1804/II und 1812* (Paderborn – München et al., 2004, 9, 23, 61, 164) insiste na importância da certeza para a escolha da identidade como princípio dos *Fundamentos*. Pelo contrário, a certeza não nos parece aqui o elemento operatório da demonstração, mas somente um acompanhante, sem dúvida presente, mas, como sentimento, a carecer ainda de explicação. As virtualidades da fórmula da identidade encontram-se na sua capacidade de exibição teórica e objectiva desta duplicidade inerente a todo o objecto "posto" pelo pensar, e não na sua certeza intrínseca. O eu não é o fundamento ou princípio por ser algo de certo. A certeza, como facto da consciência não serve de fundamento genético para a WL. A mesma dificuldade aparece em Neuhouser (op. cit., 52-53), para quem "in adopting [in

conhecê-lo a priori, e não é por isso objecto da filosofia transcendental. Esta eliminação – ou posição entre parênteses do objecto dado – é definitiva. O seu lugar está previsto e é inalienável na definição do juízo elementar **A=A** mas, na verdade, o juízo exprime antes de mais o *não-saber crítico* acerca da existência de um qualquer objecto **A**. Esta posição é deixada à experiência ou ao domínio da intuição. O saber resume-se às suas próprias condições na apreensão de um qualquer objecto dado. A identidade, por seu turno, é aquilo que traz **A** à luz do saber. **A**, em si mesmo obscuro, objecto de um "pôr desconhecido", torna-se conhecido ou, poderá também dizer-se, é dizível somente por meio da sua identificação como **A=A**. As condições do juízo são também as condições do aparecer e do conhecimento de um qualquer **A**. A tese manter-se-á sempre válida de que a posição de **A** depende de um acto de "duplicação" reflexiva, a que já fizemos alusão como o "enquanto" (*qua*, "als"), como por exemplo na expressão clássica "ser enquanto ser". Apenas fará sentido falar de "**A**" como uma condição e um lugar dentro do juízo que o identifica. Esta substituição de "**A**" pela sua identidade "**A=A**", considerada como fruto de um acto do sujeito, permite aceder a todo o conteúdo da WL.

(2) O outro conteúdo significativo, embora muito discutível, assim alcançado é a ideia de que a identidade é algo que se acrescenta a um qualquer ente **A**. Esta tese pode ser considerada contra-intuitiva, ou mesmo paradoxal. Nela não se fala de dois entes, "**A**" e a sua *identidade*, mas não se fala tão-pouco de um predicado, em que a identidade fosse predicada de um qualquer ente. Fala-se do próprio acto da predicação. Aludiu-se já à *diferença transcendental*, que designa a diferença entre um ente e a sua inteligibilidade, ou "visibilidade". A diferença entre o ente e a sua identidade presente no § 1 dos *Fundamentos* de 1794/1795 é uma primeira expressão desta diferença.[106]

---

the practical part] the practical version of his first principle, Fichte necessarily surrenders the certainty of that principle and thereby dissolves the very foundation upon which the truth of his system [...] was to be based." A alteração de perspectiva sobre o princípio, que designámos a sua ambiguidade, é, com efeito, indesmentível na obra, mas as conclusões a retirar são outras, como procuraremos ainda evidenciar.

[106] Considerar a identidade como uma espécie de "acrescento" ao ente em consideração não significa fazer da identidade um predicado, uma vez que se está a falar justamente das condições da predicação. Esta é mais uma expressão da referida 'diferença transcendental', pela qual aquilo que permite trazer à predicação (i.e., a identidade) não pode ser confundido com mais um predicado. Fala-se da cópula do juízo, que Fichte vai tematizar

O trazer à identidade de **A** pela sua duplicação reflexiva é a condição da sua manifestação a qualquer título como "representação" consciente. O argumento de Fichte é que ao se pôr ao nível da representação consciente um qualquer **A** está-se também a pôr, implicitamente, a sua identidade. No caso da posição simples de **A**, a sua identidade apenas não está explícita, e mantém-se como não temática. A WL tem por tema explicitar justamente esta condição da pensabilidade. **A=A** apenas acrescenta algo, no sentido de tornar explícito aquilo que está sempre implícito em toda a posição de **A**. Ou, conforme Fichte dirá mais tarde, na filosofia transcendental não se trata de "*aprender* nada de novo [...], mas tão-só *tornar claro*".[107] A WL, que se desenvolverá a partir da análise das condições do juízo, nada acrescenta à experiência ou à representação em geral conforme esta se dá. A diferença em questão que, ao mesmo tempo, nada altera no **A** de que se fala, é dita "als" ("enquanto" ou "qua"): "*se* **A** é posto, então é posto certamente *qua* **A**."[108] A posição reiterada de algo *qua* ou *como* algo nada tem de paradoxal, mas remete, pelo contrário para o questionamento ontológico do significado. Só *como* algo pode um qualquer ente dar-se à apreensão ou aceder a estruturas de sentido como o juízo.

Fichte argumenta que no juízo de identidade encontram-se expostas de modo objectivado as condições de reconhecimento, ou de representação do objecto. Se a posição simples do objecto como dado é fundada no próprio objecto e, por isso, a priori "desconhecida" no seu *que* e no seu *como*, pelo contrário, a posição reflectida e determinada pelo juízo é atribuível a uma faculdade da razão. Esta faculdade é posição de identidade, "simplesmente", ou seja, sem necessidade de recurso a nenhum outro fundamento.

---

largamente como o "é" que permite objectivar o ser, e não de um possível predicado. Ou seja, fala-se da diferença que é necessário supor entre um objecto e cada um, ou todos os seus predicados – da operação elementar da razão discursiva e predicativa.

[107] "[...] nichts neues *lernen* [...] also nur *klar machen*" (GA II/9, 184). Esta é uma diferença que se esconde ao olhar predicativo. Com um sentido muito semelhante fala-nos Hegel da diferença que "*é*; mas [que] é perfeitamente transparente, e como uma diferença que, simultaneamente, não é nenhuma diferença" (Hegel, *Phänomenologie des Geistes*, Hamburg, 1988, 160).

[108] "*Wenn* A gesezt ist, so ist es freilich *als* A" (GA I/2, 258).

Mas o ponto central da argumentação é que a identidade, ou seja, o ser que é "sempre um e precisamente o mesmo,"[109] tem uma forma paradigmática que é o "eu", que não é somente o sujeito da atribuição da identidade a um qualquer **A**, mas que só a pode atribuir porque a conhece ou reconhece, antes de tudo o mais, como propriedade sua. A tese é que toda a posição de identidade recorre, em última instância, e de modo exemplar, ao eu. Se se interrogar pela origem do conceito de identidade, a resposta, segundo Fichte, se encontrará no eu, e não nas coisas representadas na consciência. A escolha do eu como princípio da doutrina deriva de que as funções que o princípio tem de desempenhar não são compatíveis com nenhum outro conceito, como se verá ainda. O eu é, consequentemente, um elemento central do primeiro princípio da WL por duas ordens de razões. Por um lado, (1) pela função que desempenha no desenvolvimento das condições do saber e, por outro lado, (2) dado que está atestado na consciência como um facto que corresponde ao que é derivado pela doutrina. Acresce ainda (3) que ele é fonte de sentido reflexiva e conceptual.

(1) **Função do eu no desenvolvimento da doutrina.** A sua função é a de, sendo identidade consigo mesmo, promover a unidade entre todas as determinações diferentes ou opostas que vão sendo expostas. O eu recebe a função metodológica de unificar todos os elementos ou determinações apresentados. O eu é a identidade que garante a não indiferença das determinações diferentes ou opostas que lhe vão ser acrescentadas. Sem a presença do eu, as determinações não entrariam em oposição e em contradição umas com as outras, mas jazeriam mortas umas ao lado das outras. Neste sentido, o eu vai operar como impulso vivo de unificação do diverso. É a oposição e contradição entre as determinações, oposição e contradição tornadas possíveis pelo eu, que obriga ao seu melhor exame e à diferenciação de aspectos em cada conceito examinado. Assim, o método de desenvolvimento da doutrina está dependente da função de unidade que é atribuída ao eu. Trata-se de unificar opostos de maneira a que possam ocorrer na unidade de uma mesma consciência.

Esta identidade do eu, dotada de impulso activo e vivo, possui um momento essencial de exclusão de todo o diferente, de tudo aquilo que o eu não reco-

---

[109] "[...] stets Ein und eben dasselbe" (GA I/2, 257).

nhece directamente como a sua própria posição. Por outro lado, a *identidade* do eu é *identificação*, ou seja, um acto ou actividade de afirmação e identificação de si perante o diferente. Com estas características, de *exclusão* do negativo e auto-*identificação*, a identidade não recebe o seu sentido pleno como uma relação do objecto a si próprio, mas somente como a relação de um eu consigo mesmo. A identidade do objecto só tem sentido como identidade do objecto *para* um eu, o qual tem de ser ele mesmo idêntico consigo mesmo para que possa conferir sentido à identidade do objecto. O eu é, por isso, o modelo da identificação e re-identificação do mesmo. Ele é, assim, estritamente neste sentido, 'substancial', como o que permite a *re-identificação* do mesmo. A possibilidade da "repetição do pôr",[110] possibilidade de que depende toda a re-identificação, está moldada pelo eu e a partir da experiência de que este dispõe de si mesmo.

(2) **A atestação da identidade na consciência.** A identidade do eu na filosofia transcendental manifesta-se como identidade consciente. A consciência pode ser descrita, na sua facticidade, como o ser si mesmo na diferença de estados e de tempos incompatíveis entre si, mas que se sucedem pela comparação entre eles, comparação que é possibilitada pela sua posição comum no eu idêntico. Ela é, por isso, 'substancial', é o que dura e, consequentemente, embora o tempo empírico seja atribuído ao mundo, a sua estrutura é de re--identificação. A identidade não é, por conseguinte, uma propriedade simples mas, por assim dizer, reflexa e activa, de exclusão do que não lhe é próprio e de re-identificação substancial.

Contudo, a identidade é a identidade consciente na medida em que aquilo que a exposição da doutrina deriva como facto corresponde ao que conhecemos da nossa experiência do eu. Podem indicar-se pelo menos quatro características atestadas na consciência real que a permitem considerar como expressão da identidade paradigmática do eu.[111] A consciência conforme aparece é

---

[110] Cf. GA I/2, 409.

[111] A. Schmidt observa com razão que "a Doutrina da Ciência é, por isso, não só uma teoria da validade, mas também uma teoria descritiva acerca da auto-compreensão do sujeito" ("die Wissenschaftslehre ist also nich nur eine Geltungstheorie, sondern ebensosehr eine deskriptive Theorie über das Selbstverständnis des Subjekts") (op. cit., 13). O simples facto de que Fichte escolhe o nome "eu" para o elemento central do princípio da WL indica que o que é visado é uma pura validade, mas que pretende também que essa

(a) uma actividade viva de auto-identificação na diferença; (b) a possibilidade permanente da reflexão; (c) a base da relação de inclusão e exclusão, i.e., de distinção entre si mesmo e o outro; e (d) a distinção, que lhe é intrínseca, entre real e ideal. Na medida em que a consciência exprime e atesta o paradigma da identidade, o princípio da filosofia poderá ser encontrado no eu, não como consciente, é certo, mas como estrutura de identificação anterior à consciência empírica.

(3) **O eu como fonte de sentido reflexiva e conceptual.** O eu deve ser entendido, assim, de acordo com a sua definição. Ele não pode ser objecto ou coisa entre os outros, mas é o protótipo do *conceito* reflexivo, identificador e re-identificador, que doa o seu sentido mais elementar aos objectos ou coisas dados. Em geral, todo o conceito define algo *qua* algo e, por conseguinte, funciona como fonte de sentido. Por esta razão, Fichte apresenta os princípios da WL como princípios de conceptualização e intuição do real. A fonte última, protótipo da conceptualização, é o eu. Este é então, por excelência, condição de possibilidade primeira do significado. Diferentemente dos conceitos de objectos, o conceito do eu não representa nada de dado, mas conceptualiza as condições de sentido.

A "fonte", que Fichte dirá também "génese", não é uma metáfora para algo de indefinível ou vago, ou uma simples repetição da questão metafísica tradicional pelas causas últimas, mas expressão conceptual da essência da conceptualização. Compreender o conceito equivale a estabelecer uma perspectiva geral e reflexiva sobre ele, defini-lo a partir de si mesmo. Compreender é, por isso, não tomar como dado, mas definir o *porquê* do ser dado. É o próprio modo de ser da compreensão que impede que este último se dê simplesmente

---

pura validade ocorra de maneira identificável e reconhecida entre os objectos conhecidos no mundo, nomeadamente como o eu a que temos empírica e realmente acesso na nossa auto-consciência. Ele deve, por isso, descrever a consciência de si no mesmo passo em que procura uma teoria explicativa para esse fenómeno. O eu absoluto não pode efectivamente ser entendido como consciência de si, mas como o seu princípio. Sobre a interpretação do eu absoluto ou como "fenómeno da consciência de si", Deus ideal ou "produção que se realiza de modo pré-consciente", v. A. Schmidt (op.cit., 23n). Que se trate de um "valor", a saber, de uma "auto-afirmação absoluta da razão como valor" ("absolute Selbstaffirmation der Vernunft als Wert"), como pretende este autor (op. cit., 7), não é mais do que uma achega para entender as virtualidades e consequências do princípio, mas não a sua determinação central. No domínio do valor, ele seria não um valor mas a pura validade em geral.

como tal. O *dado* é essencialmente o *incompreendido*. Conforme Fichte dirá na exposição de 1801/1802, as determinações centrais do saber são o *"o que"* é ("was") e o *"porque"* é ("weil").[112] Saber o porquê é aquilo que está anunciado nas noções tradicionais de causa, de fundamento ou de razão, porém, com uma nova determinação. Compreender o conceito é saber *de onde* – real ou logicamente. Compreender requer um acto livre pelo qual, como Fichte escreverá em 1801, "ao *pensar* é acrescentado um *'porquê'* absoluto, ele é *repetido* nesse 'porquê' e esclarecido por si mesmo."[113] Assim, tudo aquilo que é posto como ser, recebe sentido na sua mediação pela razão, por um *porquê*. Já nos *Fundamentos* de 1794/1795, o eu "é o que é porque se pôs."[114] Assim, o "porque" entre o eu e si mesmo é a razão de ser da sua identidade como questão. Ver-se-á ainda, no capítulo, que outras consequências tem a introdução de um "porque".

3. O jogo dos princípios

Fichte enuncia o primeiro princípio sob a fórmula "o eu põe originariamente o seu próprio ser."[115] Poderá entender-se este primeiro princípio dos *Fundamentos* como a resposta, ou a única resposta possível à questão metafísica por excelência de Leibniz, "porque há o ser e não o nada?" Segundo Fichte, o ser é porque é, não à maneira de Espinosa, como substância,[116] mas

---

[112] V. Cap. 4 infra.
[113] "[...] dem *Denken* ein absolutes *weil* hinzugefügt, es in diesem Weil *wiederholt* u. aus sich selbst erklärt wird" (GA II/6, 174).
[114] GA I/2, 259.
[115] "[...] das Ich sezt ursprünglich schlechthin sein eigenes Seyn" (GA I/2, 261).
[116] Num certo sentido, trata-se de uma causa sui, mas não, como mostra R. Schäffer (*Johann Gottlieb Fichtes 'Grundlage der gesamten Wissenschaftslehre' von 1794*, Darmstadt, 2006, 32), que o eu crie o seu próprio ser em sentido determinado e existencial: "o eu não surge do nada, como é o caso na *causa sui*" ("es [sc. das Ich] entsteht nicht aus dem Nichts, wie dies bei der *causa sui* der Fall ist"). No entanto, ele não deixa de se causar a si num outro sentido de ser, como enuncia Schäffer duas páginas a seguir: "o eu como acto originário é a actividade sem restrições da auto-posição que se dá a si mesma começo" ("Das Ich als Tathandlung ist die ueingeschränkte Tätigkeit der selbstanfängliche Selbstsetzung") (op. cit., 34). Também I. Thomas-Fogiel rejeita a interpretação da auto-posição como *causa sui*: "loin de s'apparenter à la *causa sui* du Dieu spinozien, loin d'être un "moi-chose en soi", doté du pouvoir d'auto-engendrement, le prémier principe est l'autre nom de la

como agente que se dá razão a si mesmo. O eu é porque é posição de si ou auto-posição. Ele é suposto como acto originário (*Tathandlung*) incondicionado de auto-posição. E nada havendo, por isso, de anterior a esta posição primeira, a razão da posição é auto-mediada.

Como é bem conhecido, Fichte considera necessário acrescentar ao primeiro princípio outros dois, com as seguintes formulações: 1. "o eu põe originariamente o seu próprio ser"; 2. "ao eu é oposto simplesmente um não-eu"; e 3. "o eu opõe, no eu, ao eu divisível, um não-eu divisível."[117]

Os três princípios são acções originárias do eu. O primeiro é absolutamente incondicionado, a *Tathandlung*. É o princípio de autonomia do eu que deve permitir fundar todo o sistema do saber humano na autonomia e espontaneidade do eu. O segundo princípio desempenha a função de negação ou oposição relativamente ao eu. Este princípio é incondicionado quanto à forma, no sentido em que a forma, ou a qualidade específica da oposição ou da negação não pode ser deduzida a partir da pura identidade ou posição. A oposição que, neste caso, equivale à pura diferença, está sempre dependente de uma referência ao seu outro, a posição. O segundo princípio é, neste sentido, relativo ou condicionado pelo eu, porquanto a negação ou oposição só pode ser aquilo que é, na medida em que em que se opõe a algo de previamente dado. Se a nada se opusesse, seria um acto simples, equivalente ao acto da pura posição, o mesmo do primeiro princípio. Oposição ou negação só se podem dar em contraposição a algo de oposto, a saber, contrapostos à posição ou à identidade. Não há condicionamento formal, posto que a oposição é um acto incondicionado na sua qualidade própria de negação. Há, no entanto, um condicionamento material, posto que o acto da negação depende do primeiro acto para que se possa opor a algo. Se se designou o primeiro acto como a actividade própria do eu, a actividade própria do segundo denomina-se o "não-eu".

---

liberté" (Thomas-Fogiel, op.cit., 117). Consideramos que a liberdade contém justamente uma capacidade de "auto-engendrement", pelo que é, num sentido restrito, também *causa sui*, o que a autora aliás confirmará mais abaixo: "ce fondement est *cause de soi*, non certes au sens du Dieu de la métaphysique classique, mais au sens de [...] la liberté" (ib. 121).

117 "[...] das Ich sezt ursprünglich schlechthin sein eignes Seyn"; 2. "dem ich [wird] schlechthin entgegensezt ein Nich-Ich"; e 3. "Ich setze im Ich dem theilbaren Ich ein theilbares Nicht-Ich entgegen" (GA I/2, 261, 266, 272).

Se eu e não-eu, posição e oposição devem ser ambos postos, têm de ser tornados compatíveis e devem poder ser pensados de modo a não entrarem em conflito insanável. Esta é a função do terceiro princípio, que a desempenha por meio de uma acção de limitação entre eu e não-eu, que os torna "divisíveis" ou compatíveis por "divisibilidade". Para que o não-eu possa ser posto, ou o eu tem de ser, em parte, também não-eu, ou uma esfera total de determinação tem de ser dividida e, em parte, corresponder ao eu e, em parte, ao não-eu. Pode-se falar então de *partição* ou repartição entre eu e não-eu de toda a esfera do saber, ou da acção, ou do ser, conforme a designação preferida para o todo de determinação de que se fala. Por sua vez, o 'ser em parte' e 'não ser em parte' de elementos que não perdem por isso a sua qualidade e distinção próprias, permite que se fale de "quantidade". A diferença entre eu e não-eu é, por conseguinte, uma diferença quantitativa, tese cujas consequências se verão mais abaixo.

O terceiro princípio é entendido como condicionado quanto à forma. É condicionado quanto à forma, na medida em que a tarefa de tornar compatíveis eu e não-eu está integralmente contida nos dois princípios anteriores. Fichte defende que o conceito que o princípio especificamente contém, a limitação, não está contido por análise, nem no eu nem no não-eu, mas que unicamente a tarefa que é exigida de modo a compatibilizar eu e não-eu está totalmente determinada pelos princípios anteriores. O autor defende que este princípio é, efectivamente, um princípio e, por isso, não é inteiramente deduzível dos anteriores. Ele é, a saber, incondicionado quanto à matéria. Isto significa que a limitação não é deduzível nem do eu nem do não-eu. No entanto, dever-se-á observar que a função do terceiro princípio é precisamente pôr em relação os outros dois, tendo de atender constantemente tanto ao seu carácter incondicionado quanto à necessidade do seu recíproco condicionamento.

4. A unidade dos princípios e a ambiguidade do primeiro princípio

Um importante erro sobre os princípios de Fichte em 1794 é o de os tomar isoladamente. O erro é natural, visto que o autor os apresenta como inderiváveis e independentes, sendo que deve ser, por fim, demonstrável que são consistentes entre si. No entanto, o modo de apresentação de eu, não-eu e divisibilidade não nos deve impedir de ver que só têm sentido, ou seja, só constituem saber na sua interacção. A unidade do saber visada como sistema da WL depende da unidade dinâmica entre os princípios. Que os princípios são sem significado no seu isolamento, tendo contudo de ser pensados como princípios, ou seja, como independentes e, como se poderia acrescentar, no seu conjunto, completos e consistentes, é a aparente contradição que tem de ser explicada e resolvida. Fichte reivindica que a demonstração dessa compatibilidade e unidade essencial dos princípios no saber se segue forçosamente da inter-relação dos três princípios. Esta "demonstração", contudo, não é uma dedução por aplicação das leis do pensar, mas a busca de pressuposições implicadas pela necessidade da sua coexistência numa mesma consciência.

4.1. A unidade dos princípios

A fim de poder pensar os princípios como tal, ou seja, como inderiváveis de outros mais elevados, já o primeiro princípio, não obstante "incondicionado" tanto no que se refere à forma como à matéria, é de algum modo ambivalente. Ele não é a pura identidade, mas contém em si o desdobramento entre o eu que põe e o que é posto que devem, no entanto, ser idênticos. Neste sentido, o primeiro princípio já contém em si, *in nuce*, a diferença entre o que ele deve ser, pura posição, e o resultado disso. Esta diferença é, a este nível, pura potencialidade de diferenciação, que terá de ser, por assim dizer, suscitada ou explicitada pela sua posição em relação com os outros princípios. Mas esta relação não pode ser feita senão mostrando que o primeiro princípio já contém o terceiro, ou que o eu absoluto só pode realizar a auto-referência que pertence à sua própria definição por intermédio da posição do seu oposto. Alguns textos capitais da exposição, que iremos ainda citar, permitem mostrar que o eu absoluto é ambíguo, no sentido de ter de ser igualmente finito, do mesmo modo como se mostra que o eu finito não pode ser concebido senão na medida em que traz em si, de algum modo, a saber, como ideal, o eu absoluto. Como dissemos acima, ele é expressão consciente do eu absoluto.

4.2. A ambiguidade do primeiro princípio

Por um lado, como se viu, a auto-posição é, como acto originário, uma instância pré-reflexiva. Se ela não incluir, em si mesma, a potencialidade da auto-reflexão, os princípios manter-se-ão na exterioridade mútua. A necessidade do terceiro princípio decorre já de que há uma oposição entre os dois primeiros, e os três compõem um conjunto inseparável de interacções e reflexões. Na exterioridade mútua, não haveria contradição entre o primeiro e o segundo princípios e, por isso, tão-pouco unificação entre eles. Assim, o primeiro princípio teve já de ser definido como cumprindo duas funções diversas, a da actividade e a da auto-referência. A apresentação da doutrina como compreendendo três princípios independentes entre si induz em erro e foi por isso abandonada posteriormente por Fichte.

O segundo princípio, por sua vez, mostra que a negação não pode ser definida sem referência ao que ela nega. Isto significa que a negação está, à partida, referida à auto-posição inicial ou, como Fichte enuncia esta situação conceptual, o não-eu tem de ser posto "no eu" e para o eu.[118] Assim, "também a passagem do pôr ao opor só é possível por meio da identidade do eu."[119] O eu é, assim, condição da reflexão ou "passagem" entre a identidade e a diferença. A identidade do eu tem de abranger também o não-eu. Mas então o eu absoluto já transitou para o eu finito do terceiro princípio. O eu está sempre entre o absoluto e o finito. Isto é o que Fichte admite justamente numa das passagens capitais da obra, segundo a qual, "o eu tem originariamente de pôr em si, sem mais, a possibilidade de que algo actue sobre ele; sem prejuízo do seu pôr absoluto por si mesmo, ele tem, por assim dizer, de se manter aberto a um outro pôr."[120] Já como absoluto, o eu tem de manter a possibilidade da sua determinação pelo não-eu. Esta possibilidade é aberta pela necessária auto--referência do eu absoluto, a qual se actualiza como limitação do eu perante a

---

[118] GA I/2, 268.

[119] "[...] auch der Uebergang vom Setzen zum Entgegensetzen nur durch die Identität des Ich möglich [ist]" (GA I/2, 265).

[120] "[...] das Ich muß ursprünglich, und schlechthin in sich die Möglichkeit setzen, daß etwas auf dasselbe einwirke; es muß sich, unbeschadet seines absoluten Setzens durch sich selbst, für ein anderes Setzen gleichsam offen halten" (GA I/2, 405).

posição dessa abertura, que é o próprio não-eu. Esta diferença inerente ao eu absoluto é o que aparece como não-eu, na medida em que o eu transpõe para ele uma parte da sua actividade. Reflexão e limitação, ou finitude, são postas, então, como rigorosamente equivalentes.

O eu absoluto não é, por conseguinte, uma unidade absoluta, onde nada se pudesse diferenciar, mas actividade espontânea e, como tal, no mesmo acto, é também auto-referente. A posição espontânea de um puro acto depende da posição do eu como auto-referente. A esta duplicidade originária corresponde a duplicidade no não-eu, que lhe advém da já esclarecida distinção entre o seu carácter condicionado e incondicionado.

A posição do segundo princípio é a da relatividade e relativização da actividade pura do eu. A obra inteira trata do modo como esta relativização ocorre, ou seja, dos modos de existência determinada, ou real do eu. Para Fichte a possibilidade de toda a relação é a unidade da consciência. "O opor só é possível na condição da unidade da consciência [...]. Se a consciência da primeira acção não se mantivesse ligada à da segunda, então a segunda posição não seria um opor, mas um pôr simplesmente."[121]

5. Os princípios e a sua relação com os conceitos sintéticos ou categorias

Fichte interpreta cada conceito estabelecido, seja ele um princípio (nesta primeira parte da obra), ou um conceito deduzido (a partir do parágrafo 4 da obra), como um conteúdo pelo qual o eu pensa a sua relação consigo mesmo ou com o não-eu. A cada passo, é evidenciado que não é possível pensar a relação entre eu e não-eu se não se postular um determinado conceito. Segundo a descrição do procedimento da exposição, "temos por conseguinte, em cada proposição [estabelecida], de partir da indicação de opostos que devem ser unificados. [...] Temos, por isso, no eu e no não-eu ligados pela sín-

---

[121] "Das Entgegensetzen ist nur möglich unter der Bedingung der Einheit des Bewußtseyns [...]. Hinge das Bewußtsein der erste Handlung nicht mit dem Bewußtseyn der zweiten zusammen; so wäre das zweite Setzung kein Gegensetzen, sondern ein Setzen schlechthin" (GA I/2, 266).

tese suprema, e na medida em que são unificados por ela, de procurar notas características opostas que restem, e de as ligar por um novo fundamento de relação, o qual tem de estar novamente contido no fundamento supremo de todos os fundamentos de relação: nos opostos ligados por esta primeira síntese, temos então, novamente, de buscar novos opostos, unificá-los por um novo fundamento de relação, contido no anteriormente derivado, [e assim por diante]."[122] Os "fundamentos de relação" são conceitos que permitem pensar antes de mais a relação entre o eu e o não-eu. Correspondem, em parte, às "categorias" em sentido kantiano, mas incluem também, para além de conceitos, um repositório das faculdades requeridas para que haja representação ou saber objectivo. As faculdades não são pressupostas, mas também elas produzidas neste processo.

A obra divide-se em uma primeira parte, teórica, e uma segunda, prática, divisão que iremos ainda estudar. Dois aspectos da exposição são característicos da parte teórica. (1) Em primeiro lugar, as relações entre eu e não-eu são apresentadas como categorias aplicáveis a relações objectivas; (2) em seguida, estas relações são apresentadas como representantes de teorias explicativas da consciência. Essencialmente, as categorias da parte teórica são as categorias de relação, acção recíproca, causalidade e substancialidade, que se somam às categorias próprias dos três princípios, as da qualidade (realidade, negação e limitação) e da quantidade (todo e parte). Além destas categorias tradicionais, são apresentadas faculdades da representação, como a faculdade de julgar, a imaginação e o entendimento, bem como uma forma da intuição, o tempo, para além de disposições como passividade e actividade, entre outros temas e conceitos menos aprofundados.

(1) O processo da WL teórica é tomar algo que se aplica inicialmente apenas à relação entre eu e não-eu, e dar-lhe um nome e um sentido associado

---

[122] "Wir müssen demnach bey jedem Satze von Aufzeigung Entgegengesetzter, welche vereinigt werden sollen, ausgehen. [...] Wir haben demnach in den durch sie [sc. die höchste Synthesis] verbundenen Ich und Nicht-Ich, insofern sie durch dieselbe verbunden sind, übriggebliebene entgegengesetzte Merkmahle aufzusuchen, und sie durch einen neuen Beziehungsgrund, der wieder in dem höchsten aller Beziehungsgründe enthalten seyn muß, zu verbinden: in den durch diese erste Synthesis verbundenen Entgegengesetzen abermals neue Entgegengesetzte zu suchen, diese durch einen neuen, in dem erst abgeleiteten enthaltenen Beziehungsgrund zu verbinden [u.s.w...]" (GA I/2, 275).

à relação entre fenómenos objectivos no mundo. Por exemplo, é estabelecida uma acção pela qual o eu se põe como passivo perante o não-eu, e este como activo. Assim, o eu é determinado pelo não-eu. Esta relação é denominada "causalidade".[123] A questão é o que tem esta relação de causalidade que ver com a relação objectiva de causalidade conforme normalmente definida, como ocorrendo entre fenómenos no mundo? Segundo Fichte, a questão da relação somente objectiva é secundária. Esta aplicação objectiva do conceito é o resultado de uma transposição dessa relação, do lugar onde é encontrada, i.e., o domínio da relação entre eu e não-eu, para o domínio objectivo, onde pode ser aplicada às relações entre objectos no mundo. Esta transposição é possível e legítima porquanto a WL defende em geral que todo o saber é uma expressão da relação entre o eu e o seu mundo, ou o não-eu, ou noutros termos, que a objectividade tem origem na relação entre uma actividade subjectiva e o mundo. Há uma ligação entre a génese das categorias, ou do significado em geral e a génese da consciência do mundo. Isto ocorre porque pensar é antes de mais estabelecer uma relação entre o eu e o não-eu e se, no exemplo da causalidade, aplicar a categoria é pensar objectivamente, é porque a aplicação de causalidade a fenómenos pertencentes ao mundo surge a partir da relação entre o eu e o seu mundo. Assim como a identidade do eu é apresentada como paradigmática para toda a identidade objectiva, também as relações possíveis entre o eu e o não-eu são paradigmáticas do modo como o mundo é objectivado. Como iremos ver, cada categoria corresponde também a uma definição e a uma concepção filosófica sobre a relação entre o eu e o não-eu, ou ainda, mais simplesmente, a uma teoria da consciência na sua relação com o seu conteúdo objectivo.

Um mundo sem sujeito seria de todo sem significação – seja esta tese tomada num sentido forte, idealista, ou num sentido fraco, puramente definitório do que é significado. No sentido forte, a tese de que não há significado sem sujeito afirma que toda a relação objectiva é constituída pelo sujeito; no

---

[123] Cf. GA I/2, 294.

seu sentido fraco, define simplesmente a significação como somente relevante quando se refere à actividade de um sujeito.[124]

Esta ideia de que a origem de todas as relações está dependente da relação mais fundamental, entre eu e não-eu, está em conformidade com a tese, que resulta do que ficou exposto até aqui, de que o sentido geral, a unificação e a completação dos diversos "sistemas do saber" ou partes da ciência depende de uma teoria do eu ou da consciência. A completação da ciência em sentido objectivo, de conhecimento do real, só é possível sob a unidade mais vasta de uma teoria do eu e da consciência, ou seja, pela WL. O eu como mero espectador de uma ciência objectiva, um eu que não conhece a sua própria relação com o mundo objectivo é um eu não esclarecido, presa de um dualismo inultrapassável, sujeito silencioso e fantasmático de uma ciência objectiva separada em ramos sem comunicação entre si. Uma categoria como a da causalidade, por exemplo, – que Fichte entende como a causalidade no sentido moderno, eficiente – é, na sua origem transcendental, toda uma concepção do mundo e da objectividade. E acresce que a tese principal da filosofia de Fichte é a de que o sentido geral da objectividade reside na acção teórica e prática do sujeito em relação com o mundo. Por isso, as categorias são teses sobre a relação entre o eu e o não-eu.

6. O percurso da WL teórica

(2) Compreende-se então agora por que cada categoria serve de base a uma teoria da consciência. De modo geral, a exposição fichteana associa a causalidade ao realismo, enquanto que a substancialidade está associada ao idealismo. Segundo a causalidade, a representação deriva de uma influência do não-eu sobre o eu. Corresponde a uma teoria de tipo naturalista, ou que

---

[124] Em qualquer das interpretações, nunca é demais recordar os esclarecimentos que Fichte fará, por exemplo nas Introduções à Doutrina da Ciência, sobre o sentido do idealismo transcendental, como relembra G. Zöller: "the central concern of his metacritical self-interpretation is to dispel the contemporary perception of the *Wissenschaftslehre* as an ontological idealism that teaches the production of the world through the mind" (G. Zöller, *Fichte's Transcendental Philosophy: The Original Duplicity of Intelligence and Will*, Cambridge, 1998, 21).

põe a coisa como causa da representação. Segundo a substancialidade, pelo contrário, o eu é a substância sempre idêntica a si e o não-eu o seu acidente. Esta teoria corresponde a um idealismo dogmático, que reduz a representação a uma sequência de fenómenos ou de aparições cinematográficas dentro do eu.

As teorias da consciência segundo as categorias, referidas no último ponto, podem ser entendidas quer quantitativa, quer qualitativamente. O elemento quantitativo significa que a relação entre eu e não-eu não é mais do que um jogo de compensação de realidade. Na relação quantitativa, o eu cede parte da sua realidade ao não-eu, para que este o possa por sua vez determinar. O não--eu é, então, a mediação de que o eu necessita para que se possa determinar a si. Na relação qualitativa, pelo contrário, eu e não-eu são postos como distintos, de tal modo que há sempre uma parte da sua realidade que não é transferida a partir do outro. Neste sentido, a relação quantitativa permite uma total integração da relação entre eu e não-eu no domínio da auto-posição do eu, ao passo que a relação qualitativa distingue eu e não-eu de um modo que não é mediável simplesmente pelo eu. A primeira relação, quantitativa, é idealista, ao passo que a qualitativa é realista e dualista. Em geral, a teoria defendida propriamente pela WL não se satisfaz com nenhuma destas possibilidades isoladamente. Segundo Fichte, no idealismo transcendental o eu e o não--eu estão em ligação indissociável, simultaneamente qualitativa e quantitativa. O idealismo transcendental mostra que nenhuma redução idealista ou realista dogmática é viável. "Ele demonstra que nem a mera actividade do eu é o fundamento da realidade do não-eu, nem que a mera actividade do não-eu é o fundamento da passividade no eu."[125] Mas vejamos o desenvolvimento da posição do idealismo transcendental dentro da parte teórica da obra.

A exposição parte dos três princípios e da sua dialéctica interna. O sentido dos três princípios tem de ser conservado, não obstante a sua oposição e aparente incompatibilidade entre si. Assim, há que manter o primeiro princípio, de que o eu tem como conteúdo significativo a pura actividade; também deverá ser preservada a presença e o significado do segundo princípio, ou seja, a negação contraditória do primeiro; e, finalmente, haverá em qual-

---

[125] GA I/2, 328.

quer circunstância a limitação entre os dois, de modo a torná-los compatíveis. A expressão desta situação teórica por Fichte é dada segundo duas *direcções* de determinação ou limitação: (1) o eu põe o não-eu como limitado pelo eu, do mesmo modo, como (2) se põe a si como limitado pelo não-eu. Fichte considera que até ser estabelecida a realidade do não-eu não faz sentido analisar o primeiro caso, ou seja a limitação do não-eu pelo eu. Para que o eu possa limitar e determinar o não-eu, deverá começar por ser definida a realidade do eu. A determinação a ser estudada em primeiro lugar, a saber, a determinação do eu pelo não-eu, corresponde à razão teórica, onde o eu toma consciência de um mundo objectivo que lhe compete somente conhecer ou experienciar. Só depois do estabelecimento da realidade do não-eu é que deverão ser analisados os modos como o eu se põe como limitando o não-eu, ou seja, a razão prática.

O eu põe-se a si, auto-determina-se, mas também se põe como determinado pelo não-eu, conforme estabelecido no terceiro princípio. O problema geral da razão teórica será, por conseguinte, o da auto-determinação mediada do eu, ou seja, compreender como pode o eu auto-determinar-se pela mediação do seu outro. O processo é, por conseguinte, o da auto-mediação do eu por intermédio do não-eu. Encontra-se aqui a fonte de todo o idealismo sistemático, que busca a unificação entre o eu e o seu mundo, e coloca um em dependência sistemática do outro. Fichte vai analisar esta mediação do eu pelo seu outro como uma inter-determinação, e expor os múltiplos modos e condições desta inter-determinação.

O conteúdo original do eu é a sua actividade.[126] Se há uma contradição no terceiro princípio, se alguma oposição lhe é inerente, então trata-se da oposição entre a actividade e o seu oposto, a saber, a passividade. A determinação do eu e do não-eu que ocorre neste princípio é, consequentemente, uma questão de oposição entre actividade e passividade. A mediação do eu é feita, segundo o terceiro princípio, pelo não-eu, o que significa que o eu é passivo somente na medida em que o não-eu é activo, e que, por outro lado,

---

[126] Poderá entender-se que a auto-referência é derivável da actividade pura. A actividade sem mais é actividade pura, que se produz apenas a si mesma como actividade.

à actividade do eu corresponde uma passividade no não-eu. Fichte denomina esta situação, a síntese por *determinação recíproca* entre eu e não-eu.

A dificuldade desta síntese é que não diferencia entre eu e não-eu, cujas funções são então indistinguíveis. Não há nenhuma diferença entre o que é característico do eu e do não-eu, e sem esta distinção não se pode diferenciar entre actividade e passividade. A síntese faz perder o sentido de eu e não-eu numa mera relatividade quantitativa entre eles: o eu é simultaneamente activo e passivo, e o não eu não é menos activo e passivo ao mesmo tempo. Os dois momentos opostos confundem-se e, para continuar a diferenciá-los, poderia recorrer-se, como fizeram Schelling e o jovem Hegel, a uma distinção entre uma actividade e passividade activa e uma actividade e passividade passiva. Mas tal solução não poderia resultar, posto que apenas repete as mesmas possibilidades de síntese anteriores, meramente quantitativas.[127]

Para poder diferenciar as funções de eu e não-eu. Fichte recorre então aos conceitos, já introduzidos, de realidade e negação, que permitem distinguir qualitativamente[128] – e não só quantitativamente – entre o conteúdo próprio do eu e o do não-eu. Isto significa que a consciência é um jogo de realidade entre eu e não-eu, eu e mundo, mas o contributo de cada um deles tem de ser diferenciado. Recorrendo às definições iniciais, encontra-se que "a fonte de toda a realidade é o eu."[129] Por isso, a actividade que se atribui ao não-eu tem de se situar originariamente no eu, é algo que pertence essencial e qualitativamente ao eu. Esta prerrogativa do eu faz com que a relação entre eu e não-eu possa ser indicada pelo termo *"afecção"*. Suposto que nos encontramos ao nível da razão teórica, há um termo que afecta e outro que é *afectado* na determinação recíproca entre eu e não-eu, sendo o eu o que é afectado. Paradoxalmente, aquele que é fonte de toda a actividade, o eu, aparece como o único que pode ser afectado. Ele é o que se pode dar como privado da realidade. Fala-se aqui de uma privação e não de simples negação, na medida em

---

[127] Schelling retira consequências dessa mesma conclusão nas suas *Stuttgarter Privatvorlesungen*, in *Sämmtliche Werke*, Stuttgart – Augsburg, 1856 [= SW], VII, 426.

[128] V. a referência à qualidade em GA, I/2, 292.

[129] "[...] aller Realität Quelle ist das Ich" (GA I/2, 293).

que a privação supõe, justamente, uma perda de uma propriedade original e essencial ao eu, a realidade que é atribuída ao não-eu.

Esta ligação, que permite pensar que um é tocado pelo outro ou, em terminologia técnica, que é *afectado* por outro, é entendida como a origem da categoria da causalidade. A causalidade corresponde também, então, a uma forma de entender a relação entre eu e não-eu e, em última instância, a uma teoria dessa relação. Esta teoria corresponde a uma definição do mundo como um todo fechado de relações causais no qual, justamente por isso, não há nenhum lugar para algo como um eu. Neste contexto, numa conhecida nota, Fichte constata que "a maior parte dos homens seria mais facilmente conduzido a tomar-se por um pedaço de lava na lua do que por um *eu*."[130] A teoria causal da consciência é a que aparenta a maior objectividade, posto que dela o eu está ausente ou esquecido na sua função de sujeito. O eu é essencialmente afectado pelo não-eu e, por conseguinte, a representação, a consciência e a existência do eu finito são um efeito provocado por uma acção do não-eu pela qual ele afecta o eu.

Mas a condição da afecção não pode ser aceite como algo de primitivo sem interrogação. A questão seguinte é que o eu é, nesta condição da afecção, "simultaneamente activo e passivo".[131] Disse-se que o eu é essencialmente activo mas, igualmente, sujeito à afecção. Trata-se então, contudo, não de encontrar uma outra causa para a afecção, mas de encontrar um outro modo de conceber toda a relação categorial do eu com o não-eu. Para evitar a contradição só há uma via, a saber, a afecção, ou a passividade do eu deve ser entendida como um grau, ou uma quantidade determinada da sua própria actividade. A solução proposta é que a afecção é, "*em si*, actividade".[132] O eu é, por conseguinte, posto como a totalidade da actividade e da realidade, mas também, e simultaneamente, como uma parte reduzida dessa actividade ou da realidade. Observe-se que, neste ponto, esta redução da actividade é posta como indeterminada e sem que seja atribuída a nenhuma causa particular. E Fichte entende então que esta distinção, entre actividade ou realidade inte-

---

[130] GA I/2, 326n.
[131] GA I/2, 295
[132] GA I/2, 297.

gral do eu, e actividade ou realidade reduzida do mesmo eu, corresponde à categoria de substância e acidente.[133] O eu absoluto é substancial,[134] sempre um e o mesmo, e tem de ser pressuposto e subjazer a toda a representação. A representação é entendida como uma limitação do eu substancial e, como tal, como uma sucessão de acidentes.

A questão, neste ponto, é a da insuficiência de qualquer uma das duas formas de interacção entre eu e não-eu. Em termos gerais, a causalidade não reflecte a auto-mediação do eu, não se explica como a afecção é *para* o eu. Na causalidade não está posto que a realidade atribuída ao não-eu, para que ele possa actuar sobre o eu, seja uma realidade que lhe foi transferida pelo eu. Não há, por isso, acção recíproca entre eu e não-eu, entre actividade e passividade. Há mediação, mas não auto-mediação. Pelo contrário, no caso da substancialidade, a determinação do eu não é atribuída ao não-eu, mas a um acidente do próprio eu. O não-eu está reduzido à condição de uma actividade reduzida do eu, sem qualquer outra realidade. Tão-pouco há, neste caso, interacção. No mundo da causalidade não há acção em sentido originário, no da substancialidade, idealista, o sujeito reduz a si o seu outro, não há propriamente natureza. A acção recíproca está anulada em unilateralidades de pendor realista e dualista (na causalidade) e idealista em sentido subjectivo (no caso da substancialidade, que não atribui realidade ao não-eu). Mas *deve* haver interacção entre eu e não-eu, e nenhum deles pode ser reduzido nas suas funções específicas de posição e negação, segundo o princípio geral da WL.[135]

O terceiro princípio postula uma interacção ou acção recíproca entre eu e não-eu, mas a necessidade de diferenciar a sua função e qualidade específicas faz com que ambos somente em parte se possam entregar a essa interacção.

---

[133] Cf. GA I/2, 299.

[134] A substancialidade do eu só pode ser afirmada num sentido muito limitado. V. no entanto R. Schäffer, (op. cit., 123), para quem, com o conceito de substância, "Fichte realiza, em ligação com Kant, uma revolução na filosofia [...]. Fichte compreende a substancialidade e a sua relação com os acidentes [...] não como uma estrutura ontológica presente, mas como um processo de auto-identificação do eu finito consigo mesmo" ("[...] vollzieht Fichte im Anschluss an Kant eine Revolution in der Philosophie [...]. Fichte versteht die Substanzialität und deren Relation zu den Akzidenzien [...] nicht als eine ontologische vorliegende Struktur, sondern als ein Prozess der Selbstidentifikation des endlichen Ich mit sich [...]").

[135] GA I/2, 304.

Isto é, a interacção não esgota o seu sentido. Tomar eu e não-eu como simples lugares intercambiáveis não dá conta das funções específicas de cada um na produção da consciência. Deve haver pois uma parte da realidade específica de cada um dos dois que não se esgota na interacção. Esta parte da sua actividade é denominada então "*actividade independente*".[136] Esta actividade é o que torna específico o idealismo transcendental segundo Fichte. Não se aceita, como no realismo de tipo dogmático, dominado pela causalidade, que a representação seja causada simplesmente pelo objecto representado, mas tão-pouco se trata, como no idealismo dito "dogmático", dominado pela subtancialidade do sujeito, de descobrir que afinal o mundo não é mais do que um produto da actividade do eu. O realismo dogmático tornaria a representação uma sucessão de factos, conforme já discutido acima. O idealismo dogmático subjectivo transformaria a realidade numa projecção acidental do eu, de tipo cinematográfico. Para evitar tais reduções, que não satisfazem o sentido original dos princípios e da sua compatibilidade, Fichte é obrigado postular a denominada actividade independente.

E o problema é então como a relação entre a actividade independente atribuída quer ao eu quer ao não-eu se relaciona com o jogo da simples reciprocidade entre actividade e passividade. A consciência requer a reciprocidade entre eu e não-eu, mas requer também uma actividade independente. Mas como relacionar estas duas exigências? Esta questão tem de ser respondida se deve de todo haver um princípio para o saber e não ficarmos entregues em última instância ao cepticismo. Ou seja, na terminologia dos *Fundamentos* de 1794/1795, a questão é como a *reciprocidade* determina a *actividade independente* do eu e do não-eu e inversamente.

A análise desta relação é simples, embora requeira especial atenção. Se se analisar a causalidade como interacção encontra-se uma actividade no não--eu, qualitativamente distinta, como base da passividade do eu.[137] Este é o fundamento real da passividade. A actividade do não-eu tem de ser prévia e pressuposta à reciprocidade, como independente dela. Porque há uma diferença *qualitativa* entre eu e não-eu, a reciprocidade requer uma actividade

---

[136] GA I/3, 305.
[137] GA I/3, 309.

independente, pertencente ao não-eu. Se, pelo contrário, se tomar a actividade como conteúdo exclusivo do eu, então obtém-se a interacção como substancialidade e o não-eu como mera redução dessa actividade. Esta actividade exclusiva do eu é a actividade independente, que unicamente torna possível a interacção entre eu e não-eu. Assim, a reciprocidade entre actividade e passividade determina, como pressuposto e condição, a actividade independente.

Haverá que estudar o contrário, como a actividade independente determina, no sentido de ser a condição e o pressuposto desse jogo de reciprocidade. Ao nível da causalidade, facilmente se observa que a mesma só é possível por meio de uma *transposição*[138] da actividade pressuposta do eu para o não-eu, e que só assim é determinada uma passividade no eu. Nestes termos, a actividade originária, independente, do eu é pressuposta para que possa haver transposição para o não-eu e a própria passividade do eu. Da perspectiva da substancialidade, há não uma transposição, mas uma *alienação*[139] da actividade. Isto significa não que o eu transpõe actividade para o não-eu, como é o caso na causalidade, mas que o eu põe uma parte da actividade como não sendo posta por ele. Há algo que não é posto pelo eu, simplesmente. Não é suposto que isso que não é posto pelo eu seja real no sentido de poder causar a representação no eu. Há, simplesmente, uma actividade do eu que é alienada. Esta alienação é o aspecto que a actividade independente do eu assume como condição da interacção da substancialidade.

Atingiu-se assim um resultado significativo. Esta posição, onde eu e não-eu interagem e, simultaneamente, guardam a sua qualidade, função e actividade próprias para além do mero contacto entre eles, constitui, segundo Fichte, um sistema completo e auto-sustentado de interacção. A actividade independente, original e qualitativamente definida tanto do eu quanto do não-eu, está plenamente integrada, com uma reciprocidade entre a actividade e a passividade. Assim "o todo é simplesmente posto; funda-se a si próprio."[140] É um sistema

---

[138] GA I/2, 315.
[139] GA I/2, 317.
[140] "[...] das Ganze [...] ist schlechthin gesezt; es gründet sich auf sich selbst" (GA I/2, 321).

da consciência finita como um todo auto-fundado. "A circunferência inteira é simplesmente posta."[141]

A restante parte teórica da exposição consistirá na análise desta interacção, deste todo encerrado de determinação. Este todo será analisado quanto à causalidade bem como quanto à substancialidade,[142] encontrando a sua determinação recíproca. Trata-se, na verdade, de uma análise das condições do idealismo transcendental, que irá mostrar o seu estatuto, as suas limitações e a necessidade de que ele seja um idealismo prático, e não teórico.

Em termos sumários, pelo conceito de *transferência* de realidade tornou-se explícito, ou ganhou-se a consciência metodológica de que a realidade do não-eu que causa a passividade do eu é produto do eu. A solução da questão da representação ou da consciência finita objectiva do mundo tem de ser, segundo Fichte, um idealismo. Mas também se demonstrou, inversamente, que não é possível que a realidade do não-eu se esgote na sua interacção com o eu. Por isso, o idealismo é transcendental – dá somente as condições do conhecimento. O sistema de interacção alcançado é auto-sustentado e não tem, ele mesmo, uma outra causa ou razão. A consciência é assim, simplesmente. Esta auto-fundação do sistema da consciência, "o fundamento na consciência",[143] pressupõe-se a si mesma. Fichte define a situação como a da necessidade da posição do eu para que ele possa reflectir sobre si mesmo: "o agir do eu em geral, ou o pôr do mesmo não é de todo limitado, e não pode ser limitado; mas o seu pôr *do eu* é limitado; limitado, a saber, porque [para isso] ele tem de pôr um não-eu."[144] A actividade do eu é ilimitada, mas se de todo deve haver posição reflexiva do eu, ele tem de pôr o não-eu.

É assim afirmada a finitude do eu, sem razão exterior, pelo que "o eu é finito, pura e simplesmente porque é finito."[145] Mas a finitude absoluta é um conceito contraditório, pelo que se reconstitui sempre a posição de um não-eu como razão dessa finitude. Em geral, o idealismo transcendental é um

---

[141] "Der ganze Kreislauf ist schlechthin gesezt" (GA I/2, 322).
[142] Cf. respectivamente GA I/2, 322-339 e 339-361.
[143] GA I/2, 320.
[144] GA I/2, 328.
[145] "[...] das Ich ist endlich, schlechthin weil es endlich ist" (GA I/2, 333).

realismo que atribui ao não-eu a causa da determinação do eu, mas que sabe que a lei dessa atribuição está nele mesmo "e não é iludido por ela."[146]

Esta é uma posição dupla, que não explica afinal o fundamento da limitação do eu. A substancialidade supõe que o objecto, como acidente, é excluído pelo eu da esfera da sua própria posição, para uma esfera indeterminada. Pôr um objecto é pô-lo nessa esfera da não auto-posição.[147] A posição é sempre dupla, absoluta e relativa, sem que se possa apontar um outro fundamento para essa distinção. Na posição de si como tal, o eu tem de não pôr o não-eu. Há uma posição absoluta e uma posição de si que depende ou é "determinável por um excluir do não-eu."[148] O eu finito é uma posição que depende sempre da posição de um outro, e esta dependência é tão absolutamente inevitável que se estende até uma dependência negativa, ou seja, de não depender de um não-eu: ainda que se afirme que o eu finito não depende de um não-eu, esta independência é ainda um modo de dependência. Na verdade, para ser eu, ele *depende de não-depender do não-eu*. Por mais integral que seja a auto-posição do eu, a sua auto-referência originária exprime-se fatalmente como negatividade. Esta dependência negativa – a dependência, para ser si mesmo, de não depender de outro – é o limite e a origem, na espontaneidade do eu, de toda a dependência possível. Aquilo que é excluído não está justamente presente ao eu, mas é definido então como um simples "obstáculo" ["Anstoß] ao eu,[149] o qual não tem expressão positiva. Se não se quiser substancializá-lo como coisa, o obstáculo pode ser designado também como a "mera determinabilidade do eu",[150] como a mais simples potencialidade – afinal a verdadeira forma do negativo – o que será largamente explorado na WL *nova methodo*, como se verá mais abaixo. Este acidente somente pode ocorrer na medida em que o eu é activo, e toda a potencialidade do obstáculo depende da actividade do eu. A função da parte prática dos *Fundamentos* será mostrar justamente

---

[146] "[...] und wird dadurch nicht getäuscht" (GA I/2, 335).
[147] GA I/2, 341.
[148] GA I/2, 347.
[149] GA I/2, 355.
[150] GA I/2, 355.

que, idealmente, o obstáculo depende do eu, embora, conforme demonstrado na parte teórica, realmente não dependa dele,

Toda a potencialidade da actividade absoluta auto-referente encontra-se aqui concentrada. A sua auto-referência impõe a duplicidade do pôr, em que intervém o "ser-enquanto", o "*qua*". A posição é infinita na ausência de qualquer reflexão, mas finita na medida em que se refere a si mesma. Isto é quanto basta para, por um lado, provocar a irremediável exclusão do não-eu e, por outro, permitir que o eu se determine a si mesmo. Esta é a simultânea finitude e infinidade do eu.[151]

7. A imaginação e a conclusão da WL teórica

A determinação da realidade para um eu requer que este seja simultaneamente determinante e determinado. Este é, segundo os *Fundamentos*, um horizonte da finitude gerado pela imaginação produtiva, a única faculdade que permite reunir a simultânea finitude e infinidade encontradas no eu. "A imaginação não põe em geral nenhum limite fixo [...]. É uma faculdade que oscila no meio entre a determinação e a não-determinação."[152] A imagina-

---

[151] V. os importantes textos sobre a infinidade e a finitude: "esta reciprocidade do eu em si e consigo mesmo, dado que ele se põe simultaneamente como finito e infinito, – uma reciprocidade que consiste, por assim, dizer, num conflito consigo próprio, e que se reproduz a si mesma, pois que o eu quer unificar o não unificável, e ora busca admitir o infinito na forma do finito, ora, repelido, põe-no novamente fora dela e, no mesmo momento, busca novamente admiti-lo na forma da finitude – é a faculdade da imaginação" ("Dieser Wechsel des Ich in und mit sich selbst, da es sich endlich und unendlich zugleich setzt - ein Wechsel, der gleichsam in einem Widerstreite mit sich selbst besteht, und dadurch sich selbst reproducirt, indem das Ich unvereinbares vereinigen will, jetzt das unendliche in die Form des endlichen aufzunehmen versucht, jetzt, zurückgetrieben, es wieder ausser derselben setzt, und in dem nemlichen Momente abermals es in die Form der Endlichkeit aufzunehmen versucht – ist das Vermögen der Einbildungskraft") (GA I/2, 359). "Assim que o espírito se apercebe de que o esforço é finito, estende-o novamente; e tão logo se põe a questão: é ele infinito?, o esforço torna-se, exactamente por essa questão, finito. E assim por diante, até ao infinito" ("So wie der Geist inne wird, dass es endlich sey, dehnt er es wieder aus; sobald er sich aber die Frage aufwirft: ist es nun unendlich? – wird es gerade durch diese Frage endlich; und so fort ins unendliche") (GA I/2, 403).

[152] "Die Einbildungskraft setzt überhaupt keine feste Grenze, denn sie hat selbst keinen festen Standpunkt [...]. Die Einbildungskraft ist ein Vermögen, das zwischen Bestimmung, und Nicht-Bestimmung, zwischen Endlichem und Unendlichem in der Mitte Schwebt" (GA I/2, 360).

ção transcendental não é, por isso, somente uma faculdade que intervém no momento culminante da discussão da razão teórica, mas o suporte metodológico de toda a obra. De certo modo, toda a possibilidade de pensar a relação entre os três princípios, pressupôs subterraneamente, desde o início, a actuação da imaginação.[153] A separação de qualquer uma das duas faces do *horos*, a do eu e a do não-eu lançaria cada uma delas imediatamente no "nada". Nos termos de Fichte, a actividade pura do eu é a pura realidade, mas também já o seu oposto, na medida em que o eu absoluto, simplesmente idêntico a si mesmo, "é tudo e é nada".[154] Neste sentido, o ser algo é a reflexão da consciência finita, a representação e a experiência do mundo objectivo.

A explicitação da imaginação transcendental como centro da exposição vem evidenciar que já a determinação da actividade independente pela reciprocidade era uma função da imaginação – ou que a actividade independente do eu era já a imaginação transcendental – posto que se tratava aí da contradição essencial, que é inerente ao idealismo transcendental, de trazer o objecto para as formas de apropriação, para a "lei" do eu, no mesmo passo em que, porque não o reduz a um objecto somente representado, mantém a autonomia do objecto.[155] Em termos gerais, a imaginação é o que confere independência no seio da relação, aquilo que reconduz o objecto ao eu e, ao mesmo tempo, mantém-no como actividade independente do eu. Por um lado, permite reconduzir à reciprocidade aquilo que, por natureza, lhe escapa, sem justamente alterar essa natureza "imaginativa", porque jamais redutível, do objecto. A imaginação é, por isso, em geral, a faculdade de auto-transcendência da relação categorial em direcção a uma actividade de apreensão não categorial, ou seja, do próprio real.

Revelou-se, com a explicitação da imaginação como faculdade fundamental, que se tratou sempre, desde o início, de uma dialéctica da autonomia. O eu não pode ser si mesmo sem se referir a um não-eu independente. Se, por um lado, a autonomia simples do não-eu não é possível, perante o facto

---

[153] Cf. GA I/2, 366.
[154] GA I/2, 399.
[155] Não poderíamos aqui explorar as potencialidades estéticas para a função da imaginação na concepção da obra de arte.

de que a consciência dele é sempre possível, por outro lado, sem esta autonomia do outro, do seu objecto, o eu é um nada. Dadas estas duas razões, é necessária a interdeterminação produzida pela imaginação.

8. O teorema fichteano da incompletude

A imaginação produtiva é a faculdade capaz de reunir os opostos. O processo teórico conduziu a oposição entre eu e não-eu até ao limite, onde se evidenciou que se trata de uma oposição não mais conceptualizável. Se até aqui foi possível introduzir conceitos capazes de unificar os opostos, a tese de Fichte é que, no limite da razão teórica, a oposição é conceptualmente intransponível. Para se pôr como infinito, o eu tem de se pôr como limitado,[156] uma vez que a sua limitação depende de que a sua actividade se dirija ao infinito.[157] E, por conseguinte, como se viu, "a imaginação é uma faculdade que oscila no meio entre a determinação e a não-determinação, entre o finito e o infinito."[158]

Esta virtude de conciliar inconciliáveis, atribuída à imaginação produtiva, tem condições e consequências. Trata-se, na verdade, apenas de uma continuação do que foi feito desde o terceiro princípio, ou seja, trata-se da conciliação de oposições. A conciliação das oposições só pode ocorrer por diferenciação de aspectos, conforme se viu anteriormente. Assim, ou é possível uma nova diferenciação de aspectos, ou o sistema do saber humano é impossível.

Ora, a investigação demonstrou até aqui que é impossível reconduzir integralmente o não-eu ao eu, ou seja, que a auto-mediação do eu não pode ser senão um projecto não realizado, ou melhor, em realização. E isto mantém-se mesmo até à conclusão final da WL prática, conforme está já anunciada no estudo da actividade independente na sua relação com a reciprocidade, nos seguintes termos: "a actividade reduzida do eu tem de ser explicada a partir

---

[156] Cf. GA I/2, 358.
[157] Cf. GA I/2, 357.
[158] "[...] die Einbildungskraft ist ein Vermögen, das zwischen Bestimmung und Nicht-Bestimmung, zwischen Endlichem und Unendlichem in der Mitte schwebt" (GA I/2, 360).

do próprio eu, a razão última da mesma tem de ser posta no eu. Isto acontece porque o eu que, a este respeito, é prático, é posto como um tal que *deve* conter em si a razão da existência do não-eu que reduz a actividade do eu inteligente: esta é uma ideia infinita, que não pode ser sequer pensada, e pela qual, por conseguinte, aquilo que é para ser explicado não é exactamente explicado, mas é mostrado *que* e *porque* não pode ser explicado: o nó não é exactamente desatado, mas transposto para a infinidade."[159] Fichte já adiantou, com estas palavras, as conclusões da parte prática da doutrina. Trata-se da demonstração de uma indemonstrabilidade, de uma impossibilidade de concluir e, por isso, a *Doutrina da Ciência* não é uma Lógica metafísica, como a *Ciência da Lógica* de Hegel, nem pode concluir constituindo um sistema de modo conclusivo ou silogístico (i.e., com uma conclusão, um "Schluß", à maneira hegeliana). Fichte depara-se, assim, com uma alternativa exclusiva entre completude e contradição do sistema, razão por que se poderia apontar uma analogia entre o enunciado do teorema da incompletude[160] e a conclusão dos *Fundamentos* de Fichte. Está-se, também aqui, perante duas possibilidades de encarar o sistema. A saber: porque não há uma categoria conclusiva, como uma ideia absoluta que permita completá-lo, se se entender o sistema como completo, ele é contraditório. A completude é paga ao preço da contradição. Mas se, pelo contrário, se pretender evitar a contradição, o sistema não

---

[159] "Die verminderte Thätigkeit des Ich muß aus dem Ich selbst erklärt werden, der letzte Grund derselben muß in das Ich gesetzt werden. Dies geschieht dadurch daß das Ich welches in dieser Rücksicht praktisch ist, gesezt wird, als ein solches, welches den Grund der Existenz des Nicht-Ich, das die Thätigkeit des intelligenten Ich vermindert, in sich selbst enthalten *solle*: eine unendliche Idee, die selbst nicht gedacht werden kann, durch welche demnach das zuerklärende nicht sowohl erklärt, als vielmehr gezeigt wird, *daß* und *warum* es nicht zu erklären sey; der Knoten nicht sowohl gelös't, als in die Unendlichkeit hinaus gesezt wird" (GA I/2, 311).

[160] Enunciado por K. Gödel. Para uma exposição razoavelmente acessível, cf. Emilio Díaz Estévez, *El teorema de Gödel* (Universidad de Navarra, 1975). Muito acessível é a obra de Rebecca Goldstein, *Incompleteness. The Proof and Paradox of Kurt Gödel* (New York, 2006). Um debate especialmente interessante sobre o significado filosófico da questão, seguido de uma discussão com diversos autores, encontra-se em D. Wandschneider, "Die Gödeltheorem und das Problem Künstlicher Intelligenz" (in *Ethik und Sozialwissenschaften* 1 (1990), 107-116 e 116-159)

pode ser completo, mas estende-se numa tarefa infinita. A não-contradição é paga ao preço da incompletude.[161]

Contrariamente à linguagem matemática, a linguagem transcendental e integralmente reflexiva da WL permite pensar a contradição, quanto mais não seja para a solucionar diferenciando aspectos diversos. E assim, as duas conclusões são como duas facetas que estão directamente ligadas, ou seja, a contradição é posta para que possa ser superada, ou seja, para que se tenha de entender que o sistema da consciência, o sistema auto-sustentado da acção recíproca já exposto, não pode ser completo. Ele tem de ser estendido sempre mais além. O resultado último do idealismo transcendental é que a contradição teórico-conceptual insanável é a condição da completude. E, quando os conceitos não encontram via de solução para a contradição, duas soluções são pensáveis: (1) ou o sistema do saber é impossível; (2) ou é preciso buscar a solução além dos conceitos.

Não só Fichte opta pela segunda solução, como também a razão humana consiste mesmo nessa segunda solução. Por isso, a razão humana, conforme ensinado por Kant, não consta somente da faculdade dos conceitos, o entendimento, mas contém também uma faculdade da intuição, a sensibilidade. A imaginação *estende*, literalmente, um conceito até ao seu oposto, e aqui só resta afinal a pura literalidade para uma linguagem que já não é conceptual, mas que se encontra devolvida à sua origem empírica, estendida além dos conceitos. Foi dada a tarefa ao *pensar*, ou seja ao *conceito* ou ao entendimento, de unificar os opostos, eu e não-eu: "a faculdade da síntese tem a tarefa de unificar os opostos, de *pensá-los* como um só (porquanto a exigência é feita em primeiro lugar, como sempre até aqui, à faculdade de pensar."[162] Perante

---

[161] M. Wundt acentua o carácter contraditório dos *Fundamentos* de 1794/1795, onde "a contradição é algo de último e incondicionado" ("der Widerspruch ist hier etwas Letztes und Unbedingtes") (op. cit. 63), considerando esta primeira exposição como um modo "trágico" do filosofar (ib.), a que contrapõe, com alguma razão, o modo "clássico" da *WL nova methodo* (cf. ib. 101ss.). Segundo Wundt, "a WL de 1794 põe o acento na inadequação do inteligível ao sensível" ("die WL von 1794 legte den Nachdruck auf die Unangemessenheit des Intelligiblen zum Sinnlichen"), ao contrário da *WL nova methodo*, onde os dois surgem integrados e em "equilíbrio" (op. cit. 121).

[162] "[...] das Vermögen der Synthesis hat die Aufgabe, die entgegengesezten zu vereinigen, als Eins zu *denken* (denn die Forderung ergeht zunächst, gerade wie vorher immer, an das Denkvermögen)" (GA I/2, 367).

a impossibilidade de realizar a unificação dos opostos, devido ao seu carácter contraditório, o espírito, "porque *toca* os opostos e é por eles novamente repelido, confere-lhes, em relação a si, um certo conteúdo e uma determinada extensão, a qual se mostrará no devido momento como o diverso no tempo e no espaço. Este estado denomina-se o estado do intuir."[163] A contradição conceptual tem por resultado a incompletude, cuja manifestação são as formas da sensibilidade, espaço e tempo, as quais se estendem indefinidamente. Como a linguagem indica, o pensar dá lugar ao tocar, à sensibilização do conceito, com a característica essencial da realização não integral.

Por isso, "vemos que justamente a mesma circunstância que ameaçava anular a possibilidade de uma teoria do saber humano torna-se aqui a única condição sob a qual podemos erigir uma tal teoria."[164] O saber humano, na sua incompletude constitutiva, não é, segundo o idealismo transcendental, um saber puramente conceptual, mas também um saber sensível e empírico.

O estado da intuição é, assim, um estado que resulta da oposição do eu em relação a si mesmo, como uma "actividade que não é possível sem passividade e vice-versa."[165] A realidade é doada pela intuição, e tem, por isso, essa consistência de oposições conceptuais resolvidas num substracto empírico. A intuição é, em última instância, um substracto posto pela imaginação de modo a fazer pensar opostos numa unidade.[166] Não há realidade senão pela intuição, e a realidade é então constituída por oposição. A realidade é aquilo que não se deixa conciliar no conceito, a fronteira entre eu e não-eu como fronteira reflectida e apropriada pela actividade do eu *qua* eu. A realidade é a oposição inconciliável conceptualmente, o que, na razão teórica se mostrou como conceptualmente inconciliável e, por isso, necessita de ligação pela imaginação, e que na razão prática permanece como tarefa. A posição da rea-

---

[163] "[...] giebt dadurch, dass er sie berührt, und wieder von ihnen zurückgetrieben wird und wieder berührt, ihnen im Verhältniss auf sich einen gewissen Gehalt und eine gewisse Ausdehnung, die zu seiner Zeit als Mannigfaltiges in der Zeit und im Raume sich zeigen wird. Dieser Zustand heisst der Zustand des Anschauens" (GA I/2, 367).

[164] "[...] wir sehen, daß gerade derjenige Umstand, welcher die Möglichkeit einer Theorie des menschlichen Wissens zu vernichten drohte, hier die einzige Bedingung wird, unter der wir eine solche Theorie aufstellen können" (GA I/2, 367).

[165] GA I/2, 370.

[166] GA I/2, 368.

lidade é a posição da oposição completa e inconciliável para o eu. A realidade não é, por isso, reduzida ao eu, mas pelo contrário, posta como o mais puro facto, aquele que se dá como inconceptualizável. Neste sentido, a realidade não é nem conceito, nem racional em sentido pleno. Racional e conceptual são-no unicamente a *demonstração* de que o eu é indemonstrável, incompleto ou contraditório. Se é completo, então é contraditório, e se não é contraditório, então é incompleto. Esta é a situação da subjectividade segundo Fichte.

9. A Doutrina da Ciência prática

Segundo esta conclusão (ou não conclusão), ficou assente que o não-eu tem realidade para o eu, que não é uma simples peça do mecanismo da sua identidade, nem uma auto-mediação eliminável, pelo contrário. A identidade do eu deve todavia manter-se como uma actividade absoluta que, perante a impossibilidade de mediar integralmente o não-eu, torna-se uma actividade que deve realizar a mediação integral, sem o poder, no entanto, senão em parte. Por isso, ela é "uma mera tendência, um esforço para a determinação."[167] A razão prática é a exigência de que "toda a realidade seja posta simplesmente pelo eu",[168] ou seja, de que a realidade esteja de acordo com o conceito do eu e, por isso, a razão prática projecta "um mundo, tal como ele seria se toda a realidade fosse posta simplesmente pelo eu; assim, um mundo ideal, posto somente pelo eu, e não, de todo, por um não-eu."[169] É essencialmente constitutivo da consciência do eu que ele tem de projectar um ideal que não se identifica jamais definitivamente com nenhuma situação encontrada. A crítica e o esforço são-lhe constitutivos, o que significa que não se pode pensar um eu sem o sentimento da necessidade de tomar parte e de exercer a sua actividade na alteração do mundo e das suas condições.

---

[167] [...] "bloß eine Tendenz, ein Streben zur Bestimmung" (GA I/2, 397).
[168] GA I/2, 399.
[169] "[...] eine Welt, wie sie seyn würde, wenn durch das Ich schlechthin alle Realität gesezt wäre; mithin eine ideale, bloß durch das Ich, und schlechthin durch kein Nicht-Ich gesetzte Welt" (GA I/2, 403).

O eu é, assim, infinito somente segundo o esforço,[170] mas o esforço supõe algo que lhe resiste, que a causalidade do eu não é infinita. Sem esta oposição e resistência, o eu não seria esforço infinito e não se poderia pôr a si mesmo, não se oporia a nada e seria ele mesmo coisa nenhuma. Reencontra-se a mesma situação, antes encontrada, e que é a principal constante da WL: o eu possui uma necessidade constitutiva, essencial, de reflexão, e esta impõe ao eu a limitação da sua própria actividade. Esta condição cinde a auto-posição originária do eu, e torna por fim totalmente explícito o seu duplo sentido, que indicámos inicialmente. Era, de facto, ilusória, a divisão da WL em três princípios. Nas duas passagens capitais, que revelam todo o alcance da WL de 1794/1795, lê-se exactamente isso. Em primeiro lugar, conforme já citado acima "se o não-eu não deve em geral poder pôr algo no eu, então *a condição de possibilidade de uma tal influência estranha* tem de estar previamente fundada *no próprio eu, no eu absoluto*, e já antes de toda a influência efectiva; o eu tem originariamente de pôr em si, sem mais, a possibilidade de que algo actue sobre ele; sem prejuízo do seu pôr absoluto por si mesmo, ele tem, por assim dizer, de se manter aberto a um outro pôr."[171] O estado de abertura à influência estranha é já pertença do eu absoluto, pela sua reflexão potencial, e não um acréscimo exterior dado somente ao nível do eu finito do terceiro princípio. A reflexão que o finitiza não é um princípio alheio e secundário ao eu absoluto, visto que "reside já no seu conceito" que o eu tem de reflectir.[172]

Isso confirma-se no segundo texto que consideramos capital: "o eu põe-se simplesmente a si mesmo, e ele é, assim, completo em si mesmo, e fechado a toda a impressão externa. Mas ele tem também, se deve ser um eu, de se pôr como posto por si próprio: e, por intermédio deste novo pôr, que se refere a um pôr originário, o eu abre-se, por assim dizer, à influência de fora; por esta

---

[170] GA I/2, 404.

[171] Já citado parcialmente na n. 120 supra. "[S]oll [...] das Nicht-Ich überhaupt etwas im Ich setzen können, *so muß die Bedingung der Möglichkeit eines solchen fremden Einflusses im Ich selbst, im absoluten Ich*, vor aller wirklichen fremden Einwirkung vorher gegründet seyn; das Ich muß ursprünglich und schlechthin in sich die Möglichkeit setzen, daß etwas auf dasselbe einwirke; es muß sich, unbeschadet seines absoluten Setzens durch sich selbst, für ein anderes Setzen gleichsam offen erhalten" (GA I/2, 405). (Os sublinhados, que são de Fichte, manifestam o carácter revelador e decisivo do passo).

[172] GA I/2, 409.

simples repetição do pôr, o eu põe a possibilidade de que algo possa existir também nele, que não é posto por ele próprio."[173] A auto-referência implícita da auto-posição inicial vem agora reclamar os seus direitos e mostrar que o eu absoluto, encerrado em si, é somente um estado de potencialidade não realizada da reflexão, que não é sequer um eu, que não é si mesmo, nem tão-pouco para si mesmo idêntico a si. Nós afirmámos que é idêntico a si, mas para poder sê-lo, em si e para si, ele tem de realizar a sua auto-referência, e ser, por isso, eu finito. O eu absoluto só pode ser posto como a potencialidade do eu finito. De nenhum outro modo ele pode ser si mesmo sem pôr também a intuição sensível e o mundo objectivo. Esta é a confirmação do idealismo transcendental como explicação da representação ou, dito em termos mais justos, como teoria da consciência finita. Só a análise do desenvolvimento das exposições da WL poderá mostrar em que medida esta posição se mantém ou se altera.

---

[173] "Das Ich sezt sich selbst schlechthin, und dadurch ist es in sich selbst vollkommen, und allem äusseren Eindrucke verschlossen. Aber es muß auch, wenn es ein Ich seyn soll, sich setzen, als durch sich selbst gesezt; und durch dieses neue, auf ein ursprüngliches Setzen sich beziehende Setzen öfnet es sich, daß ich so sage, der Einwirkung von aussen; es sezt lediglich durch diese Wiederholung des Setzens die Möglichkeit, daß auch etwas in ihm seyn könne, was nicht durch dasselbe selbst gesezt sey" (GA I/2, 409).

2. A Doutrina da Ciência *NOVA METHODO*

1. Uma exposição alterada

Mal terminou a exposição dos *Fundamentos da Doutrina da Ciência* de 1794/1795, Fichte parece ter iniciado a redacção de uma nova exposição, por motivos que se prendem provavelmente, como iremos verificar, a dois factores: a necessidade de ampliar a exposição, que não se limitará mais à apresentação de "Fundamentos", mas consistirá um sistema do saber; e, por outro lado, dados os problemas da exposição anterior, o desiderato de apresentar uma exposição metodológica e estruturalmente mais perfeita. A segunda exposição da WL foi escrita em Iena, possivelmente já desde o final de 1795 até 1799, e apresentada três vezes nesses anos, até Fichte ter perdido a sua cátedra sob a acusação de ateísmo.[174] O autor anunciou estas lições como a "filosofia transcendental, segundo um novo método (*nova methodo*)". O manuscrito de Fichte perdeu-se, mas dispomos de duas transcrições diferentes dessas leituras. A mais completa é o manuscrito de Krause, redigido em 1798/1799, que seguirei neste estudo.[175]

O motivo mas geral da reexposição parece claro em cartas que o autor escreve a Reinhold, onde considera a exposição dos *Fundamentos* de 1794/1795 como "extremamente incompleta"[176] e "uma exposição muito

---

[174] Cf. GA IV/2, 6-9.

[175] Para uma comparação entre os dois manuscritos v. a "Einleitung" de E. Fuchs à primeira edição do manuscrito Krause (Fichte, *Wissenschaftslehre nova methodo*, Hamburg, 1982, XV).

[176] Carta de 21.3.1797, N. 354, GA III/3, 57-58.

imatura."[177] Fichte não se limitou, contudo, a remediar as insuficiências que encontrava na exposição de 1794/1795, mas elaborou uma versão totalmente nova da WL. Este era o primeiro sinal do que se seguiria, ou seja, uma permanente reforma da mesma doutrina, em sucessivas versões até 1814. A filosofia de Fichte começa, com a sua segunda versão, a revelar a sua essencial plasticidade.

Na versão *Nova methodo*, o conteúdo não só é inteiramente reestruturado, como também completado com algumas inovações especialmente importantes e originais em relação à exposição de 1794/1795. O plano não mais está dividido nas três partes principais dos *Fundamentos* de 1794/1795, i.e., a exposição dos princípios gerais, a parte teórica e a parte prática. Fichte declara explicitamente que a exposição não mais será dividida em parte teórica e prática, ou seja, nos fundamentos do saber prático e teórico. Esta divisão é origem de mal-entendidos e deveria ser abandonada, sendo as divisões apresentadas não mais numa sucessão, mas numa espécie de permanente circularidade, conforme iremos ainda ver.

A reordenação da forma da exposição afecta da maneira mais óbvia o conteúdo do primeiro parágrafo dos *Fundamentos* de 1794/1795. Na *Nova methodo*, os princípios não só não voltam a ser apresentados numa parte especial da obra, como também, se ainda podemos falar de "princípios", estes não mais são o "eu" e o "não-eu". Tanto um quanto o outro estão, é certo, presentes, mas não mais assumem a função de princípios, sendo elementos deduzidos, a saber, no § 2.

Estas duas grandes diferenças estruturais não são, contudo, as únicas de fundo na exposição "segundo um novo método". O título da exposição "antiga" (os "*Fundamentos*") torna-se agora mais claro, em contraste com o que é realizado na segunda. A exposição de 1794/1795 trata justamente apenas dos fundamentos. Não compreende ainda muito do conteúdo substancial que Fichte inclui na *Nova methodo*. Especialmente relevantes são o tratamento filosófico do *corpo* e do chamado "apelo" ou "convite" ("Aufforderung"), que está na base da teoria de Fichte da razão intersubjectiva. Estes dois capítulos da *Nova methodo*, sobre a razão corporalizada e intersubjectiva, são os meios

---

[177] Carta de 4.7.1797, N. 359, GA III/3, 69.

mais directos pelos quais a razão transcendental se anuncia no mundo e pode exercer acção física. No corpo humano e na relação intersubjectiva, a razão é um objecto real no mundo, o que somente era indiciado nos parágrafos finais dos *Fundamentos*, onde se encontra uma dedução do sentimento. A WL foi, assim, inteiramente reestruturada e ampliada com novos materiais. Tais extensões mostram que o termo "Grundlage" ("Fundamentos") significa uma restrição do conteúdo da primeira exposição. Somente com a *Nova methodo* o conteúdo da WL está completo e pode ser apresentada, então, uma "síntese principal" conclusiva. Os *Fundamentos* de 1794/1795 terminam com um ponto de viragem central para a consciência, em direcção à realidade, ou seja, com o sentimento.[178]

A continuação dos *Fundamentos* de 1794/1795, o opúsculo *Esboço do que é Específico da Doutrina da Ciência no seu Aspecto Teórico (Grundriß des Eingentümlichen der Wissenschaftslehre)*, de 1795, vai mais longe na apresentação dos fundamentos da sensação ("Empfindung"),[179] no papel da reflexão na cisão das actividade do eu em realidade e idealidade,[180] e na constituição do espaço e do tempo pela imaginação produtiva.[181] Mas não abandona, estrutural ou metodologicamente, os *Fundamentos*. A *Nova methodo* irá, então completar este caminho em direcção ao concreto e mostrar que a via expositiva dos Fundamentos não pode ser considerada canónica.

Segundo este "novo método", a apresentação de princípios, as partes teórica e prática encontram-se fundidas numa exposição sem divisões em secções, mas em 19 parágrafos de extensão muito semelhante. Agora, o método não mais se baseia essencialmente na síntese entre opostos, como nos *Fundamentos* de 1794/1795, onde se partia da oposição principal entre eu e não-eu, apresentados como princípios independentes e inderiváveis. Fichte acentua este ponto, e afirma que o método seguido nos *Fundamentos* "era o método mais difícil."[182] Os princípios eram independentes, embora par-

---

[178] Cf. GA I/2, 446, 450.
[179] GA I/3, 150.
[180] GA I/3, 176.
[181] GA I/3, 200, 297-208.
[182] Cf. GA IV/2, 108. Sobre a alteração do método veja-se I. Radrizzani, *Vers la fondation de l'intersubjectivité chez Fichte. Des Príncipes à la Nova methodo* (Paris, 1993, 84-88).

cialmente dependentes em relação ao conteúdo, uma vez que é impossível derivar a negação a partir da posição, ou de qualquer outro acto, ao passo que, por outro lado, a negação não pode ser vista como um acto inteiramente autónomo, dado que tem de pressupor algo em relação ao qual é negação. Como resultado dos *Fundamentos*, Fichte descobre dois grandes erros no que respeita à exposição. Em primeiro lugar, os princípios não devem ser apresentados num isolamento artificial, isolamento que, conforme se viu, não pode nem deve ser mantido nas conclusões da exposição. Neste sentido, a exposição acaba por contradizer os seus princípios. E, em segundo lugar, o eu absoluto não deve ser tratado como algo de subsistente por si só, mas como uma pura potencialidade da reflexão. Na WL *nova methodo*, não há, em consequência, princípios independentes, e o acto básico não é somente uma reflexão potencial, mas já o acto real da reflexão, a "actividade que retorna a si".[183] Nos *Fundamentos*, o começo absoluto era a auto-posição do eu absoluto, o qual era então confrontado com o acto da negação, oposto ao acto inicial, como a condição da actualização da sua reflexividade. Agora, o começo é já o acto efectivo da reflexão.

Isto conduz a uma outra diferença principal, a saber, que Fichte reconhece agora que a auto-posição não é somente um acto de auto-referência, mas uma intuição. "Eu ponho-me, simplesmente. Uma tal consciência é uma intuição, e a intuição é um pôr-se a si mesmo enquanto tal, e não um simples pôr."[184] E a questão é como esta intuição se pode tornar consciente de si ou, como Fichte tenta mostrar, como é possível construir um conceito desta intuição. O procedimento de Fichte não mais acentua a oposição contraditória entre a divisão e a necessidade de encontrar um conceito unificador, mas a busca de condições de possibilidade para um facto. A WL *nova methodo* inteira é a análise dos pressupostos necessários do conceito da reflexão.

Esta questão central da WL é novamente proposta como o programa de "explicar a representação". Mas começa agora a aparecer a nova terminologia

---

[183] GA IV/3, 345, 350.
[184] "Ich setze mich schlechthin. Ein solches Bewustsein ist Anschauung, und ist ein sich selbst setzen als solches, kein bloßes Setzen" (GA IV/3, 346n.).

do "saber" ("Wissen")[185] em lugar da "representação". Fichte começa com o problema de dar uma explicação para a representação, e das condições para o resolver e não, como antes, por uma apresentação directa de três "princípios" parcialmente separados entre si como a solução para o problema.

Um breve sumário do argumento da *Nova methodo* mostra a seguinte ordem. A exposição começa por um exercício da reflexão e pela definição do acto na sua base como intuição intelectual. (§ 1). Sendo este acto encontrado como acto de liberdade, trata-se então de definir as suas condições de possibilidade. Entre estas condições estão a distinção entre eu e não-eu (§ 2), entre actividade real e ideal (§ 3), e a posição de um conceito de fim (§ 4) e de arbítrio, para o qual tem de ser pressuposta uma multiplicidade de possibilidades de acções e de objectos a que se aplicar (§ 5). Por outro lado, a liberdade pressupõe uma limitação do eu, que lhe é conferida pelo sentimento (§ 6). O próximo passo é, partindo do sentimento, a explicação da objectividade, tanto ao nível teórico quanto prático (§ 7). A objectividade pressupõe um conceito do não-eu e do eu como dotado de intuição e, então, de conceitos de coisas representadas. A diferença entre coisa e representação é estudada em seguida (§ 9). Os parágrafos seguintes (§ 10 e 10A) mostram a representação como situada na determinabilidade do espaço. O ser racional situa-se, por conseguinte, como representante e agente livre no espaço (§ 11). O eu é então corporal, capaz de uma acção determinada pela vontade (§ 12). O ser racional encontra-se, assim, num círculo entre a sua representação dos objectos e a sua vontade, uma vez que uma é entendida como condição de possibilidade da outra. Como se irá ainda ver, a definição da vontade como a condição de possibilidade da livre determinação do eu constitui o ponto central da obra (§ 13). Tratar-se-á em seguida de entender as condições do próprio exercício da vontade. A divisão seguinte (§ 14) estuda a vontade empírica e o seu lado teórico, como percepção. Segue-se (§ 15) uma recapitulação: a consciência é o resultado da tarefa de auto-limitação da vontade. O passo seguinte (§ 16) é a síntese entre acção e ser por intermédio da intersubjectividade, o conceito de "apelo" ou "convite" ("Aufforderung"). O parágrafo seguinte (§ 17) apresenta o material para a síntese final da obra. Parte da definição das

---

[185] GA IV/3, 347.

categorias e explica o papel da imaginação no centro da síntese central, entre as séries ideal e real e os mundos intelectual e sensível. O passo seguinte (§ 18) é uma análise do eu e do mundo como resultado da síntese. E a exposição termina na sua síntese final, que iremos analisar mais detidamente no Capítulo seguinte (§ 19), com uma panorâmica geral da "Aufforderung", o "apelo", como a base da compreensão da natureza física.

2. A consciência imediata

Na *Nova methodo*, Fichte parte de uma análise da consciência,[186] de modo a mostrar, posteriormente, como e porque esta é interdependente com outros dois elementos principais da representação, o seu conteúdo e o sentimento que lhe é próprio. A consciência, como um conteúdo de si mesma, tem de ser "consciência da consciência"; "isto prossegue até ao infinito, e desta maneira a consciência não se deixa explicar."[187] O problema é que a consciência é tomada como um outro objecto da consciência, e precisamos então sempre de pressupor um outro sujeito para apreender a consciência como objecto de si própria. Assim, embora seja algum tipo de conteúdo ou de objecto para si mesma, a consciência não é um conteúdo, ou um objecto ao mesmo nível dos outros conteúdos de si própria. Mas se não é um objecto de si própria, que é a consciência?

Na medida em que a consciência é a apreensão para si de toda a representação, ela não pode ser somente um conteúdo da consciência. Como Fichte afirmará nas exposições mais tardias da WL, a condição de ser uma representação é que esta seja apreendida para si, pela consciência, como algo de diverso, ou como algo mais do que o conteúdo que aparece na representação. Ao pormos o conteúdo, ou o objecto, pomos também algo mais, i.e., a

---

[186] Cf. J. Brachtendorf, "Towards a Completion of German Idealism: Fichte's Transition from his *Grundlage der gesammten Wissenschaftslehre* to the *Wissenschaftslehre nova methodo*", (in D. Breazeale & T. Rockmore, *New Essays on Fichte's Later Jena Wissenschaftslehre*, Evanston, 2002, 83-100), 89-91.

[187] "[...] dies geht ins unendlich fort und auf diese Weise läßt sich das Bewußtsein nicht erklären" (GA IV/3, 346).

consciência de representar. "Eu sou consciente para mim de um qualquer objecto B, do qual porém não posso ser consciente sem ser consciente de mim mesmo, porquanto B não sou eu e eu não sou B."[188]

Esta separação entre a consciência e o seu objecto signifca que (1) a consciência não se pode apreender a si, como vimos, e (2) que ela não pode ser integrada com o seu objecto num só mundo, mas é como algo de transcendente fora do mundo dos objectos. Esta separação é uma condição necessária da consciência, mas não pode ser considerada como a última palavra sobre a questão do auto-conhecimento. A fim de resolver as dificuldades referidas, tem de ser indicado "um objecto ao qual não se tenha de contrapor um novo sujeito."[189]

Esta unidade do sujeito e do objecto é, segundo Fichte, a condição original do eu. Por um lado, ela resolve o problema da necessidade de um sujeito sempre repetido para se apreender a si próprio. Por outro, enquanto actividade, a consciência não é uma *coisa* estranha ao mundo, mas pode ser, conforme Fichte irá tentar mostrar, integrada com o seu objecto numa compreensão unificada do mundo.

Ao se tomar a consciência de si como uma acção de auto-posição, "a consciência do que age e da acção era uma só, por meio de uma consciência imediata."[190] Esta tese pressupõe que a acção é algo de totalmente transparente a si mesmo, que se está necessariamente consciente da própria acção. A acção é, por isso, princípio de explicação da consciência na medida em que a acção pressupõe, por definição, a consciência. Isto pode levantar dificuldades, posto que as razões e as pressuposições da acção não são sempre conscientes, não são sempre evidentes para o agente. Mas esta não é uma tese sobre a evidência das razões para agir, ou dos pressupostos da acção. A tese de Fichte é que o acto se sabe imediatamente a si unicamente pela

---

[188] "Ich bin mir irgend eines Objects B bewust, deßen aber kann ich mir nicht bewußt sein, ohne mir meiner selbst bewußt zu sein, denn B ist nicht Ich, und Ich ist nicht B" (GA IV/3, 346).

[189] "[...] ein Object, dem man nicht ein neues Subject entgegenzusetzen hat" (GA IV/3, 346).

[190] "[...] das Bewustsein des Handelnden und des Handelns war eins, durch unmittelbares Bewustsein" (GA IV/3, 346).

razão de que o agente realiza o acto. A acção é, por definição, consciente para o agente, de outro modo não seria uma acção, mas um acontecimento objectivo. E, como tal, poderia ser considerado como um objecto da consciência e a dificuldade inicial ressurgiria.

A consciência é, assim, um acto auto-transparente cujo objecto é si mesmo. Fichte chama a este acto a "auto-posição". E se, hipoteticamente, há um fundamento e unidade últimos para a consciência e o saber, "a consciência imediata é o fundamento primeiro."[191] A questão da representação e da consciência é então deslocada para a questão da acção, e a consciência é um acto que se tem a si próprio como objecto. A acção é, por definição, consciente de si, e para essa consciência ela não necessita de nenhum outro fundamento para além da própria acção. Na *Nova methodo*, Fichte apreende esta situação de seguinte modo: "ponho-me simplesmente a mim. Uma tal consciência é uma intuição, e a intuição é um pôr-se a si própria enquanto tal, não um mero pôr."[192] E logo, "a consciência imediata é o fundamento primeiro, [...] se o nosso saber deve ter um fundamento."[193] A tese de Fichte é que o acto é totalmente transparente a si mesmo, e um tal acto é o único ser auto-fundado a que podemos racionalmente aceder.

3. A *Nova methodo* como sistema do idealismo

Antes de estudar alguns dos traços mais gerais da *Nova methodo*, deveríamos observar o seu lugar no desenvolvimento do idealismo. Esta obra é um passo importante no desenvolvimento que parte de uma filosofia de condições de possibilidade do conhecimento em direcção a um sistemática da filosofia idealista. A integração dos princípios e da diferença entre a razão teorética e prática num todo unificado permite a Fichte uma apresentação

---

[191] "[...] das unmittelbare Bewustsein ist selbst der erste Grund" (GA IV/3, 347).

[192] "Ich setze mich schlechthin. Ein solches Bewustsein ist Anschauung, und Anschauung ist ein sich selbst setzen als solches, kein bloßes Setzen" (GA IV/3, 346n).

[193] "[...] das unmittelbare Bewustsein ist selbst der erste Grund, [...] wenn unser Wißen einen Grund haben soll" (GA IV/3, 347).

na qual os princípios não são tomados como um começo, exterior ao seu conteúdo. A capacidade de auto-diferenciação do eu, embora já presente em muitos momentos da primeira apresentação, é tornada agora explícita desde o começo. E esta auto-diferenciação, ainda que mais tarde não mais venha a ser atribuída ao eu, como em Hegel, é uma condição básica para o pensamento idealista.

Mais claramente do que nos *Fundamentos* ou nas exposições posteriores da WL, na *Nova methodo* Fichte antecipa muitos dos traços essenciais do pensamento hegeliano. Assim, por exemplo, Fichte afirma que a oposição "é o fundamento de todo o sair do eu."[194] Mas Hegel vai interpretar esta oposição, na *Enciclopédia*, como uma oposição lógica, como uma oposição que pode ser objectivada e, em seguida, descoberta em todo e qualquer ente ou em qualquer conceito. Os pressupostos activos da oposição são esbatidos por Hegel, senão mesmo considerados acessórios ou ignorados. A oposição, como a via para "sair" de um conceito, não é, segundo Fichte, uma operação lógica, mas pressupõe a acção. Negar um conceito só pode acontecer, para Fichte, por intermédio de um acto intelectual. Um conceito não pode "negar-se a si" para produzir um movimento e um sistema articulado, conforme Hegel pretende, sem pressupor algum tipo de actividade intelectual. De acordo com Fichte, a negação não é um termo especialmente importante para a filosofia, e a referência à importância da negação é somente uma nota esclarecedora. A actividade lógica e o "movimento" pressupõem actividade, e esta só pode ser realizada por um agente auto-transparente. A estrutura do agente é o ponto mais importante na filosofia, na medida em que pode evidenciar as condições sob as quais o ser é significativo ou, de algum modo, pode ser apreendido na mente humana. Este é "das Wissen", o "saber" em geral.

Todavia, a exterioridade como condição do saber tem de ser vista sob uma luz mais complexa. O saber objectivo, ou um conteúdo da representação acompanhado pelo sentimento de necessidade, tem de ser considerado como "em nós como fora de nós".[195] Esta descrição do conteúdo do saber é paralela às descrições contraditórias, que encontrámos acima, de uma consciência sem

---

[194] "[...] ist der Grund alles Herausgehen aus dem Ich" GA IV/3, 352).
[195] "[...] in uns als auser uns" (GA IV/3, 371).

consciência, ou de uma intuição que não intui justamente porque não sai de si. A questão da WL não é somente acerca da exterioridade, ou de ir além do conceito, ou da intuição, mas "a questão é como os objectos, que devem ser fora de nós, devem igualmente ser em nós."[196] A aplicação mais clara desta expressão, na aparência contraditória, é à percepção, onde o conteúdo se impõe ao eu como real. O conteúdo da percepção está ao mesmo tempo no eu e fora dele. O objecto é construído nestes dois "lugares" simultaneamente, e perderia todo o seu significado sem este duplo carácter.[197] A WL tem como tarefa explicar este duplo carácter desta construção.

Além da consideração da negação e da continuidade ou necessidade de reconhecimento de um conceito no seu oposto, Fichte antecipa na *Nova methodo* outra tese crucial de Hegel. É o denominado "movimento" do conceito. O nome que Fichte dá a este movimento é "transição" ("Übergehen"). A exposição inteira da *Nova methodo* está centrada na "transição da indeterminidade" para a determinidade,[198] i.e., na série, "determinabilidade, transição e determinidade."[199] Pensar, questionar e explicar são actividades reflexivas que pressupõem uma construção dupla e um determinado movimento pensar. Na medida em que Fichte questiona sempre sobre o que se faz quando se pensa algo, a questão sobre a identidade do eu é sempre também uma questão acerca do que se faz ao pensar. Este pensamento é, assim, um acto de identificação do eu e, como tal, é caracterizado como um vir a ser da não-identidade até à identidade, ou da determinabilidade até à determinidade.

Este movimento implica algo que é encontrado, como uma condição da identidade que se põe a si própria. Esta identidade é, então, hipotética na medida em que só subiste se houver um eu que se põe a si próprio. E a questão tem de ser repetida: deve haver um eu que se põe a si próprio? Se é assim, então o espaço da determinabilidade tem de ser também posto. Mas e se o

---

[196] "[...] die Frage [ist], wie die Objecte, die auser uns sein sollen, zugleich in uns sein sollen" (GA IV/3, 371).

[197] GA IV/3, 475.

[198] "Übergehen von der Unbestimmtheit" (GA IV/3, 357; cf. also 360, 361, 363). O termo "determinidade" traduz o alemão "Bestimmtheit", designando o conceito abstracto de "determinação". Sobre este conceito e a divisão da razão em série real e ideal segundo a *Nova methodo*, cf. G. Zöller, op. cit, 87-89.

[199] "Bestimmbarkeit, Uibegehen und Bestimmtheit" (GA IV/3, 367; cf. 374).

eu não dever ser? Então não se pode dizer que há uma tal transição a partir da determinabilidade, e é impossível atribuir qualquer sentido unificado ao saber. O saber seria inteiramente do domínio da doxa. Se deve haver uma WL, então a identidade é uma transição, e tem de ser a análise de como ocorre a transição. A *Nova methodo* é uma análise da transição pura.

4. O princípio central da *Nova methodo*

A auto-transparência do acto é o principal pressuposto da *Nova methodo*. Mas, para a construção do conceito da consciência, este pressuposto tem de ser complementado por um outro princípio, que deve ser considerado o princípio central da exposição. É o princípio, já enunciado, da transição da determinabilidade para a determinidade. Ele significa que toda a determinidade tem de pressupor um "indeterminado [...] o qual, porque é posto em relação e simultaneamente com o ser determinado, queremos denominar o determinável."[200] Isto significa que para qualquer conceito ou forma determinada tem de ser pressuposto, como a sua condição, uma intuição ou matéria determinável.[201]

Se a auto-transparência do acto desempenha um papel chave na WL, o princípio da transição introduz, na *Nova methodo*, uma perspectiva diferente sobre as condições do saber. Não se pode falar de um acto sem consciência dele e, assim, o acto é, por definição, consciente de si. No entanto, com o princípio da transição da determinabilidade para a determinidade, a *Nova methodo* mostra a auto-reflexão do eu sob uma luz diferente, em comparação com os *Fundamentos* de 1794/1795. A auto-reflexão pressupõe, ou projecta, como a sua própria sombra, o espaço da determinabilidade, o que significa, o esfera indeterminada do não-eu, ou "ser".

---

[200] "Unbestimmte [...], welches wir, weil in Beziehung auf das Bestimmtsein und mit ihn zugleich gesezt wird, das Bestimmbare nennen wollen" (GA IV/3, 351).
[201] Apesar de antiga, a obra de M. Wundt (*Fichte-Forschungen*, Stuttgart, 1929) permanece uma exposição útil acerca da *WL nova methodo*. Sobre a relação entre intuição e conceito, cf. Wundt, op. cit., 122-124.

O princípio da transição liga a pura razão com a experiência empírica de diferentes modos, e a tese da *Nova methodo* é que o eu é originalmente ambos, sensível e intelectual, empírico e puro. A condição de ser um deles é ser também o outro. A pura determinidade do acto é entendida como a intuição intelectual, "é isso, pelo qual eu sei algo porque o faço."[202] A transição da determinabilidade para a determinidade é, por outro lado, a "forma da intuição sensível."[203] E uma importante inovação da questão na *Nova methodo* é ter a intuição sensível como condição da apresentação primeira do eu. Esta é a razão por que é possível dizer, nesta exposição, que "o espírito e o corpo são o mesmo visto de lados diferentes."[204] O eu da *Nova methodo* tem como condição da sua consciência de si a sua sensibilidade e é, então, um eu real. Ele é em geral sensibilidade e, mais concretamente, sentimento e corpo. Trata-se pois da definição da intuição intelectual com a pura determinidade do eu, puro acto de auto-posição, e de determinar então quais as condições de possibilidade pelas quais esse puro acto pode ser consciente numa consciência real. E vai-se descobrir então, pouco a pouco, todo um espaço de "determinabilidade" necessária à tomada de consciência de si mesma por essa determinidade original do eu. Este espaço é, nomeadamente, a totalidade do real e do ideal, e das relações entre um sujeito concreto e um objecto não menos concreto.

O referido princípio da *transição*, que está na base desta construção representa a descoberta por Fichte do conceito fenomenológico de horizonte. Uma consciência focal tem como condição a sua diferenciação em relação a um horizonte de consciência não temática. Logo (1) o eu não pode eliminar o horizonte e focar simplesmente o que quer que seja, sem um halo de indeterminidade. Ele não pode atingir um ponto de vista absoluto, ou seja, um ponto de vista que não esteja sujeito a essa restrição.[205] Assim, (2) focar alguma coisa

---

[202] "[...] ist das, wodurch ich etwas weiß, weil ich es thue" (GA IV/3, 217).
[203] GA IV/3, 439.
[204] GA IV/3, 496.
[205] Poder-se-ia adiantar mesmo que um dos problemas centrais da WL *Nova methodo*, que ajudará a orientar a evolução do pensamento do autor é que não ocorre nela a teoria de si mesma, ou seja, uma teoria da intuição intelectual como um ponto de vista possível. Assim, a *Exposição* de 1801/1802 será justamente uma teoria do "Saber Absoluto" e da intuição intelectual. A preocupação puramente construtiva a WL *nova methodo* será rapidamente

produz um horizonte não focal, e o eu traz consigo esta condição, de tal modo que se ele foca alguma outra coisa, que residisse no horizonte não focal, ele tem de deixar o ponto focal ou o objecto inicial desaparecer no horizonte. (3) Mas Fichte dirige uma atenção ainda maior à relação entre o ponto focal e o horizonte. E esta relação é a denominada "transição" da determinabilidade para a determinidade. A determinidade pura, ou o "ponto focal" fenomenológico sem horizonte é tão impossível quanto uma simples determinabilidade.

"Determinabilidade" é um conceito operatório central nesta versão da WL. Trata-se do nome dado à indeterminidade do ponto de vista da determinidade, que é, inevitavelmente, o nosso, ou um qualquer ponto de vista. Com efeito, a indeterminidade é denominada "determinabilidade" de modo a sublinhar que não poderia ser sequer referida se não fosse a partir do ponto de vista da determinidade. A determinabilidade é a indeterminidade vista do ponto de vista da determinidade. Esta tese é compreensível como o modo de Fichte de lidar com o problema da "coisa em si" kantiana. Esta "coisa" é só o limite primeiro da intuição e do conceito. Assim, é o limite da subjectividade, na medida em que esta é constituída por intuição e conceito. Mas, como limite que deve ser auto-imposto de uma actividade, não pode ser senão um tipo de actividade do limite, i.e., auto-limitação da actividade do eu.

O que interessa a Fichte em especial é a relação entre determinabilidade e determinidade. Esta relação é considerada na *Nova methodo* sob muitas perspectivas diferentes. De facto, toda a diferença concebível é considerada como uma expressão desta diferenciação básica. A determinidade é o conceito que fixa uma intuição imediata de modo a poder ser apreendida pela consciência de um modo completo. A determinidade é, por conseguinte, a limitação do puro eu, que só pode ser uma auto-limitação. E, "na medida em que o eu *é* limitado, ele só vai até ao limite. Na medida em que *se põe a si* como limitado, ele vai necessariamente mais além; vai até ao limite, como tal, e dado que um limite não é nada sem dois opostos, o eu vai até o que está para além

---

ultrapassada pela perspectiva crítica das exposições seguintes. Na nossa opinião, a questão só poderá ser de algum modo clarificada a partir da *Primeira Exposição da Doutrina da Ciência* de 1804. Mas retornaremos ao problema mais abaixo.

do limite."[206] A auto-limitação do eu aponta, assim, para aquilo que não é ele mesmo, para o seu outro, o não-eu. E então a determinidade é também a manifestação daquilo que não é determinado pelo puro conceito do eu, a intuição empírica. Com esta relação, Fichte procura mostrar que a completude de qualquer determinidade – e, nomeadamente, da determinidade do eu – só é pensável perante a indeterminação que se traduz como a intuição empírica concreta espacial e temporal.

Contudo, o princípio da transição para a determinidade é também a expressão da capacidade do eu de se separar de qualquer conteúdo dado, sem qualquer outra razão senão o seu próprio acto de livre reflexão. Sob esta forma, e conforme já estabelecido nos *Fundamentos*, Fichte antecipou o princípio "especulativo" de Hegel: o eu não pode ser si mesmo sem se referir – mesmo que negativamente – àquilo que ele não é.

Mas a transição é também a já referida síntese entre a liberdade, como autonomia do eu, e a limitação da liberdade: o ponto de partida – a determinabilidade – está dado, e a autonomia pode expressar-se, numa tal síntese, como escolha. O mesmo é dizer que o eu, na sua consciência própria, não é a pura auto-transparência da sua auto-posição independente e autónoma, mas que tem um ponto de partida. A sua liberdade só se pode manifestar sob circunstâncias dadas, assim como a liberdade como autonomia pura se tem de expressar como liberdade de escolha. O facto de que o eu está necessariamente situado num conjunto de possibilidades que não são independentes da sua vontade ou autonomia, não é algo de estranho ou contingente à sua essência, i.e., à sua livre auto-posição. Ambas as concepções, a pura e a empírica, além de não serem mutuamente exclusivas, estão também inevitavelmente ligadas entre si. Este é o sentido geral da reflexão como transição da determinabilidade à determinidade.

Segundo o princípio da transição, o eu é posto em algum 'lugar' que lhe é dado em conjunto com a sua auto-posição, e como condição de possibilidade da sua consciência de si. Este 'lugar' são as formas da intuição sensível, o seu

---

[206] "[...] inwiefern das Ich begrenzt ist, geht es nur bis an die Grenze. Inwiefern es sich setzt, als begrenzt, geht es nothwendig darüber hinaus; es geht auf die Grenze selbst, als solche, und da eine Grenze nichts ist, ohne zwei Entgegengesetzte, auch auf das über derselben liegende" (GA IV/3, 157) [sublinhados meus].

corpo e a natureza. A sensibilidade significa a indeterminidade conceptual do conteúdo inteiro da consciência, em relação à sua existência e completude (a intuição sensível é sempre incompleta). O eu só se pode determinar a si e ao seu conteúdo no espaço e no tempo.[207] E o mesmo é válido para o tempo, como a forma da indeterminidade no que se refere à completação do ser-dado do eu a si mesmo. O tempo significa que "o determinável precede o determinado."[208] Isto é, que a determinidade tem sempre um pressuposto que põe como anterior e como condição de si mesma. A transição determinável-determinado[209] é, por isso, também o devir ou a sequência prototípicos.

5. A dedução do não-eu na *Nova methodo*

É então claro que, em contraste com os *Fundamentos*, a *Nova methodo* não apresenta o eu e o não-eu como isolados, mas no contexto da reflexão do eu. A apresentação do eu e do não-eu como princípios independentes nos *Fundamentos* mascarava as diferenças que residem já no puro eu, como se viu. O eu absoluto não era simples, mas preenchia duas funções diversas, a saber a actividade e a auto-referência. Esta dupla função já estava presente no cerne do eu absoluto dos *Fundamentos*. Mas torna-se explícito na *Nova methodo*, conforme Fichte afirma, que "o eu, considerado como actividade, dá-nos o eu, o eu, considerado em repouso, o não-eu," sendo que o não-eu é somente "uma outra perspectiva do eu."[210] O eu ocorre em dois sentidos diversos. Num sentido, é ele mesmo, no outro sentido, é o não-eu, ou seja, o seu oposto.

Nos termos da *Nova methodo*, o eu, como intuição absoluta originária, não é uma "mera posição", mas já "posição enquanto tal." E é esta diferença, que já

---

[207] A pura lógica não é temporal nem espacial, mas uma abstracção das categorias do pensar. Estas categorias estão sempre relacionadas com a identidade do puro eu. 'Abstracção' significa aqui que somente é tomada em consideração a determinidade, não a determinabilidade.

[208] "[...] das Bestimmbare geht dem Bestimmten voraus" (GA IV/3, 475).

[209] Ou determinabilidade-determinidade.

[210] "[...] eine Andere Ansicht des Ich" (GA IV/3, 356). "[...] das Ich als Tätigkeit betrachtet giebt das Ich, das Ich in Ruhe betrachtet, das NichtIch" (ib.).

estava implícita no primeiro parágrafo dos *Fundamentos*, e explícita somente no final da parte teorética,[211] que é exposta no começo da *Nova methodo*. Uma diferença central de concepção é, por isso, que o não-eu é apresentado agora não como um princípio independente, mas como a limitação do eu por si próprio. Esta auto-limitação do eu não é algo que lhe aconteça a partir de fora, mas a sua própria auto-referência – ele não é um eu a quem isso acontece, mas esse acontecer é o que o institui. Segundo Fichte, "o eu não seria caracterizado por uma qualquer actividade, mas unicamente pela actividade que retorna a si [...]."[212] O eu é determinado como uma actividade determinada, a saber, como actividade auto-referente. E esta predicação do eu, ou como sendo o eu, por uma actividade determinada, é um "abstrair de todo o outro objecto possível."[213] Ora, esta abstracção define uma esfera de "determinabilidade" em relação e em contraste com a qual a actividade determinada pode ser destacada. Nesta transição à determinidade do eu, é separada e contraposta a ela uma determinabilidade que deve ser entendida como não auto-referente, não retornando a si, e essencialmente inactiva.

A auto-transparência absoluta da actividade tem como condição da sua determinidade, então, algo que não é auto-transparente, e cujo estatuto é existir não para si mesmo, mas para um outro. Isto significa que a acção não pode ser posta sem o ser, i.e., sem aquilo que não é acção, mas "repouso", e que a consciência não pode ser posta sem que seja posto aquilo que não é consciente de si mesmo. Como Fichte irá dizer nas versões mais tardias, a pura "luz" não pode subsistir sem referência ao seu oposto.[214] Deveria observar-se, novamente, que não se trata somente, ou principalmente, de uma questão de simples oposição lógica. No § 1 Fichte afirma que "só por oposição é possível uma consciência determinada e clara."[215] Mas a oposição é melhor explicada não como ocorrendo entre duas determinações lado a lado, mas novamente

---

[211] GA I/2, 347.
[212] "[...] das Ich [würde] nicht durch alle Thätigkeit, sondern bloß durch in sich zurückgehende Thätigkeit charakterisiert [...]" (GA IV/3, 350).
[213] "Abziehen von jedem möglichen anderen Gegenstande" (GA IV/3, 351).
[214] Ver. Cap.5 infra.
[215] "[...] nur durch Gegensatz ist ein bestimmtes klares Bewustsein möglich" (GA IV/3, 348).

como uma "transição da indeterminidade para a determinidade."[216] Não se trata, para Fichte, simplesmente – embora este argumento venha também a ser utilizado mais tarde – de fazer notar que não podemos pensar algo sem o distinguir daquilo que ele não é e, assim, nalgum sentido, do seu oposto. Trata-se de dirigir a atenção para aquilo que é feito neste pensamento dos opostos, ou seja, para as suas condições. E a condição primeira da posição dos opostos é uma actividade determinada do pensar, a saber, uma "transição" da determinabilidade para a determinidade, da possibilidade para a realidade determinada. A toda a determinidade tem de ser pressuposta uma determinabilidade, e o eu é um processo de vir até si mesmo a partir do seu oposto, o não-eu, de tal modo que "nenhuma auto-posição pode ser compreendida sem uma composição com uma não-auto-posição."[217]

Enquanto auto-referente, o eu tem de se encontrar como idêntico. Pela ideia de "encontrar-se" a si, Fichte estabelece uma dialéctica de procurar e encontrar que cinde imediatamente a identidade do eu. Por meio deste conceito de "encontrar-se" a si próprio, introduz-se a diferença entre o que é "visado" e o que é "encontrado". A actividade do eu é, por conseguinte, dividida em "actividade ideal" – aquela que é visada – e "actividade real" – a actividade que é encontrada.[218] O encontrar-se a si próprio supõe que algo é dado para ser encontrado e, uma vez que o eu é actividade, é uma *actividade* que é *encontrada* em si próprio pelo eu, o que é um oxímoro. A actividade no eu é sempre produzida, não encontrada. Como algo a ser encontrado na identificação do eu, a actividade deste tem de se apresentar não como actividade do próprio eu, mas como ser que lhe é dado. O ser, como repouso é, aqui, o resultado, e resolve o referido oxímoro. O eu, ao qual a sua própria actividade é, assim, 'apresentada' como ser, é denominada a "actividade ideal"; a actividade que se apresenta a si mesma como ser é a "actividade real". A realidade é o que pode ser encontrado como ser. Segundo Fichte, na actividade de auto-

---

[216] GA IV/3, 351.

[217] GA IV/3, 351. Encontramos este princípio enunciado na lógica da Essência de Hegel: "a reflexão é, assim, o movimento que é o retorno" ("Die Reflexion ist also die Bewegung, die, [...] die Rückkehr ist") (Hegel, *Wissenschaft der Logik. Die Lehre vom Wesen (1813)*, Hamburg, 1992, 15-16).

[218] GA IV/3, 359-360.

-posição há "2 metades separadas, uma é a do que é visado, a outra a do que é necessariamente encontrado, a qual queremos denominar o dado."[219] O que é "visado" era a actividade pura, mas o que é "também encontrado" é o repouso. Segundo a *Nova methodo*, "o eu encontra-se a si mesmo como conceito, num tal conceito e por meio deste conceito, e aparece como dado."[220] De modo a se poder diferenciar a si mesmo na sua representação, se o eu se encontra a si, então tem de se encontrar como encontrando – não como activamente buscando. Ele é representado no conceito como um eu cuja actividade é encontrar – não buscar. Encontra-se como eu passivo e sensível mas potencialmente activo.

O eu procura a sua intuição originária e o seu próprio conceito, que consiste na fixação e apreensão dessa actividade. E encontra-se também como um encontrado e como a determinabilidade desse eu encontrado, que é o não-eu. O eu encontra-se a si não como actividade, i.e., como si mesmo, mas como dado ou encontrado. Encontra-se, portanto, uma intuição de algo de diferente da pura actividade. E o eu intui, por conseguinte, algo de outro, a saber, o não-eu, como "repouso do repouso".[221] Este "repouso do repouso" significa o resultado de uma actividade de encontrar, e o resultado dessa actividade, a saber, o que é encontrado. Significa o objecto do encontrar e, assim, o objecto de uma intuição passiva.

Fichte define a actividade do eu como abrangendo quatro momentos, dois de determinidade, onde o eu tem a sua forma de visar activamente algo, e dois momentos de determinabilidade, onde o eu se reveste de uma forma reduzida da actividade, que é encontrada. Cada um destes dois momentos abrange outros dois, um momento de actividade e o resultado desta. E assim, o eu que é encontrado tem um resultado necessário, ou correlato da sua actividade reduzida, um objecto que é encontrado e não possui, por isso, actividade.[222]

---

[219] "[...] 2 abgesonderte Hälften, die eine ist die des Beabsichtigten, die andere die des notwendig gefunden, welches wir nennen wollen das Gegebne" (GA IV/3, 354).

[220] "[...] wohl als Begriff, in diesem Begriff und vermittels dieses Begriffs findet das Ich sich selbst, und erscheint als gegeben" (GA IV/3, 355).

[221] "Ruhe der Ruhe" (GA IV/3, 355).

[222] Fichte apresenta quatro elementos, resultantes do cruzamento da dualidade entre buscado e encontrado com a dualidade entre actividade e repouso. Os termos são A (a intuição intelectual visada), B (a intuição intelectual como captada num conceito do eu,

Deverá notar-se que esta posição do não-eu como "repouso do repouso" é o que torna a concepção de Fichte incompatível com o conceito de Schelling de uma natureza que se desenvolve em direcção ao espírito. O não-eu, segundo Fichte, não pode realizar uma tal actividade de desenvolvimento teleológico. Neste desenvolvimento é projectado o produto de se visar activamente, ou de se buscar a si mesmo do eu. É o resultado da actividade do eu, resultado que é produzido pela actividade pura do eu. Trata-se do objecto visado, um conceito teleológico.

O jogo de determinabilidade e determinidade sob a luz das actividades real e ideal permite a Fichte distinguir entre a "capacidade" ("Vermögen") e o acto.[223] Como vimos, o eu absoluto nos *Fundamentos* de 1794/1795 era uma mera potencialidade e, assim, pura determinabilidade. O conceito de "capacidade" exprime a potencialidade da determinação. Sob o *motto* da *Nova methodo*: 'transição da determinabilidade para a determinidade', a diferença torna-se *diferenciação*, referida sempre a um *terminus a quo*. Esta é a chave para todo o devir, cuja substancialidade é dada pela identidade do eu.

Este *motto* resume a peculiar situação dual do eu, na medida em que este se sabe simultaneamente como livre, ou seja, como um "começar absoluto",[224] e como supondo algo perante si mesmo. A questão é o que acontece à liberdade do eu, uma vez que é pressuposta uma determinabilidade?

Fichte defende, a propósito da liberdade e auto-determinação do eu, que "o eu transita porque transita, determina-se porque se determina [...], é um criar a partir do nada."[225] Este "porque" vai desempenhar uma papel especialmente importante na exposição seguinte da WL, em 1801/1802. Ele exprime a liberdade e o significado do "saber". Como absolutamente livre, o eu nada

---

como visado, C (um conceito do eu como encontrado) e D (o conceito do não-eu encontrado) (GA IV/3, 354-355). A principal dificuldade da análise do argumento é a ausência de discussão do significado de B. U. Schwabe considera que B e C devem ser identificados (cf. U. Schwabe, *Individuelles und transindividuelles Ich. Die Selbstindividuation reiner Subjektivität und Fichtes Wissenschaftslehre. Mit einem durchlaufenden Kommentar zur Wissenschaftslehre nova methodo*, Paderborn - München 2007, 361-363). Dada esta dificuldade, apresentamos uma versão muito sumária desta divisão.

[223] GA IV/3, 353, 360-361.
[224] GA IV/3, 360.
[225] "[...] das ich geht über weil es übergeht, es bestimmt sich weil es sich bestimmt [...] es ist ein erschaffen aus nichts" (GA IV/3, 360).

pressupõe. Por outro lado, contudo, o começo do eu não pode vir à consciência. "Nenhum homem pode indicar o acto primeiro da sua consciência, porquanto cada momento é um transitar da indeterminidade para a determinidade e, por conseguinte, pressupõe sempre outra vez um outro."[226] A actividade tem de possuir uma determinabilidade que "precede todo o agir."[227] A liberdade é, então, um acto autónomo que pressupõe uma indeterminidade como a sua matéria, e a WL é a explicação de que ambos, a liberdade e o seu pressuposto são, por um lado, a condição necessária da consciência e, por outro, que ambos podem ser pensados sob um princípio unificado de actividade auto-referente.

6. As duas séries. A actividade prática e o sentimento

O determinável que o eu pressupõe pode ser considerado tanto como uma "faculdade" ou "capacidade" quanto como um conjunto de possibilidades de entre as quais uma só chega à determinidade ou à realidade. Como tal, o determinável é comparável à "divisibilidade"[228] dos *Fundamentos*. Um tal divisível é objecto da actividade ideal, é intuído. "Pense-se o determinável como algo. Este predicado cabe-lhe; então ele é intuível."[229] Como um conceito determinado, o eu pressupõe um modo prévio de se manifestar, ou uma existência indeterminada, mas determinável, ou seja, pressupõe a intuição.

O conceito do eu é a pura liberdade como auto-determinação. Mas não pode intuir, ou expor – na terminologia kantiana – o objecto deste conceito, isto é, não pode ligar este conceito da pura liberdade a nenhuma intuição de modo a determiná-lo. O conceito do eu é somente uma actividade ideal. A acção é, assim, sempre determinada por um conceito que não é o conceito

---

[226] "Kein Mensch kann den ersten Act seines Bewustseins aufzeigen, weil jeder Moment, ein Uibergehen von der Unbestimmtheit zur Bestimmtheit ist, und daher immer wieder einen anderen voraussetzt" (GA IV/3, 363).

[227] "[...] geht allem Handeln voraus" (GA IV/3, 375).

[228] Cf. GA IV/3, 368.

[229] "Man denke das Bestimmbare als etwas. Dieses Prädikat kommt ihm zu; denn es ist anschaubar" (GA IV/3, 368).

de um ser real. Este conceito de acção não é, assim, um "Nachbild", uma "representação" de algo, mas um "Vorbild", um "modelo".[230] E, assim, o eu tem de ter em si mesmo dois conceitos de ser, um conceito do objecto real, e "um conceito de fim."[231] Este conceito funda o que se chama actividade prática, diferente tanto da actividade real quanto da ideal, a qual não tem realidade e é somente a sua reflexão e cópia. A exigência da actividade prática é explicada pela necessidade do eu se ver a si mesmo como tal.

Sem a actividade prática, o eu seria somente um "espelho",[232] pura actividade ideal. Mas um espelho não vê. De modo a ver, o eu não pode ser um mero espelho, mas tem de se espelhar a si mesmo, i.e., tem de reflectir não somente o mundo fora dele, mas também a si mesmo a espelhar o mundo. Ora, é axiomático para a WL que a intuição é uma auto-relação, e que uma auto-relação só se pode basear na auto-limitação da actividade. Só a actividade pode ser auto-limitada e, assim, intuída. Por conseguinte, somente como livre e como agente o eu se pode intuir a si. E então, não só o eu puro tem de ser actividade, mas também o ideal, que se confronta e distingue do mundo, tem de se retratar como actuando e como agente. Se ele se vê a ver, então tem de ser activo. E não é somente o eu puro que se vê a si nessa função, mas já a actividade ideal do eu. Esta actividade ideal só pode ser um espelhar do mundo se se vê como activa.

Esta actividade é a actividade prática, o seu objecto é um conceito particular, o conceito de fim ("Zweck").[233] Fichte desenvolve então a actividade prática e teorética em paralelo, como os "dois sentidos" do conceito de ser ou de actividade objectiva. Por um lado, o ser é o fim, por outro lado, o ser é o objecto da intuição da realidade, i.e., experiência.[234] A realidade do determinável é o "sentimento", o modo mais básico pelo qual o eu da *Nova methodo* aponta para a realidade. E a auto-determinação e auto-limitação da actividade prática tem, assim, como a sua determinidade um *terminus a quo* como "algo

---

[230] GA IV/3, 365.
[231] "[...] ein Begriff vom Zwecke" (GA IV/3, 364).
[232] GA IV/3, 365, 366.
[233] GA IV/3, 366.
[234] Cf. GA IV/3, 371.

e alguma consciência disso que precede toda a acção,"[235] o qual se mostra por meio do sentimento.

O sentimento é o que impede a quantitabilidade de decair numa divisibilidade indefinida e de se tornar em algo determinado. A possibilidade da determinidade, da "actividade ideal" requer um limite para a divisibilidade do determinável, algo de "positivo, não mais divisível.".[236] O sentimento é a unidade própria do diverso quantificável. Esta é uma "propriedade fundamental" do determinável, que se mostra como disponível para a determinação pela consciência. A divisibilidade, ou a diferença indeterminada é parcialmente cancelada pela unidade no sentimento, permanecendo sob a forma do "grau",[237] que pode ser aumentado ou reduzido. Tem de ser pressuposta uma consciência de uma diferença que não é somente quantitativa. O sentimento é uma tal qualidade.

De acordo com os princípios dos *Fundamentos*, o eu e o não-eu, realidade e negação são qualidades puras que têm de ser mediadas pela quantidade. Mas esta é pura divisibilidade sem limites, o que "se contradiz",[238] na medida em que seria igual a nada, e tem, por isso, de ser limitada. O sentimento é o retorno da qualidade, mediada pela quantidade. Na nova disposição dos 'princípios', o sentimento desempenha a função da mediação da existência real, "fundamento" da consciência.

O fundamento da experiência é, consequentemente, um sentimento transcendental, o qual é essencialmente encontrado, dado, e não produzido pela actividade do eu. Segundo Fichte, "o sentimento é, facticamente, o primeiro originário [...]; é a fronteira última e não pode, por isso, ser mais dividido e composto, o sentimento é simplesmente o que é e porque é."[239] O sentimento é uma diversidade que não pode ser deduzida, e está na base do "impulso" e

---

[235] GA IV/3, 375.
[236] GA IV/3, 374.
[237] GA IV/3, 375.
[238] GA IV/3, 374.
[239] "[...] das Gefühl ist factisch das erste ursprüngliche [...]; es ist die letzte Grenze, es kann sonach nicht weiter zergliedert und zusammengesetzt werden, das Gefühl ist schlechthin was es ist, und weil es ist" (GA IV/3, 377).

do "esforço" do eu.[240] O sentimento é a auto-referência básica da realidade, e captura o eu numa unidade não reflectida que reside na base da distinção entre o objecto e o eu. O "sentimento de mim mesmo" é a determinabilidade elementar do pensamento e da intuição,[241] onde a "actividade e a passividade estão reunidas."[242] O sentimento é a "última fronteira" da dedução.[243]

A questão é então como o eu passa do sentimento para a intuição de um objecto ou para um "conceito de fim", ou seja, para a actividade ideal, ou como a intuição e o conceito podem emergir de modo a cindir esta unidade original do sentimento.[244]

A resposta de Fichte recorre a princípios gerais da reflexão, que tem de estar pressuposta em todo e qualquer elemento a que o eu tenha acesso. A reflexão e a actividade ideal são simplesmente pressupostas, embora apresentadas como derivando directamente do próprio sentimento. Segundo Fichte, no sentimento está já presente uma reflexão, sob diferentes formulações. Defende que "o sentimento tem de ser sentido", e que este sentimento do sentimento é uma espécie de reflexão que lança o eu para a intuição e a objectividade.[245] Além disso, a actividade ideal é somente pressuposta "como a natureza do eu".[246] O sentimento é somente o termo de que a actividade ideal parte, e a relação da idealidade com a realidade.[247] O sentimento é a passividade do eu, oposta à actividade, e a intuição, como activa e ideal, é a condição para que o sentimento possa ser sentido.[248] Ou, noutra formulação, "o eu não se pode sentir limitado sem se sentir livre, e v.v."[249] "O sentimento é

---

[240] GA IV/3, 376.
[241] GA IV/3, 388.
[242] "[...] Thätigkeit und Leiden vereinigt [werden]" (GA IV/3, 377).
[243] GA IV/3, 377-78. Neste sentido, a *Nova methodo* está de acordo com os *Fundamentos* de 1794/1795 que encerram justamente com a dedução do sentimento. A partir desta última fronteira, porém, a *Nova methodo* deduz bastante mais material da consciência do que os *Fundamentos*, como se irá ainda ver.
[244] Cf. GA IV/3, 385.
[245] GA IV/3, 377.
[246] GA IV/3, 386.
[247] GA IV/3, 386-387.
[248] GA IV/3, 390.
[249] "[...] das Ich kann sich nicht beschränkt fühlen, ohne sich auch frei zu fühlen et vice versa" (GA IV/3, 392).

o objecto primeiro e imediato da nossa reflexão."²⁵⁰ A actividade prática do eu ocorre entre o sentimento de si e o impulso para uma finalidade ideal.

O movimento da pura transição é o que explica, em geral, a reflexão do sentimento em direcção à determinidade do eu. Esta é a natureza do eu, explicada já no § 2, na apresentação e construção dos conceitos do eu e do não-eu. Nesta construção, em contraste com os *Fundamentos*, como se disse, Fichte expõe o eu e o não-eu numa unidade de pensamento. São ambos o mesmo, sendo o não-eu somente "uma outra perspectiva do eu."²⁵¹ A explicação da origem da diferença entre o eu e o não-eu está fundada na diferença entre a determinidade e a determinabilidade. A determinidade é o "visado", ao qual se opõe, como a sua condição, "o dado", como determinabilidade.²⁵² Em termos fenomenológicos, poderia dizer-se que a intenção do eu não é preenchida pelo conceito determinado, i.e., aquilo que é encontrado não é o mesmo que era visado. A identidade do que é encontrado e do que é visado não resultaria senão numa consciência imediata, numa consciência que não apareceria a si mesma. Contudo, a consciência aparece a si mesma na medida em que esta diferença não é reduzida à identidade.

7. Sentimento e corpo

"A nossa finitude anuncia-se por meio do nosso sentimento."²⁵³ O sentimento é a base da realidade e a expressão da determinabilidade. O eu sente tudo aquilo que pode ser real para ele. O sentimento é qualitativo e, por assim dizer, o carácter limitado da divisibilidade. Ele restringe a divisibilidade e confere-lhe um termo. Todavia, o sentimento é uma multiplicidade em si mesmo, tem de ser sintetizado de modo a tornar-se consciente.²⁵⁴ O eu tem de alterar o seu estado de maneira a conferir alguma unidade à multiplici-

---

250 "Das Gefühl ist das erste unmittelbare Object unser Reflexion" (GA IV/3, 392-392).
251 "[...] eine Andere Ansicht des Ich" (GA IV/3, 356).
252 Cf. GA IV/3, 354.
253 "Durch das Gefühl kündigt sich unsre Endlichkeit an" (GA IV/3, 431).
254 GA IV/3, 394.

dade do sentimento. A sensibilidade tem de ser um sistema que pode dotar o sentimento de uma substância. Este sistema de alteração é o nosso corpo vivo.[255] É o agente que unifica os diferentes sentimentos numa sequência. Este agente pode e tem de se intuir a si mesmo como sentimento. A experiência requer um corpo próprio, embora o corpo não seja ele mesmo experienciado. Fichte é o primeiro a observar que o corpo não é simplesmente um objecto no mundo do espaço e do tempo, mas possui, relativamente a ambos, uma posição que é a priori particular. Espacialmente, o corpo próprio é o *origo*, o ponto nulo e centro do espaço, e é unicamente em relação a ele que o espaço pode ser medido e diferenciado.

O corpo próprio é o objecto que exibe a síntese da vontade e da sensibilidade. Ele é "o próprio querer puro, considerado sob a forma da intuição sensível. Um ser determinado por meio do puro querer."[256] O corpo próprio é a exposição da vontade pura como matéria, e assim, "eu e o meu corpo; eu e o meu espírito – querem dizer o mesmo."[257] O corpo próprio é a intuição do eu que funda toda a percepção do mundo. A ligação entre a vontade e o corpo próprio é conceptual, e não pode ser categorizada sob uma causalidade puramente material ou física. O corpo próprio é uma origem da conceptualidade e é, por isso, transcendental. A reflexão da vontade, como qualquer outra transição da determinabilidade para a determinidade é uma abstracção, e depende de uma exclusão. Assim, argumenta Fichte, a determinidade da vontade supõe o traçado de uma fronteira entre o que é encontrado, como sentimento – enquanto no limite e o limite da reflexão do eu, – por um lado e, por outro, o que é feito, ou activamente buscado pelo eu. A fronteira é o sentimento, expressa empiricamente como o corpo próprio. Reflectir é "pôr algo" de fora, excluir uma parte da determinidade e o corpo é a fronteira dessa exclusão. O corpo próprio não está na experiência, mas é uma "condição de toda a experiência."[258]

---

[255] GA IV/3, 395.

[256] "[...] das reine Wollen selbst, unter der Form der sinnlichen Anschauung erblickt. Ein Sein, das durch das reine Wollen bestimmt ist" (GA IV/3, 454).

[257] "[...] ich und mein Leib; ich und mein Geist heißt daßelbe" (GA IV/3, 454).

[258] GA IV/3, 463.

O pensamento e a intuição não estão simplesmente aí objectivamente no mundo, mas pressupõem um "sentimento de mim mesmo",²⁵⁹ uma vitalidade obscura a que estão necessariamente referidos todo o espaço, o tempo, a intuição e o pensar. Não pode haver pensamento abstracto, e nenhuma consideração do mundo que não seja "para" o eu. E este está presente no seu objecto por intermédio do sentimento e a sua expressão corporal. O corpo é já uma síntese do puro conceito e do seu objecto. Não se trata de um objecto no mundo, mas de uma condição da consciência. Um corpo não pode ser constituído no mundo sem ser expressão da consciência, e esta não pode ser pensada na ausência de um corpo. Somente o corpo cria o espaço absoluto e real. O espaço é o esforço corporal. O corpo próprio articulado é o espaço que está em coerência total com a minha vontade.²⁶⁰

8. "Sair de si"

Fichte constrói os diversos aspectos do eu por meio da diferenciação básica e a transição da determinabilidade para a determinidade. A reflexão do sentimento é, então, explicada pela própria natureza do eu. O sentimento deve ser visto como um limite extremo do eu, mas também como um resultado da posição de uma base determinável pela actividade espontânea do eu. A génese do conceito distingue o sentimento da intuição, o sentimento não é nem uma auto-posição, nem um encontro com algo de diferente. O sentimento é a primeira condição da diferenciação entre a realidade e o eu. E "a nossa tarefa é, então, [questionar] como pode o que é próprio do sentimento tornar-se objecto de uma intuição ou do conceber [...], como pode o eu sair fora de si?"²⁶¹

Se podemos falar de um princípio metodológico na *Nova methodo*, este princípio é o da "transição" da determinabilidade para a determinidade. Está

---

²⁵⁹ GA IV/3, 388.
²⁶⁰ Cf. GA IV/3, 419-421.
²⁶¹ "[...] unsere Aufgabe ist nun, wie mag das was Sache des Gefühls ist Object einer Anschauung oder des Begreifens werden können [...], wie kommt das ich dazu aus sich heraus zu gehen?" (GA IV/3, 385).

implícito na noção, estabelecida nos *Fundamentos*, de auto-posição do eu como pura actividade. A identidade do eu não é, por isso, exprimível como eu=eu, conforme, por exemplo, pretendem Hegel ou Schelling na sua crítica a Fichte. Como se viu, a identidade do eu não é algo de dado, mas resultado de um acto. O princípio da *Nova methodo* pode ser entendido como uma reafirmação da dupla posição do § 1 dos *Fundamentos*, com a distinção entre uma "posição clara" do eu e uma outra "posição obscura" do mesmo. A identidade do eu tem de ser estabelecida como uma unidade na duplicidade. Na WL esta duplicidade é vista como uma movimento de tornar-se si mesmo, a partir de uma "consciência imediata", cujo estatuto não é totalmente claro. Fichte expressa esta diferença, que é pressuposta pela auto-posição do seguinte modo: "a consciência imediata não é de todo uma consciência, é um pôr-se surdo, a partir do qual nada sai, uma intuição, sem que seja intuído. A questão sobre como chega o eu a sair da consciência imediata, e a construir a consciência em si, é respondida aqui. Se o eu deve ser, então a consciência imediata tem de ser posta novamente por intermédio da liberdade absoluta."[262]

A ambiguidade do conceito fichteano de consciência está expresso claramente nestas frases centrais. Há uma modalidade da "consciência" que não é, no entanto, consciente. Esta é o "pôr originário, [...] [que] não pode vir à consciência".[263] Há uma auto-posição "surda",[264] não consciente de si mesma, uma intuição que não intui. Se Fichte considera necessário assumir tais contradições, é porque não considera a consciência como um acontecimento ou acto simples. Ela tem graus, como o de uma consciência que não é ainda consciência de, definida como uma potencialidade, sem auto-consciência. Estes modos imediatos de pré-consciência são considerados como sendo somente uma capacidade ou faculdade, ou definidos como uma potencialidade, uma determinabilidade ainda não determinada.

---

[262] "[...] das unmittelbare Bewustsein ist gar kein Bewustsein, es ist ein dumpfes sich selbst setzen, aus dem nichts herausgeht, eine Anschauung, ohne daß angeschaut würde. Die Frage, wie kommt das Ich dazu, aus dem unmittelbaren Bewustsein herauszugehen, und in sich das Bewustsein zu bilden, ist hier beantwortet. Soll das Ich sein, so muß das unmittelbare Bewustsein wieder gesezt werden durch absolute Freiheit" (GA IV/3, 361-362).

[263] GA IV/3, 328.

[264] "dumpfes" (GA IV/3, 361).

No que toca à intuição, a afirmação aparentemente contraditória pode naturalmente referir-se ao dito de Kant, na Introdução à *Crítica da Razão Pura*, de que as intuições sem conceitos são cegas. Uma intuição cega é uma condição da intuição 'que vê', assim como uma consciência imediata cega é uma condição de uma consciência plenamente reconhecida. Conforme vimos nos *Fundamentos*, é unicamente por meio da repetição da posição que o eu se abre à causalidade ou à influência externa. A identidade do eu é, por conseguinte, um acto duplo, uma posição primária e secundária de si. O eu faz-se a si, põe-se ou "forma-se" livremente a si mesmo. A consciência é um livre assumir de si.

Esta auto-assumpção de si mesma pela consciência é apresentada, então, como um "sair" (herausgehen) da sua posição imediata, e manter a distância em relação ao ser imediato. Explicar o modo como a consciência "sai" de si é apresentado, em mais do que uma ocasião, como o núcleo da WL[265]: a tarefa da WL é mostrar "como é possível um sair [de si da consciência]",[266] ou "como chega o eu a sair de si mesmo?"[267] O "simples", "deve ser visto duplamente".[268] Este manter a distância relativamente a si mesmo, ou deixar-se a si mesmo em favor de uma posição não auto-centrada, é a possibilidade de construir a objectividade e de apreender conceptualmente qualquer objecto.

O que Fichte está a dizer não é, contudo, que o idealismo transcendental mostra que o eu poderia ou deveria negar-se ou abandonar-se a si mesmo. Há uma reciprocidade do movimento. Num sentido, o conceito tem de negar a sua pura identidade, de modo a ser afectado por algo de outro, a saber, pelo sentimento, a intuição e o próprio objecto, como não conceptual. Noutro sentido, é a intuição que tem de sair de si, por meio do referido acto de se desdobrar, de modo a construir a distância que caracteriza a conceptualidade e a auto-consciência. Este é o duplo sentido da reflexão: o imediato reflecte-se, criando assim uma mediação, e a pura mediação da consciência, ao se reflectir, põe o seu outro. O conceito tem de pressupor a sua própria exterioridade,

---

[265] GA IV/3, 335, 484.
[266] "[...] wie ein Herausgehen möglich ist" (GA IV/3, 335).
[267] "[...] wie kommt das Ich dazu aus sich selbst herauszugehen?" (GA IV/3, 484).
[268] GA IV/3, 485.

i.e., o objecto real que lhe é dado pela intuição, tanto quanto esta tem de pressupor o conceito, se se deve tornar consciente de si e se tornar "saber". Fichte sublinha que "se deve haver um eu", então a intuição tem, forçosamente, de pressupor uma libertação da actividade conceptual em relação à intuição. Mas se não deve haver um eu, então todo o discurso da WL seria vazio.

9. Teoria e Prática

Na medida em que trata teoria e prática em conjunto, a *Nova methodo* levanta a questão da circularidade entre teoria e prática. Ela começa por construir (§ 4) o conceito tanto do fim quanto do objecto real. Um não pode ser sem o outro. Por um lado, o "fim" é a "mediação" ("Vermittlung") do objecto, a mediação pela qual vemos o objecto. O fim é, "por assim dizer, como o olho; vejo o que é feito por meio do meu agir, só sei imediatamente do meu agir."[269] Por outro lado, o objecto visto é a mediação do fim, de tal modo que teoria e prática são construídas em paralelo.

Mas desde o começo da exposição que um axioma principal de Fichte é que a consciência é sempre consciência do agir. "Toda a consciência é imediatamente consciência do nosso agir, e toda a consciência mediata é condição desse agir."[270] E assim, a relação entre teoria e prática é afirmada como circular. Este círculo pode ser encarado como a interdependência entre o sentimento e a acção. Como é possível integrar o sentimento e a acção num mesmo conceito? A solução do círculo seria então uma perspectiva unificadora da limitação e da liberdade. A solução poderia ser a habitual quantificação da liberdade, ou seja, uma sua limitação relativa. Este quantum deveria ser reflectido em todas as expressões da liberdade. A liberdade reflectida é o arbítrio, e assim, a unificação buscada é uma interacção entre o arbítrio e a limitação, é uma limitação da liberdade.[271]

---

[269] GA IV/3, 483.

[270] "Alles Bewustsein ist unmittelbar Bewustsein unseres Handelns, und alles mittelbare Bewustsein ist Bedingung dieses Handelns" (GA IV/3, 435).

[271] GA IV/3, 436-437.

Conforme se disse, com a relação entre a auto-determinação e o princípio da transição, Fichte tenta capturar, numa perspectiva unificada, as duas concepções centrais da liberdade, a saber, como auto-determinação e como arbítrio ou escolha. Tem de haver um espaço de múltiplas possibilidades de escolha como a determinabilidade para a determinidade. O determinável "aparece como dado para a escolha", na medida em que o "agir é [...] uma relação a um não-eu."[272] O ser do determinável aparece ao eu como sentimento, algo que precede a acção. Mas a reflexão é inseparável do sentimento, e a partir deste é possível construir a intuição do objecto e a intuição do ideal, como uma tarefa.

Fichte não entende a autonomia e a livre escolha como concepções diferentes da liberdade. Uma vez suposto o princípio da transição da determinabilidade para a determinidade, a livre escolha e a autonomia são interdependentes. A autonomia é a absoluta auto-posição do eu, a sua pura determinidade. A escolha, em contrapartida, é a autonomia como limitada por uma determinabilidade. Escolher entre fins diferentes numa acção é somente a aplicação do princípio da autonomia como limitado por um conjunto de possibilidades. O eu é autónomo, mas a sua liberdade sensível tem um ponto de partida, não somente no tempo, mas também no espaço e nas suas relações. E, conforme Fichte insiste, o ponto de partida não é livre. A síntese entre a liberdade como começo absoluto e a sua limitação empírica é que existe a liberdade como um começo mas, ao mesmo tempo, uma restrição, na medida em que só há um modo de começar.[273] Este deveria ser uma determinidade adequada à liberdade. Este círculo só será resolúvel pelo conceito de apelo ("Aufforderung"), que é a liberdade conforme dada e encontrada, ou seja, simultaneamente objecto no mundo e espontaneidade da razão. Segundo o conceito do "apelo", a liberdade é experienciada no mundo como o outro eu, cuja acção livre sobre mim não pode aparecer como uma restrição da minha liberdade, mas como uma acção sobre a liberdade que, no entanto, não a restringe. Este ser natural que é também livre, que actua sobre o eu sem restringir a sua liber-

---

[272] "[...] erscheint als gegeben zur Wahl", "Handeln ist [...] eine Beziehung auf ein NichtIch" (GA IV/3, 368).
[273] GA IV/3, 438.

dade é definido por Fichte como um "apelo" dirigido à liberdade, apelo pelo qual a intervenção de uma liberdade sobre a outra não objectiva esta última mas, pelo contrário, torna-a possível. Estamos então em condições de abordar uma recapitulação do percurso da WL *nova methodo* juntamente com a sua síntese última, que recolhe e expõe de modo sistematicamente ordenado todo o material preparado. Serão então expostas as condições de possibilidade da liberdade se dar como consciência se si. Esta recapitulação do percurso da *Nova methodo* e interpretação da sua síntese final será o objecto do próximo capítulo.

3. A SÍNTESE FINAL DA DOUTRINA DA CIÊNCIA NOVA METHODO

0. Pressupostos e enquadramento da síntese final da Nova methodo

O parágrafo final da *Doutrina da Ciência Nova methodo*, o § 19, apresenta a completação da síntese última que foi preparada nos parágrafos anteriores (§§ 17 e 18), e permite, por isso, uma apreensão do sentido geral desta versão da Doutrina da Ciência. Esta síntese culmina e completa toda a exposição anterior, que começou com um convite à experiência de se pensar a si mesmo no acto de pensar um objecto.[274] Nesta síntese estarão envolvidos os elementos fundamentais da consciência humana, já todos eles introduzidos anteriormente. Trata-se agora de ligar estes elementos do modo mais completo, mostrando que interagem e se condicionam entre si, e de organizar o todo da consciência estabelecendo as relações necessárias de determinação entre os seus elementos essenciais. O facto de se tratar de uma síntese conclusiva e culminante torna adequada uma recapitulação e uma nova perspectiva, que se pretende complementar, dos momentos principais do caminho feito até ela, já quase todos estudados no capítulo anterior.

A WL *nova methodo* parte da experiência do ouvinte de se voltar para a sua consciência de si ao pensar um objecto.[275] Esta experiência revela duas

---

[274] Cf. GA IV/3, 345. Agradeço ao Prof. Jacinto Rivera, de Madrid, as sugestões e críticas a uma versão anterior deste texto.

[275] "Pense-se um qualquer objecto, por exemplo, a parede, ou o fogão. Quem pensa é o ser racional, mas este, que pensa livremente, esquece-se então de si, não adverte a sua livre actividade; contudo, isto tem de acontecer se nos queremos elevar ao ponto de vista da filosofia" ("Man denke sich irgend ein Object, z.B die Wand den Ofen. Das denkende ist das Vernunftwesen, dieses frei denkende vergißt sich aber dabei, es bemerkt seine freie

coisas: em primeiro lugar, que a consciência é uma actividade; e, segundo, que não é possível pensar a consciência de si como unidade sem pressupor uma consciência imediata, onde sujeito e objecto estão reunidos. Fichte denominou esta unidade activa de sujeito e objecto "intuição intelectual", cuja análise revela, como se viu, que ela contém todas as diferenças necessárias à consciência humana. Estas diferenças definem uma "duplicidade originária"[276] do eu como condição de possibilidade da consciência. Esta duplicidade original corresponde à diferença inicial entre actividade real e ideal, diferença que está contida na actividade auto-referida que constitui o começo da WL.

O ponto central a partir do qual se desenrola, no § 19, a síntese completa do sistema do idealismo, pode ser entendido como uma forma concreta desta actividade auto-referida ou auto-posição inicial. Isto encontra-se já anunciado no § 6, onde se lê que "o nosso sistema está concluído quando chegamos ao ponto onde compreendemos que o eu se põe como posto por si mesmo, e este é o caso na vontade."[277] O querer, ou a vontade, é a forma concreta que o acto livre de auto-determinação assume, uma vez encontradas as condições transcendentais da sua efectivação. A vontade é o ponto central da obra, que marca a auto-determinação originária da liberdade conforme presente na consciência humana concreta. Ela é a completação do sistema no que diz respeito aos seus materiais, porquanto contém em si todos os materiais necessários à construção do sistema da consciência humana. De acordo com o passo, situado no § 13, que parece conter a mais clara afirmação sobre a articulação

---

Thätigkeit nicht; dies muß aber geschehen, wenn man sich auf den Gesichtpunct der Philosophie erheben will") (GA IV/3, 345). Sobre a questão na base da WLnm e a função do § 19 quanto a essa questão, cf. U. Schwabe, *Individuelles und transindividuelles Ich. Die Selbstindividuation reiner Subjektivität und Fichtes Wissenschaftslehre. Mit einem durchlaufenden Kommentar zur Wissenschaftslehre nova methodo* (Paderborn - München 2007, 692: "a consciência está, assim, com o § 19, «esgotada», quando a sua estrutura está de tal modo exposta que se torna possível a resposta à questão inicial. A questão inicial da WL nova methodo era: «como podemos admitir que existam coisas reais fora das nossas representações?» " ("Das Bewußtsein ist also mit § 19 in dem Sinne »erschöpft«, als seine Struktur soweit offenliegt, daß die Beantwortung der Ausgangsfrage möglich ist. Die Ausgangsfrage der WL n.m. lautet: »Wie können wir dazu anzunehmen, daß noch ausser unserer Vorstellung würkliche Dinge da seien?«).

[276] "originäre[...] Duplicitaet" (GA IV/3, 509).

[277] "Wenn wir dahin kommen, wo wir begreifen, daß das Ich sich selbst seze, als durch sich selbst gesezt, so ist unser System geschloßen, und dies ist der Fall beim Wollen" (GA IV/3, 373).

interna da *Nova methodo*, "a WL tem de conquistar aquilo com que lida e, a este respeito, o sistema tem claramente duas partes[:] até onde foi mostrado que a vontade pura é o verdadeiro objecto da consciência, descobriu-se aquilo com que deve lidar. A partir daí começa a outra parte[, onde] efectivamente construímos."[278] A WL trata das condições de possibilidade da consciência, cuja determinação central é, então, a da vontade.[279]

A determinação da vontade como condição de possibilidade concreta da consciência é feita com base na relação entre determinabilidade e determinidade, relação que constitui um dispositivo lógico e metodológico central da exposição. Esta distinção e relação entre determinabilidade e determinidade aparece logo no início da obra, como resultado de uma reflexão sobre a passagem do eu à sua auto-determinação por si próprio. Segundo Fichte, toda a *determinidade*, i.e., a forma geral e resultado da determinação, é feita perante ou a partir de uma *determinabilidade*, que se dá como condição material e prévia, ou como pressuposto da determinidade. A determinabilidade é um pressuposto, em primeiro lugar, como aquilo perante o que, ou a partir de que a determinação acontece. Em geral, a determinidade implica a negação do seu outro, ou seja, da indeterminidade,[280] porquanto toda a determinação é feita perante ou contra um fundo que se pode dizer 'material', na medida em que tem de ser susceptível também de outras determinidades possíveis. Fichte entende, por assim dizer, que há uma necessária acção recíproca entre acto e potência, ou que toda a actualização de uma forma, como determinidade, só pode ser pensada perante um negativo que recebe a figura de uma potencialidade material. Fichte é claro na explicação de que (1) a auto-actividade é uma passagem à determinidade, (2) esta passagem requer a posição de um

---

[278] "[...] die Wissenschaftslehre muß das womit sie verfährt sich selbst erkämpfen und in dieser Rücksicht hat das System bestimmt 2 Theile, bis dahin wo gezeigt wurde, reiner Wille ist das wahre Object des Bewustseins, wurde ausgemittelt womit verfahren warden sollte. Von da ging der andere Theil an; wir construiren nun wirklich" (GA IV/3, 470).

[279] Cf. I. Radrizzani, *Vers la fondation de l'intersubjectivité chez Fichte. Des Príncipes à la Nova methodo*, (Paris, 1993, 98-99 102-103): "[...] la condition suprème de la conscience, le point d'aboutissement de tout le procesus de 'déconstruction' de la conscience, [...] [ce] fondement ultime est le vouloir pur. En même temps que le vouloir pur, Fichte déduit également le moi individuel, qui est le sujet de ce vouloir, et, corrélativement, le monde des êtres raisonables."

[280] Cf. GA IV/3, 351.

modo negativo da determinidade, a "indeterminidade" ("Unbestimmtheit")[281] e (3), que esta "indeterminidade" além de ser a negação da determinidade é, igualmente, o "determinável".[282] O determinável corresponde à potência. A referência necessária da determinidade à sua negação encontra-se também explicitamente estabelecida por Fichte na célula germinal da WL, a auto-posição, uma vez que "um pôr-se a si não se deixa compreender sem que seja posto simultaneamente um não se pôr a si."[283]

No entanto, um ponto essencial na análise de Fichte é que o *indeterminado* deve ser entendido como *determinável*, ou seja, como determinação possível, e não como o simples oposto da determinação, ou como uma negação indeterminada da auto-posição. A definição teórica que autoriza a entender a *indeterminidade* como *determinabilidade* apoia-se na primazia concedida ao eu em relação ao não-eu. Todo o não-eu é posto em relação ao eu e *para* este. Esta primazia do eu é ditada também pela necessidade de garantir a unidade da consciência, de modo a conferir unidade a todo o sistema. É esta unidade fundamental que torna mesmo possível a existência de um sistema de explicação da consciência. Ao contrário do não-eu, o eu pode ser pensado independentemente do não-eu, embora nestas condições "ele não seja efectivo, mas uma ideia necessária."[284] E Fichte acrescenta que o não-eu, porém, não pode ser pensado "senão na razão".[285] Isto significa que o não-eu está sempre referido à determinidade do eu, e por isso, embora seja um negativo do eu, não é uma simples negação indeterminada. É uma negação sempre determinável, no sentido de reconduzível, em última instância, ao eu. O não-eu constitui então a esfera da determinabilidade, ou seja, é pensado sempre já numa em síntese com a determinidade. O não-eu não é, pois, um simples indeterminado, mas algo de relativo ao eu.

A definição da determinabilidade, assim entendida, é fundamental para o estabelecimento das condições da síntese final da exposição. De acordo

---

[281] GA IV/3, 351.
[282] GA IV/3, 351.
[283] "Ein sich setzen läßt sich nicht verstehen, ohne daß ein sich nicht setzen zugleicht mitgesetzt werde" (GA IV/3, 351-352).
[284] "[...] dann ists nicht würklich, es ist dann eine nothwendige Idee" (GA IV/3, 372-373).
[285] "[...] auser in der Vernunft" (GA IV/3, 373).

com este princípio, a liberdade, como autonomia ou pura auto-determinação, tem por condição que seja posta, juntamente com ela, uma "esfera do determinável",[286] sobre a qual a auto-determinação opera uma "livre escolha".[287] Como se viu, Fichte vai mostrar, assim, a unidade transcendental de dois conceitos diferentes de liberdade, como autonomia, por um lado, e como possibilidade de escolha, por outro, com o resultado de que a autonomia do eu só se pode concretizar com base numa escolha entre diferentes possibilidades.

Uma vez que é desde o início assumido que a determinidade do eu está em relação directa com uma determinabilidade do não-eu, ou melhor, com o não-eu como a sua determinabilidade, a relação entre eu e não-eu está submetida a uma unidade originária, garantida desde o início pela intuição intelectual. Esta contém as condições tanto da acção quanto do seu oposto, o repouso. Se há uma diferença originária entre o eu e o não-eu, há também, em contrapartida, sempre uma síntese possível entre os dois, ou melhor, só porque há também a unidade de uma actividade prévia, é que há uma qualquer diferença e consciência possível da diferença. Ora, porque a actividade é auto-referida, esta unidade entre a actividade e o repouso (ligação entre determinidade e determinabilidade) só pode ser pensada como auto-limitação, com o correspondente apagamento, para a consciência de si, de uma parte da actividade do eu.

Porque o eu, na unidade originária da sua intuição, é actividade, toda a limitação do eu é como uma auto-limitação, com todas as consequências que isto acarreta. A forma da síntese final tem de ser, por conseguinte, deduzível da auto-limitação. Esta é uma chave central em toda a concepção da obra. Conforme se lê no ditado que resume o § 18: "um ser livre, como tal, só pode ser determinado pela tarefa de se determinar com liberdade a si mesmo."[288] O eu é encontrado como eu concreto e individual, já dotado de todas as con-

---

[286] "Sphäre des Bestimmbaren" (GA IV/3, 368).
[287] "freie[...] Wahl" (GA IV/3, 373, 368).
[288] "[...] ein freies Wesen als solches aber kann nur bestimmt sein durch die Aufgabe sich selbst mit Freiheit zu betmmen" (GA IV/3, 508).

dições da sua consciência de si, nomeadamente de um corpo capaz de realizar os seus fins servindo-se da sua força sensível.[289]

Segundo a duplicidade original do eu, que divide a actividade originária deste em actividade real e ideal,[290] pertencem então à síntese concludente um lado ideal e um lado real. Fichte serve-se de cinco letras para designar os elementos da síntese final da obra, que poderíamos dispor graficamente num ângulo:

$$A$$
$$\beta \quad B$$
$$\gamma \quad G$$

Mas a sequência de símbolos pode ser interpretada simplesmente com a intersecção do par conceptual ideal/real com o par conceptual subjectivo/objectivo. Isto pode ser ilustrado no quadro seguinte:

A	ideal	Real
subjetivo	β	B
objetivo	γ	G

β e γ representam o lado ideal da síntese, B e G o lado real, β e B o subjectivo, γ e G o lado objectivo.

No lado ideal estão o conceito de fim (β) e o mundo espiritual (γ), como conjunto dos seres racionais, regido por relações éticas; do lado real estão o

---

[289] Esta concretude da WLnm é acentuada por C. Krone, *Fichtes Theorie konkreter Subjektivität. Untersuchungen zur "Wissenschaftslehre nova methodo"* (Göttingen, 2005, 20): "na WL nova methodo a conceptualidade transcendental é desenvolvida *sobre a base* de uma concepção da auto-consciência empírica [...]. Deve assim tornar-se claro que e porque, no contexto da fundamentação de uma auto-consciência transcendental, não se pode renunciar ao conceito da auto-consciência individual concreta" ("[...] in Fichtes WLn.m. [wird] die transzendentale Begrifflichkeit *auf der Grundlage* eines Konzepts des empirischen Selbstbewusstseins entwickelt [...]. Damit soll deutlich gemacht werden, dass und warum im Zusammenhang mit der Grundlegung einer transzendentalen Selbstbewusstseins auf den Bergriff des konkreten individuellen Selbstbewusstseins nicht verzichtet werden kann").

[290] Cf. GA IV/3, 359-360, 361.

corpo próprio (B), dotado de força física, como condição da sensibilização da vontade, e a natureza física em geral (G), como condição do exercício real da vontade.[291] A tarefa do parágrafo final da WL *nova methodo* é "que ambos [sc. o mundo da razão e o mundo dos objectos sensíveis] sejam melhor determinados um pelo outro."[292] Tendo sido já estabelecido o modo como o corpo próprio é a condição da efectivação do conceito de fim, faltará mostrar a acção recíproca entre o mundo da razão, ou mundo espiritual, e o mundo físico. Este é o tema do § 19, que se divide em oito secções, cuja argumentação passaremos a seguir em oito pontos.

1. Como e onde percepcionar a razão?

O centro da síntese é a tarefa de auto-limitação do eu individual, tarefa que acompanha o texto desde a posição da vontade. Esta auto-limitação encontra-se dividida em dois momentos:

Num primeiro momento da exposição, é recordado que a auto-limitação do eu individual tem de conter o "conceito necessário" do "dever-ser" ("Sollen") que se impõe à consciência humana como sua condição de possibilidade.[293] Encontramos aqui, neste primeiro momento, o eu como pensado unicamente segundo a sua actividade incondicionada de auto-posição. Como se observará na segunda secção do § 19, este é o eu enquanto noúmeno, segundo uma determinação "subjetiv[a] e ideal".[294] Mas este eu nouménico tem necessariamente de assumir uma figura objectiva.

A apresentação passa então a um segundo momento, onde é observado que a tarefa de auto-determinação do eu tem de ocorrer sob um duplo regime. Fichte recorre a uma definição básica da auto-posição do eu que define toda a consciência humana: de acordo com esta definição, o eu é, por um lado, actividade, mas, por outro lado, o produto dessa actividade. Nos termos de

---

[291] Cf. I. Radizzani, op. cit., 103.
[292] "[...] daß beides weiter durch einander bestimmt werden wird" (GA IV/3, 509).
[293] GA IV/3, 509.
[294] GA IV/3, 510.

Fichte, na auto-determinação do eu temos que "determinar, determinado; agir, acção, são um e o mesmo de duas perspectivas."[295]

Esta duplicidade manifesta-se como duplicidade entre o pensar originário, pelo qual o eu se constitui, e a intuição sensível, concretizada como "percepção". Encontramos assim, em primeiro lugar, o eu como meramente pensado segundo a sua actividade incondicionada de auto-posição, de acordo com o primeiro momento da secção 1. Este é o eu enquanto noúmeno, segundo uma determinação "subjectiva e ideal", a qual tem necessariamente de assumir uma figura objectiva, de acordo com a duplicidade da auto-determinação apresentada no segundo momento.[296]

Toda a consciência concreta é individual, e já se observou[297] que a individuação do eu só pode ocorrer a partir de uma determinabilidade, ou seja, a partir do conjunto do mundo racional. No entanto, uma vez que se estabeleceu que a consciência humana possui um momento necessário de percepção,[298] a unificação sintética geral da consciência humana requer que se esclareça de que modo a determinabilidade do indivíduo, i.e., o mundo de seres racionais, deve ser dado à percepção sensível. A individuação concreta do eu requer, assim, que o mundo racional seja não só pensável, como também "*percepcionável*".[299] A interacção entre mundo inteligível e sensível tem de passar pela percepção da razão fora de mim. O eu deve encontrar no mundo do não-eu, concretizado aqui como o mundo natural da percepção, fenómenos aos quais se possa aplicar "o pensamento da razão".[300] Trata-se então de deduzir esta relação entre sensível e racional. Esta é a tarefa estabelecida na primeira secção do parágrafo 19, que cabe à secção seguinte resolver.

---

[295] "Bestimmen bestimmt; handeln, Handlung ist daßelbe eine aus 2 Ansichten" (GA IV/3, 509).
[296] Cf. GA IV/3, 509.
[297] Cf. GA IV/3, 503.
[298] Cf. GA IV/3, 456-458.
[299] "Wahrnehmbarkeit" (GA IV/3, 510).
[300] "der[...] Gedanke[...] der Vernunft (GA IV/3, 510).

2. A acção como apelo tornado percepcionável

A secção 2 vai tratar de dar uma resposta à tarefa definida na secção 1. Segundo a perspectiva já desenvolvida até aqui, o eu, dotado de vontade e capacidade de auto-determinação é também um corpo articulado capaz de exercer força física e causalidade sobre o mundo. Mas o mundo racional e o outro ser racional fora de mim foram dados somente como determinabilidade ideal e supra-sensível da minha individuação.[301] Sob estas condições, não é possível ainda a percepção e a experiência da razão no mundo. Observe-se que uma objectivação da razão requer a percepção do *outro* ser racional, uma vez que o *meu* corpo não é propriamente percepcionado ou *experienciado*, mas dado somente como condição de toda a percepção e experiência.[302] No que se refere ao mundo inteligível, estamos ainda ao nível do primeiro momento da secção 1, ou seja, ao nível do dever-ser como conceito necessário, mas posto somente como uma idealidade subjectiva.

O avanço a realizar na secção 2 do § 19 é fazer evidenciar que a razão prática e o mundo nouménico se encontram necessariamente como percepcionáveis no mundo fenoménico. De acordo com o enunciado na secção anterior, esta definição somente subjectiva e ideal tem de assumir uma figura objectiva, de acordo com a duplicidade originária do eu.[303] Trata-se então de descrever a percepção pela qual o eu "indica uma percepção fora de nós",[304] ou seja, de ligar este domínio supra-sensível, nouménico, ao mundo dos objectos sensíveis.

Como indivíduo, encontro-me perante um conjunto de possibilidades pensáveis de acção, possibilidades que o meu pensamento não cria. Estas possibilidades são oferecidas ao indivíduo como a sua determinabilidade, i.e.,

---

[301] "É certo que nos pensamos no mundo sensível somente como causa e, a este respeito, os outros seres livres são também noúmena; mas isto só é assim na medida em que colocamos a nossa consciência como subjectiva e ideal" ("Zwar denken wir uns in die Sinnenwelt nur als Ursache hinein, und in dieser Hinsicht sind andere freie Wesen auch noumene; aber dies ist doch nur in wiefern wir unser Bestimmen als subjectives und ideales hinstellen") (510).

[302] Cf. GA IV/3, 454, 463.

[303] Cf. GA IV/3, 509.

[304] "[...] auf eine Wahrnehmung auser uns deutet" (GA IV/3, 510).

a determinabilidade moral do indivíduo sobre a qual ele vai realizar as suas acções. Nesta situação, o indivíduo real pensa-se a si como devendo assumir a sua individualidade pela auto-limitação da sua liberdade, de acordo com as possibilidades de acção que lhe são realmente oferecidas.

Fichte considera que uma análise da acção será adequada para fazer evidenciar que a sensibilização e a percepção do mundo racional é uma condição da consciência. Começa (sub-secção A)[305] por apresentar o quadro conceptual que permitirá definir o estatuto da acção: encontramo-nos como indivíduo perante possibilidades de acção que nos são dadas. Mas logo a seguir (sub-secção B)[306] confere também o mesmo estatuto de dado (e não de algo efectivamente produzido) ao dever que subjaz à acção. Da perspectiva empírica, o dever não é produzido, mas encontrado como dado.

A acção, como aquilo que é feito e produzido, distingue-se, por conseguinte, quer das possibilidades dadas, quer do conceito de fim,[307] o dever-ser, que permite determinar a vontade. Ao contrário quer das possibilidades de acção, que do conceito do dever, o puro agir não é encontrado, é produzido pelo eu, e consiste, segundo Fichte, num "pensar sensibilizado".[308] Esta sensibilização corresponde ao "cumprimento de um fim".[309] A acção é algo que ocorre entre o conceito de fim – o dever agir, que contém em si já o pensamento do fim, embora não a sua realização, – por um lado e, por outro, este "realizar"[310] puramente produzido pelo eu. A acção, entre a pura intuição do agir e o puro conceito do fim, é corporizada pela imaginação como a minha individualidade. Esta é, segundo Fichte, o meu "dever sensibilizado".[311] Como se tinha mostrado anteriormente, a individualidade é, igualmente, produto do apelo, por intermédio do qual o eu integra o mundo inteligível, como indivíduo entre outros indivíduos. Assim, a acção é a sensibilização do indivíduo e,

---

[305] GA IV/3, 510.

[306] GA IV/3, 511.

[307] "[...] nur erscheint mir das bloße Entwerfen des Zweckbegriffs nicht als ein Handeln, sondern als ein bloßes Denken, als etwas auser mir als ein Ding" (GA IV/3, 511).

[308] "versinnlichtes Denken" (GA IV/3, 511).

[309] "Zweckerfüllung" (GA IV/3, 511).

[310] GA IV/3, 511

[311] "versinnlichtes Sollen" (GA IV/3, 511).

porque o indivíduo é parte constituinte do mundo inteligível, o agir é a condição da sensibilização do mundo inteligível. O agir, concretizado em acções, é a base da percepção do supra-sensível. "O apelo a um dever-ser tem, por isso, de aparecer como percepção. [... A] eficiência no mundo sensível [...] não é senão a percepção objectivamente sensibilizada da minha determinação de agir em acção recíproca sobre outros e com outros seres racionais."[312]

3. A concretização do apelo como base do sistema do idealismo e como cadeia da formação da consciência

A secção 3 do parágrafo parte então do resultado da secção 2, ou seja, da sensibilização do apelo como condição para descrever o modo como o mundo inteligível se encontra sensibilizado. Fichte levanta a questão de "explicar" o apelo presente na consciência efectiva, e introduz uma demonstração "de que ele só pode ser explicado por um agir livre fora de mim".[313] A conclusão de que o outro age sobre mim pelo apelo está de acordo com o "senso comum" que "aqui [...] tem toda a razão".[314]

Fichte apresenta esta demonstração a partir do princípio geral de que se pode concluir a partir da determinidade em direcção ao seu pressuposto, a determinabilidade.[315] Se, para todo o conceito, não há uma determinidade sem a determinabilidade correspondente, também o conceito de apelo pressupõe uma determinabilidade. O conceito remete inevitavelmente para algo a partir do qual a determinidade se pode determinar como tal.

Em geral, o apelo pode ser visto quer como determinável quer como determinado, dependendo da perspectiva. (O apelo é comparado a uma

---

[312] "Die Aufforderung eines Sollens muß also erscheinen als Wahrnehmung [...]. [D]ie Würksamkeit in der Sinnelwelt [...] ist nichts als objective versinnlichte Wahrnehmung meiner Bestimmung[,] auf andere und mit anderen Vernunftwesen in Wechselwürkung zu handeln" (GA IV/3, 512).

[313] "[...] läßt sich nur erklären durch ein freies Handeln auser mir" (GA IV/3, 512).

[314] "Der gemeine MenschenVerstand schließt auf der Stelle so; und hier hat er das volle Recht so zu sagen" (GA IV/3, 512).

[315] Fichte conclui o corpo da secção do seguinte modo: "diese Notwendigkeit liegt in dem Uibergehen von dem Bestimmten zum Bestimmbaren" (513).

"pergunta",³¹⁶ algo de simultaneamente fechado, i.e., determinado, e aberto, i.e., determinável ou indeterminado.) Como determinável, o apelo é a condição e a potencialidade para a nossa própria determinidade como livre. Mas, enquanto o apelo é também ele algo de determinado, ele tem de ser visto em relação com uma outra condição, que se definirá como determinável, i.e., como algo a partir do qual aparece em mim o apelo, como um objecto que é ao mesmo tempo uma acção livre. Este objecto, que é ao mesmo tempo um não-objecto, porque é algo de livre, é entendido por Fichte como o ponto onde se pode surpreender a passagem e interacção entre o mundo nouménico e o fenoménico. Como algo de determinado, o apelo supõe um determinável, um a partir do qual ele pode ser pensado. Fichte observa que este determinável pode ser considerado também como um determinante, e o apelo conduz então a um agente "fora de mim, como razão do apelo que em mim ocorre", um "ser livre real fora de mim".³¹⁷

Na medida em que a síntese não anula a diferença, também esta síntese que a acção permitiu encontrar entre o mundo nouménico e o fenoménico não anula a diferença entre os mundos. Fichte entende que o meu pensamento do conceito de fim é o acesso ao meu mundo nouménico, ao qual tenho acesso directo, ao contrário do mundo nouménico na pessoa das outras inteligências, ao qual só tenho acesso por via de uma inferência a partir da manifestação do seu corpo fenoménico.³¹⁸

A síntese proposta, porquanto expõe, segundo princípios inteiramente unificados, a ligação entre fenómeno e noúmeno, constitui, sem renunciar à sua determinação transcendental, um sistema idealista absoluto fundado na relação ética, ou na auto-restrição da força física por imperativo do dever moral. O fundamento, ou substracto supra-sensível do mundo fenoménico é aqui, ao contrário de Kant, não só visado ou pensado, mas efectivamente

---

³¹⁶ "Frage" (GA IV/3, 512).

³¹⁷ "[...] ein würkliches freies Handlns auser mir [wird] gedacht als der Grund von der in mir vor kommenden Auforderung"; "ein würkliches freies Wesen auser mir" (GA IV/3, 512).

³¹⁸ Observe-se que esta concepção do acesso a outrem por inferência é atenuada mais abaixo (GA IV/3, 514), onde se considerará que a percepção do corpo é também a intuição do outro eu.

determinado como condição de possibilidade do acesso ao mundo sensível.[319] O supra-sensível, ou o mundo nouménico, definido aqui como razão prática ou ética, é condição de possibilidade do mundo sensível, através da mediação do corpo próprio, da força física e da acção pela qual o conceito de fim se sensibiliza. O substracto supra-sensível do mundo fenoménico não se encontra directamente como eu absoluto, ou como a actividade pura da auto-posição dos *Fundamentos* de 1794/1795, mas como um domínio ético concreto intersubjectivo. A auto-posição do eu é somente o princípio geral segundo o qual este mundo ético pode ser pensado. A síntese última do idealismo mostra que não pode haver consciência ou representação do mundo sensível sem um princípio de liberdade que constitui, numa unidade inseparável, o eu e o seu outro.

Apesar desta definição concreta do supra-sensível por meio da teoria da intersubjectividade, Fichte confirma, nesta síntese do mundo inteligível, duas das suas teses decisivas, já localizáveis nos *Fundamentos* de 1794/1795. Refiro-me, em primeiro lugar, à definição necessariamente intersubjectiva do eu: "não há eu sem tu nem tu sem eu".[320] Em segundo lugar, a tese de que a metafísica a reconstituir, como doutrina do fundamento supra-sensível da natureza, ou do mundo fenoménico é uma doutrina em primeiro lugar prática: "se a Doutrina da Ciência devesse conter uma metafísica, como pretensa doutrina das coisas em si, [...] então teríamos de remeter o leitor para a parte prática da WL."[321] Está-se, assim, a esboçar um sistema do idealismo transcendental com base na razão prática, o qual se irá completar sistematicamente pelo integração dos cinco elementos da síntese, conforme se irá ver nas secções seguintes.

Fichte apresenta, como conclusão da secção 3 do parágrafo 19, a tese de que a manifestação do mundo nouménico no mundo fenoménico constitui uma totalidade como o conjunto de todas as acções, que se ligam sucessivamente através do apelo. O mundo fenoménico é, então, marcado pela mani-

---

[319] Cf. Kant, *Kritik der Urteilskraft*, AA V, 196.
[320] "Kein Du, kein Ich; kein Ich, kein Du" (GA I/2, 337).
[321] "Wenn daher die Wissenschaftslehre doch eine Metaphysik, als vermeinte Wissenschaft der Dinge an sich haben sollte [...], so müβte sie an ihren praktischen Teil verweisen" (GA I/2, 416).

festação, nele, de "uma única cadeia, determinada pela liberdade",[322] ou seja, pela formação histórica e educativa da consciência humana, constituída pela acção sucessiva dos seres racionais. A unidade do mundo fenoménico com o seu substracto supra-sensível manifesta-se, assim, como a história da efectivação da liberdade.

4/5. O Outro como noúmeno e como fenómeno

As secções 4. e 5. explicitam os resultados da argumentação apresentada, e preparam a passagem às secções finais, 6-8 onde serão expostas as ligações dos pontos mais extremos da síntese, na segunda linha do esquema sintético. Trata-se, nas secções 4 e 5, de fazer evidenciar, em primeiro lugar, o princípio geral da sensibilização do conceito de apelo e, em concreto, de especificar que a razão fora de nós é também necessariamente corporalizada. A argumentação de Fichte é, nestes momentos finais, breve e relativamente simples. A tese transcendental de que o conceito de apelo é um conceito não só inteligível mas também forçosamente sensível, é fundada no princípio geral da duplicidade do eu, que obriga à fixação da actividade do eu num produto. A livre auto-determinação do eu individual tem de ocorrer então também como força física percepcionável no mundo empírico. A secção 1 tinha estabelecido a tarefa de percepcionar a razão fora de mim. Na secção 2, argumentou-se (A) que encontro a minha determinabilidade como um conjunto de possibilidades de acção e (B) que a acção é um "pensar sensibilizado".[323] Concluiu-se daí que, enquanto ser livremente auto-determinável, tenho de encontrar a minha determinabilidade sensibilizada. "Assim, o apelo que parte de um dever-ser tem de aparecer como percepção."[324] Na secção 3, estabeleceu-se que o carácter inteligível e sensível do apelo obriga a concluir pela existência, nouménica e fenoménica, de seres racionais fora de mim.

---

[322] "[...] eine einzige durch Freiheit bestimmte Kette" (GA IV/3, 513).
[323] GA IV/3, 511.
[324] "Die Aufforderung eines Sollens muß also erscheinen als Wahrnehmung" (GA IV/3, 512).

Assim como todo o objecto percepcionável, também o apelo envolve uma acção física sobre uma realidade física.[325] A tarefa de auto-determinação do indivíduo não pode deixar de ser também uma tarefa de auto-restrição do exercício da sua própria força física. O apelo aparece igualmente como força física que se exerce livremente a partir de uma determinabilidade prévia. O pensar é sensibilizado, não só como a minha acção, mas também sentido como o meu corpo próprio, e a minha auto-determinação é o sentimento da minha auto-restrição.[326] E, do mesmo modo, assim como penso o outro como sensível, intuo-o como o seu corpo próprio análogo ao meu. Fichte esclarece esta reciprocidade entre o meu corpo e o corpo do outro por intermédio da "dupla perspectiva" que permite distinguir entre um pensar ideal e um pensar real. O conceito de um ser racional fora de mim está, nesta duplicidade, inseparavelmente ligado à intuição de um corpo próprio fora de mim. A perspectiva nouménica, ou o mundo da razão são dados na medida em que, "pelo pensar, introduz-se a razão no fenómeno",[327] e o corpo próprio é somente a razão, "só que [vista] de um outro lado".[328]

6. Da livre articulação à organização natural do corpo

Até este ponto, poderá dizer-se que estão já integrados na síntese, em primeiro lugar, o seu ponto originário, a liberdade, entendida como vontade pura ou a "tarefa de me restringir" enquanto indivíduo (A), conforme Fichte relembra no "Resultado" da secção imediatamente anterior.[329] Em segundo lugar, está já integrado na síntese o conceito de fim (β), que é em geral, o próprio eu como idealidade pura e conceito paradigmático de fim, ao qual se referem todas as outras idealidades teleológicas capazes de determinar a

---

[325] Cf. GA IV/3, 514.

[326] GA IV/3, 514.

[327] "[...] man denkt die Vernunft in das Phänomen hinein" (GA IV/3, 515).

[328] "[...] nur von der anderen Seite" (GA IV/3, 514).

[329] "Resultado: infiro seres racionais fora de mim a partir da minha própria limitação por liberdade, isto é, a partir de uma tarefa de me limitar" ("Resultat: auf vernünftige Wesen auser mir schließe ich aus meiner eignen Beschränktheit durch Freiheit, d.h. aus einer Aufgabe mich zu beschränken") (GA IV/3, 515).

vontade. Correlativamente a este, está já determinada a função, na síntese, do corpo próprio (B), como condição de possibilidade da efectivação dos fins. Em quarto lugar, a série está completa do lado ideal, na medida em que ficou estabelecido um mundo nouménico da razão (γ), como condição de possibilidade do objecto teórico, conceptual e intuível, que é o lugar de uma percepção fenoménica da razão. Esta apresentação da liberdade como real, que unifica teoria e prática, seguiu uma linha de concretização progressiva, a partir do conceito de apelo como constituição de uma cadeia constituinte de um mundo espiritual. Argumentou-se em seguida, por meio do conceito de que o apelo tem de se traduzir numa força física, em defesa da conclusão de que existe a percepção do corpo físico de outros seres racionais, colocando assim de acordo a razão com a percepção. Trata-se, agora, de reintroduzir o último membro da síntese (G), o mundo objectivamente percepcionável, de modo a encontrar a sua relação com o mundo inteligível (γ).

O meu corpo próprio foi estabelecido num estádio muito anterior da exposição (§ 11), como a limitação do eu e correspondente presença do seu esforço no espaço.[330] E foi também apresentada, já no § 18, a ligação do meu corpo próprio com o objecto natural da sua acção, como a unidade entre "a determinidade do meu actuar como acto sensível com o objecto ao qual este meu actuar se dirige C [ou G]."[331] A tarefa específica do § 19 é a de ligar os extremos da síntese, a natureza física com o mundo inteligível (G-γ).

A fim de realizar esta ligação, Fichte estende então, por um lado, a definição do corpo como corpo articulado, já anteriormente introduzida (§ 11) ao corpo do outro agora encontrado. A articulação é uma condição da determinação da matéria pela vontade que, pela alteração da posição das partes de um todo, adquire uma eficácia para a sua força física. A posição de cada parte dentro do todo deve depender da liberdade.[332]

Neste ponto, vai-se estabelecer a última passagem e relação entre a série da idealidade e da liberdade, a que a articulação ainda pertence, por um lado,

---

[330] Cf. GA IV/3, 420.
[331] "[...] die Bestimmtheit meines Würkens als sinnlicher Act mit dem Object worauf dieses mein Würken geht C" (GA IV/3, 508).
[332] GA IV/3, 515.

e, por outro, a série da realidade e do ser, no sentido do que não é dependente da liberdade. As duas séries conectam-se de modo definitivo no elo que vai ser estabelecido entre a articulação e a organização. Retomando a tese da crítica de julgar teleológica de Kant, segundo a qual o conceito de organização permite pensar a ponte entre o sensível e o substracto supra-sensível dos fenómenos,[333] Fichte pretende mostrar que existe uma relação transcendental necessária entre a liberdade e a organização como produto natural. Ao contrário de Kant, porém, para quem esta relação tinha somente um valor reflexivo, Fichte pretende mostrar que esta unidade última das séries constitui uma condição de possibilidade da consciência finita.

Apesar da apresentação muito condensada, é possível reconstruir o sentido da argumentação. Fichte recapitula, numa frase, todo o percurso pelo qual se "desceu", "a partir do ideal supremo, da tarefa de se limitar si",[334] através das etapas (a) da sua sensibilização no fenómeno do apelo, (b) do determinável pressuposto por este, o outro ser racional, (c) da sua manifestação como percepção e, logo, (d) dos corpos dos outros seres racionais livres até, por fim, (e) à articulação do corpo. Todo este percurso recapitula a liberdade e as suas condições a partir do lado da idealidade, no sentido do que ainda não é simplesmente natureza.

A esta sequência está contraposta então a natureza, que podemos entender como a realidade em sentido mais imediato. A natureza aparece então referida não só como fenómeno, ou seja, existente para o eu e pelo eu, mas também, "segundo se disse", como noúmeno[335] e, nesta determinação, ela é independente do eu. A referência neste passo é à definição da natureza como matéria no § 18: o "determinável fora de mim" é a matéria.[336] "Mas de onde provém esta? Porventura [...] de mim mesmo, [...] fui eu próprio que a fiz? Não, pois ao pensá-lo [sc. este determinável], transponho para ele necessariamente a autonomia; ele torna-se num ser em si e para si, existente por si. [...] Pelo acto [assim] descrito a coisa torna-se noúmeno, i.e., algo de produzido pelo

---

[333] Kant, *Kritik der Urteilskraft*, AA V, 196, 374-376.

[334] "[...] von dem höchsten idealen, von der Aufgabe sich selbst zu beschränken" (GA IV/3, 516).

[335] GA IV/3, 515.

[336] "Bestimmbares auser mir" (GA IV/3, 505).

pensar livre."³³⁷ A secção 6 do § 19, de que nos ocupamos agora, retoma esta transposição a partir do pensar absoluto. Neste sentido, a natureza é produto nouménico do pensar absoluto, é "posta por si mesma", e "é o que é porque é",³³⁸ com o que Fichte remete para a *natura naturans* espinosista.

A questão é, finalmente, a de reunir a definição do corpo articulado como condição de possibilidade do exercício da liberdade ideal, com o corpo enquanto produto da natureza agindo só por si, construído por esta sem intervenção de nenhum pensar, de nenhuma idealidade. Na confluência da natureza como ser nouménico independente do eu, e as condições de possibilidade do exercício da liberdade, encontra-se então o corpo natural-ideal, que é, nestas condições, um corpo orgânico, simultaneamente produto integral da natureza e condição de possibilidade da liberdade e da consciência humana. A organicidade é condição de possibilidade da articulação e, por isso, argumentando do condicionado para a condição, "da articulação se segue a organização".³³⁹ Encontra-se assim a ligação entre a natureza e as condições da liberdade, de um produto "de uma mera lei da natureza", com as condições da lei da liberdade.³⁴⁰

Pode-se assim concluir com uma interacção entre o mundo dos seres racionais e o mundo da natureza, garantindo então a unidade da consciência humana, que se move entre os dois, e que os tem como seus constituintes necessários. Cada um dos dois, na consciência real, é visto unicamente através do outro. Por um lado, os seres racionais "aparece[ram] como parte

---

337 "[...] aber woher diese? Etwa von mir selbst, [...] ich habe es wohl selbst gemacht? Nein, denn ich trage auf daßelbe die Selbständigkeit notwendig über, dadurch daß ich es denke; es wird ein Sein an und für sich, für sich bestehend. [...] Durch diesen beschriebenen Act wird das Ding noumen, i.e., etwas durch freies Denken produciertes" (GA IV/3, 505).

338 "[...] sie ist durch sich selbst gesezt, sie ist was sie ist, weil sie es einmal ist" (GA IV/3, 515).

339 "[...] aus der Artikulation folgt die Organisation" (GA IV/3, 516).

340 "[...] eines bloßen Naturgesezes" (GA IV/3, 516). Cf. o comentário de Schwabe: "a natureza reproduz-se na organização de tal maneira que não está submetida às categorias do eu. Lá onde a natureza é organizada, vigoram leis que não são as do eu [...]. Nesta legalidade independente da natureza encontra-se, por conseguinte, algo de positivamente análogo à liberdade" ("In der Organization reproduziert sich die Natur in einer Weise, die den Kategorien des Ichs nicht unterworfen ist. Dort, wo die Natur organisiert ist, herrschen Gesetzen die nicht diejenigen des Ich sind [....]. In dieser unabhängigen Gesetzmäßigkeit der Natur findet mithin ein positives Analogon der Freiheit") (op. cit., 689).

da natureza, como produtos da natureza e objectos na medida em que são sensíveis."[341] E, por outro lado, também a natureza aparece da perspectiva da idealidade, não mais como "um não-eu", mas "como sistema de totalidades reais".[342] Nos corpos orgânicos dos seres racionais, tanto a liberdade se encontra sensibilizada, quanto a natureza sensível se manifesta como liberdade e conceito.

7/8. A determinação recíproca entre real e ideal e o fecho do sistema

A secção seguinte leva mais além as conclusões acerca do organismo e do papel da natureza como sua condição. Para caracterizar a natureza, e cada parte dos todos organizados, Fichte retoma a expressão da "auto-posição". A expressão, que é típica dos *Fundamentos* de 1794/1795, é aqui usada, contudo, num sentido muito mais limitado do que no § 1 dos *Fundamentos*. O termo aqui exprime o carácter independente da natureza em relação ao eu, de cada parte de um corpo natural, e de cada parte da natureza em relação ao todo de que faz parte. Deve advertir-se que esta auto-posição não é uma auto-posição absoluta, como é o caso da auto-posição do eu nos *Fundamentos*. Trata-se, aqui, somente de uma auto-posição relativa, conforme já se observou, quando se referiu que se trata de uma independência somente "transfer[ida]"[343] a partir do puro pensamento, este sim dotado de uma auto-posição em sentido absoluto. A auto-posição não é aqui, por conseguinte, condição de uma contraposição absoluta em relação ao seu outro, e a subsequente necessidade de uma unidade da consciência, como é o caso do eu absoluto nos *Fundamentos* de 1794/1795. Se encontramos aqui a natureza caracterizada em termos muito semelhantes ao eu absoluto, Fichte não pretende defender uma equiparação entre as duas séries, real e ideal, ou entre filosofia da natureza e filosofia transcendental, "porque liberdade e a auto-

---

[341] "Das Vernünftige Wesen erschien daher als Theil der Natur, als Naturproducte und Objecte in wie fern sie sinnlich sind" (GA IV/3, 517).

[342] "[...] als System einzelner reeller ganze" (GA IV/3, 517).

[343] "übertragen" (GA IV/3, 505)

-actividade são o primeiro e o supremo, a partir do qual se deixa facilmente derivar a [sua] sensibilização no mundo sensível."[344] Na verdade, o uso da expressão "pôr-se por si mesmo" neste passo acentua antes o carácter de insuficiência que a auto-posição confere àquilo a que se aplica, como um momento do seu isolamento, anterior à ligação que a vai concretizar como algo de determinado.

Assim, num todo organizado, "cada parte deve ser considerada como posta por si mesma, e unicamente na ligação deve ser algo."[345] As partes são, por natureza, feitas a partir de si de tal modo que unicamente na sua ligação podem subsistir. O texto mostra, em duas passagens sucessivas, a dupla determinação a que a natureza se encontra aqui submetida. Por um lado, cada parte é "posta por si mesma, e tem em si a razão da sua subsistência"[346]; mas, por outro, "cada parte é constituída de tal modo que sem as outras não pode subsistir."[347] A aparente contradição deriva da dupla determinação da natureza, de ser ao mesmo tempo simples mecanismo, e submetida às leis fenoménicas, por um lado e, por outro, ser também capaz de exprimir a liberdade, sob a forma de totalidades organizadas e livres. Mas a primeira determinação é somente a condição da manifestação da segunda, o isolamento das partes, o mecanismo, é condição real de possibilidade da expressão da liberdade, e o organismo a síntese dos dois.

Embora manifestem a liberdade, os corpos orgânicos não podem ser vistos como produzidos por uma acção livre exterior à natureza. Fichte repete que "esta totalidade é um mero resultado da eficiência da natureza",[348] a comunidade das partes é "pela natureza e não, porventura, pela arte".[349] Isto significa que se mantém a reserva crítica, que impede de ver na natureza uma força teleologicamente orientada, apesar da teleologia aparente representada pelos

---

[344] "[...] weil Freiheit und Selbstthätigkeit das erste und höchste ist, von dem die Versinnlichung in der Sinnenwelt sich leicht zeigen läßt" (GA IV/3, 518).

[345] "[...] da ein jeder Theil zu betrachten ist als durch sich selbst gesezt, und nur in der Verbindung Etwas sein soll" (GA IV/3, 517).

[346] "[...] durch sich selbst gesezt, hat in sich den Grund seines Bestehens" (GA IV/3, 517).

[347] "[...] jeder Theil ist so beschaffen daß er ohne die übrigen nicht bestehen kann" (GA IV/3, 517).

[348] "[...] diese Ganzheit ist bloß Resultat der Wirksamkeit der Natur" (GA IV/3, 517).

[349] "[...] ist durch die Natur, nicht etwa durch Kunst" (GA IV/3, 517).

produtos orgânicos. Estes são manifestação da liberdade, mas não deixam de ser, por isso, também produtos da natureza.

Isto conduz, então, a uma nova reflexão, na verdade o conteúdo novo da secção 7: em geral, aquilo que é válido para partes da natureza deve ser válido para esta como um todo. A natureza é, como um todo, "organizadora e organizada".[350] A justificação da tese é somente que, porquanto é a natureza como um todo que produz os organismos, é necessário que "o universo inteiro seja um todo organizado, como o corpo de um ser racional".[351] Não se deveria ver aqui uma afirmação dogmática acerca de factos da natureza. Não se deveria concluir que Fichte, no final da exposição, abandonou o seu método de apresentação de condições de possibilidade de um sistema da consciência humana concreta, substituindo-o por um método dogmático de afirmações sobre a composição efectiva do universo empírico. Embora apresentada de modo demasiadamente sucinto, a tese deve ser vista no seu sentido transcendental, segundo o qual a natureza inteira é um pressuposto da liberdade, e como tal, algo de eminentemente determinável pela liberdade. A tese significa que não há que separar o eu absoluto da natureza como um todo mas, assim como corpo e alma são apenas dois modos de considerar uma unidade fundamental,[352] assim também o eu e a natureza são dois modos de considerar uma mesma realidade. Como determinabilidade mais geral da liberdade, a natureza pode ser apresentada na sua síntese com aquela, o que requer que a natureza, como um todo, seja também organização.[353] Trata-se, de acordo com o procedimento habitual da exposição transcendental, de uma apresentação dos pressupostos de um sistema da filosofia transcendental. Neste sentido, a tese afirma que *se* há um sistema, então a natureza deve ser um todo organizado, segundo uma "lei da organização"[354]; *que* o seja efectivamente e, por conseguinte, que as condições de um sistema da consciência humana concreta sejam realizadas, permanece do domínio dos factos a com-

---

[350] "organisirend und organisirt" (GA IV/3, 517).

[351] "[...] das ganze Universum ist auch ein organisirtes Ganze, wie der Leib eines VernunftWesens" (GA IV/3, 517).

[352] Cf. GA IV/3, 463, 496.

[353] GA IV/3, 517.

[354] "Gesez der Organisation" (GA IV/3, 518).

provar empiricamente. Fichte comenta, numa nota final, que "a natureza só é *explicável* como organizada e organizadora",[355] e não, em última instância, pelas séries causais do entendimento, i.e., do que chama "raciocínio livre".[356] Tanto as demonstrações dogmáticas "desesperadas"[357] da existência de Deus quanto a antinomia kantiana, que corresponde somente a uma outra forma de desespero, pela impossibilidade de encontrar uma totalidade para o mundo fenoménico, são a consequência da aplicação exclusiva das séries causais, sem a sua totalização por meio de alguma organização.

A secção final recapitula a síntese de modo a evidenciar a interacção entre a idealidade e a realidade nela presente. Partiu-se do extremo da série ideal e "passou-se inadvertidamente para o outro lado, [i.e.] para a determinação do mundo sensível",[358] através do já referido trajecto em que se atribui ao apelo força física, percepção e finalmente corpo articulado e organizado.

O todo é regido pela categoria da acção recíproca. Pela cadeia do apelo, o mundo inteligível está em interacção interna, pelas leis da organização, o mesmo acontece com o mundo sensível e, finalmente, o mundo supra-sensível age sobre a natureza através do corpo articulado, no mesmo passo em que a natureza produz, a partir de si mesma, esses corpos.

Sempre segundo um método de busca reflexiva das condições de possibilidade da consciência objectiva, a metafísica surge assim reconstituída, na síntese final da WL *nova methodo* como um sistema do idealismo sob princípios unificados. Nesta síntese, fica explicada a necessidade da chamada síntese quíntupla como condição necessária da consciência humana. Segundo o quadro acima apresentado, este sistema inclui o indivíduo que se auto-determina segundo o imperativo ético (A), numa primeira linha como o corpo próprio do indivíduo, dotado de força física e enquanto sensibilização (B) do conceito de fim, ou seja, do conceito teleológico que o eu constrói necessariamente de si mesmo (β); e, numa segunda linha, o mundo da natureza sensível como o lugar do exercício da causalidade da força física (G), a par do mundo ético,

---

[355] "Nur as organisirt und organisirend ist die Natur erklärbar" (GA IV/3, 519).
[356] "freie[r] Räsonnement[...]" (GA IV/3, 519).
[357] GA IV/3, 519.
[358] "[...] und sind von diesem unvermerkt zum anderen zur Bestimmung der Sinnenwelt gelangt" (GA IV/3, 518).

que é então o substrato supra-sensível do sistema (γ). Depois de expor as funções do imperativo ético, do corpo, da intersubjectividade e da história como condições de possibilidade da consciência concreta, a síntese final da WLnm mostra, de modo muito breve, o modo como a natureza é também condição de possibilidade do espírito, a saber, como natureza orgânica.

A partir daqui, a maior parte das versões seguintes da WL vai incluir, de modo mais ou menos sucinto, uma referência ao sistema material completo das condições da consciência humana, incluindo a natureza, o direito, a ética e a religião. No entanto, a WL vai sofrer uma profunda transformação, onde, à exposição da unidade dos princípios do saber humano e das condições de possibilidade materiais da consciência humana como um sistema do idealismo, se vai acrescentar uma interrogação crítica das condições da sua própria enunciação. Esta interrogação, que consiste em procurar dar conta do acto do saber da própria WL, e não só da consciência humana real conforme aparece a si mesma, vai assumir um papel progressivamente mais importante nas exposições posteriores, a começar com a *Exposição da Doutrina da Ciência* da 1801/1802, que será objecto do próximo capítulo.

4. A Exposição de 1801/1802

1. Crítica e novos problemas a enfrentar

A importância da terceira exposição da Doutrina da Ciência, escrita e exposta entre 1801 e 1802, depois de Fichte ter trocado Iena por Berlim, deriva de que é normalmente entendida como o ponto de viragem de Fichte entre a primeira fase do seu pensamento, que temos vindo a estudar, definível como uma filosofia transcendental, ainda ligada à limitação do conhecimento humano, e uma segunda fase, onde Fichte pretende apresentar uma doutrina do ser absoluto. Nesta nova doutrina do absoluto o filósofo parece abandonar a limitação crítica do conhecimento para estabelecer um saber absoluto de cariz teológico. Na abordagem desta versão, iremos examinar justamente o significado desta aparente viragem do pensamento de Fichte, bem como o sentido e alcance da sua nova reivindicação, não só de explicar a representação ou o "saber", mas de poder definir e pensar a partir de um "saber absoluto".

Esta terceira exposição da Doutrina da Ciência deve começar por ser entendida no contexto das relações filosóficas de Fichte com Schelling. Muitas das novas vias de exposição da WL estão anunciadas na correspondência com este último, e podem ser também consideradas como uma resposta, principalmente à *Exposição do meu Sistema*[359] de F. W. J. Schelling, publicada em 1801 e, provavelmente, também ao escrito sobre a *Diferença entre os Sistemas*

---

[359] F. W. J. Schelling, *Darstellung meines Systems*, in *Zeitschrift für speculative Physik*, Band 2, Hamburg, 2001.

Filosóficos de Fichte e de Schelling de Hegel, do mesmo ano.[360] A evolução da WL passa a incluir doravante, em quase todas as suas versões, uma tomada de posição crítica em relação à filosofia da identidade de Schelling, e pretende colocar a WL ao nível das novas exigências filosóficas feitas por Schelling e Hegel. Estas exigências resultam da adopção do conceito de "o absoluto" ("das Absolute") como o tema central da filosofia, adopção que define, no seu traço mais geral, a filosofia de Schelling neste período.

Schelling tinha definido já em 1795, nas suas *Cartas Filosóficas sobre o Dogmatismo e o Criticismo*, a tarefa da filosofia como a de explicar "como chego de todo a sair do absoluto, e a passar a algo de oposto?"[361] Este "sair do absoluto" ("Heraustreten aus dem Absolute") é a questão central que, segundo Schelling, deve ser respondida pelos sistemas filosóficos, na medida em que "se tivéssemos somente que nos haver com o absoluto, não teria jamais aparecido uma controvérsia entre sistema diferentes."[362] Na "filosofia da identidade", que defende por algum tempo a partir de 1801, a razão, que define como "total indiferença do subjectivo e do objectivo", "*é* o absoluto."[363] Também para Hegel em 1801 o absoluto é o conceito chave da filosofia. "O absoluto deve ser construído para a consciência", "o absoluto deve ser reflectido, deve ser posto."[364] E Schelling, nesse mesmo ano, retorna ao mesmo ponto na correspondência com Fichte, onde critica a WL, porque nesta, "a necessidade de partir do ver, confina-vos, juntamente com a vossa

---

[360] G. W. F. Hegel, *Differenzschrift* (in *Werke* 2, Frankfurt a.M., 1970, 7-138). De Janeiro de 1802 é um *hapax legómenon*, a saber a única vez que Fichte se digna a escrever o nome de Hegel, numa carta a Schelling, com um pedido, que estes consideraram desproposítado, de nada escreverem sobre a disputa no campo idealista antes da nova exposição da WL, que deveria aparecer na Páscoa desse ano, mas que nunca apareceu (cf. GA III/5, 113, Carta de 15.01.1802). Para outra possível referência, v. o nosso artigo D. Ferrer, "Hegels Fichte-Kritik und die späte Wissenschaftslehre" (in *Fichte-Studien* 30 (2006), 173-185; 179, 182-183).

[361] "[...] wie komme ich überhaupt dazu aus dem Absoluten heraus, und auf ein Entgegengesetztes zu gehen?" (SW II, 294)

[362] "[...] wären wir bloss mit dem Absoluten zu thun, so wäre niemals ein Streit verschiedner Systeme entstanden" (SW II, 294).

[363] "[Die Vernunft ist] totale Indifferenz des Subjektiven und Objektiven", "*ist* das Absolute" (Schelling, *Darstellung meines Systems* (in *Zeitschrift für speculative Physik, Band 2*, Hamburg, 2001), § 1, 336; § 2, 337).

[364] "Das Absolute soll fürs Bewußtseyn konstruirt werden", "das Absolute soll reflektiert, gesetzt werden" (Hegel, *Differenzschrift*, in *Werke*, Fankfurt a.M., Stuttgart, 1970, vol. 2, 25).

filosofia, numa série cada vez mais condicionada, na qual nada mais se pode encontrar do absoluto."[365]

Conforme se encontrou nos seus textos anteriores, a definição da filosofia de Fichte era muito diferente. A filosofia, para este, é a "explicação da representação", com os seus componentes estruturais, o seu conteúdo e a sua consciência de si, não contendo propriamente uma doutrina do absoluto. Embora a absolutidade estivesse implicada nos *Fundamentos* de 1794/1795, sob a forma do "eu absoluto", a filosofia, segundo Fichte, era, nos seus aspectos centrais, uma teoria da consciência ou do eu enquanto consciente de si. No entanto, após a demissão de Fichte de Iena sob a acusação de ateísmo, a WL caiu sob um forte ataque crítico de Schelling e de Hegel, mas também, numa outra frente, do filósofo que Fichte mais respeitava (a seguir a Kant), a saber, de Jacobi. Este, na sua conhecida Carta a Fichte, após louvá-lo como o "Messias da razão especulativa", acaba por apodar a WL de "niilismo".[366] Mas também Reinhold, o seu mais notório seguidor nos anos 90, abandonou Fichte, e até Kant, em pessoa, sentiu a necessidade de fazer um declaração pública contra a WL.[367] Não obstante a variedade dos ataques, Fichte circunscreveu o

---

[365] "[...] die Notwendigkeit, vom Sehen auszugehen, bannt Sie mit Ihrer Philosophie in eine durch und durch bedingte Reihe, in der vom Absoluten nichts anzutreffen ist" (GA III/5, 82, carta de 3.10.1801).

[366] Cf. F. H. Jacobi, *Werke* III, Wissenschaftliche Buchgesellschaft, Darmstadt, 1976, 9-10.

[367] "Venho por este meio declarar que considero a Doutrina da Ciência de Fichte um sistema inteiramente insustentável. Porque a pura Doutrina da Ciência não é nem mais nem menos do que mera lógica, a qual, com os seus princípios, não se eleva jamais à matéria do conhecimento, mas, como pura lógica, abstrai do conteúdo do conhecimento. Buscar, a partir da lógica, um objecto real é uma tarefa inútil e, por isso, jamais empreendida, mas é o ponto onde, se se trata de filosofia transcendental, se tem de passar à metafísica. [...] E tenho de fazer também notar que me é incompreensível a pretensão de me atribuir o propósito de expor somente uma propedêutica à filosofia transcendental, e não o seu próprio sistema. Jamais tive em mente um tal propósito, posto que eu mesmo louvei na CRP a totalidade completa da filosofia pura como o melhor sinal da sua verdade. [...] E assim, declaro, mais uma vez, que a Crítica deve ser tomada à letra." ("[...Ich] erkläre hiermit: daß ich Fichtes Wissenschaftslehre für ein gänzlich unhaltbares System halte. Denn reine Wissenschaftslehre ist nichts mehr oder weniger als bloße Logik, welche mit ihren Prinzipien sich nicht zum Materialen des Erkenntnisses versteigt, sondern vom Inhalte derselben als reine Logik abstrahirt, aus welcher ein reales Objekt herauszuklauben vergebliche und daher auch nie versuchte Arbeit ist, sondern wo, wenn es die Transzendental-Philosophie gilt, allererst zur Metaphysik übergeschritten werden muß. [...] Hierbey muß ich noch bemerken, daß die Anmaßung, mir die Absicht unterzuschieben: ich habe bloß eine Propädeutik zur Transzendental-Philosophie, nicht das System dieser Philosophie selbst, liefern wollen, mir unbegreiflich ist. Es hat mir eine solche Absicht nie zum Gedanken kommen können, da

seu diálogo filosófico com Schelling, diálogo que evoluiu rapidamente para uma violenta polémica, presente em quase todas as versões da WL depois de 1800, bem como em outros textos.[368]

As mudanças da primeira para a segunda exposição da WL, conforme estudámos acima, centraram-se principalmente na eliminação de problemas de exposição e na inclusão dos conteúdos da chamada "síntese última", a saber, a natureza, o corpo próprio e a intersubjectividade. Estas alterações, embora significativas, ainda podiam, de algum modo, ser contidas sob o título de uma teoria da consciência.

As novas questões sobre o absoluto levantadas por Schelling e Hegel, envolvem, em contrapartida, uma crítica generalizada do ponto de vista da consciência. Este é denominado o ponto de vista da "reflexão". A filosofia do absoluto de Schelling, em oposição a Fichte, "afasta-se completamente do ponto de vista da reflexão, posto que este parte unicamente de oposições e repousa em oposições."[369] E Fichte é, a partir de 1799, pela primeira vez, confrontado com uma crítica séria e directa contra a WL, crítica que nega a relevância do ponto de vista da consciência, como um todo, e recusa à reflexão qualquer possibilidade de enfrentar o novo problema principal da filosofia: o absoluto. Esta é, em traços gerais a situação com que se depara a WL a partir de 1799. A grande questão que se impõe a Fichte é a de fazer confrontar a sua filosofia, como teoria do eu consciente, com o novo interesse filosófico pelo "absoluto" *tout court*. Tem a WL algo a dizer que possa responder às novas exigências de conteúdo filosófico, ou está destinada a manter-se como teoria

---

ich selbst das vollendete Ganze der reinen Philosophie in der KrV für das beste Merkmal der Wahrheit derselben gepriesen habe. [...] [Und] so erkläre ich hiermit nochmals, daß die Kritik allerdings nach dem Buchstaben zu verstehen [...] ist") (Kant, "Erklärung in Beziehung auf Fichtes Wissenschaftslehre") (7. Aug. 1799, in AA XII, 370-371.)

[368] V. o meu texto D. Ferrer, "Über das wahre Subjekt des Denkens. Die Auseinandersetzung zwischen Fichte und Schelling um 1806" (http://www.europhilosophie.eu/recherche/IMG/pdf/6b-Ferrer-Fichte-Schelling_Auseinandersetzung.pdf).

[369] "[...] sich vom Standpunkt der Reflexion vollig entfernt, weil dieser nur von Gegensätzen ausgeht und auf Gegensätzen beruht" (Schelling, *Darstellung meines Systems*, in op. cit., 335). Cf. tb. Hegel, *Differenzschrift* (in op.cit., 77). Segundo A. Schnell, trata-se antes de dois modos diferentes de conceber a reflexão e a sua relação com a realidade: "cette différence est cruciale, la perspective (schelliguienne) d'une réalité *au sein* de la réflexion étant irréductible à celle (fichtéenne) d'une réflexion au-delà (ou en deçà) de toute réalité" (op. cit., 221).

da consciência e, como tal, a ser inteiramente ultrapassada pelo movimento filosófico do início do século XIX?

A exposição de 1801/1802 é fortemente marcada por esta crítica ao ponto de vista da reflexão e pela exigência de que a filosofia seja uma teoria do absoluto. Ela contém uma defesa da posição da WL, bem como uma resposta às críticas. Se em 1794/1795, a exposição abria com o eu absoluto, agora, começa apresentando não a questão do eu, mas directamente a questão do absoluto, e propondo a sua própria resposta ao problema. E juntamente com a sua posição própria sobre o absoluto, tenta também fazer evidenciar a inadequação da posição de Schelling. Naquilo que parece ser uma resposta directa aos seus críticos a propósito da questão do "absoluto", Fichte apresenta uma resposta lapidar à filosofia que pretendia partir do absoluto. A resposta, que se revelará dialéctica, não consiste em recusar a relevância do ponto de vista dos críticos ou do conteúdo que exigem para a filosofia, mas simplesmente em assumir, com um rigor e exigência conceptual maior do que os dos seus adversários, o ponto de vista destes, e reivindicá-lo como o ponto de vista próprio da sua filosofia.

Lê-se então que "o absoluto não é nem um saber, nem um ser, nem identidade, nem indiferença de ambos, mas de todo, pura e simplesmente, o absoluto."[370] Na filosofia não pode haver uma questão simplesmente sobre "o absoluto", mas somente sobre como ele aparece ao saber, ou sobre como pode ser conhecido. Toda a exposição de 1801/1802 é condicionada por esta questão. As teses principais de Fichte, como iremos ver, são, ao contrário dos críticos da WL, que o absoluto aparece para o saber somente como saber absoluto, e que o saber absoluto é a unidade entre ser e liberdade.

Mas esta diferença em relação a Schelling tem reflexos noutros conceitos. Também a grande importância concedida a um outro conceito na exposição de 1801/1802 parece claramente uma resposta à *Exposição do meu Sistema* de Schelling de 1801. No sistema de Schelling, o absoluto, que é identidade absoluta, só pode ser conhecido como idêntico a si próprio sob a forma de

---

[370] "[...] das absolute ist weder ein Wissen, noch ist es ein Seyn, noch ist es Identität, noch ist es Indifferenz beider, sondern es ist durchaus bloß und lediglich das Absolute" (GA II/6, 143-144).

uma diferença "quantitativa" entre sujeito e objecto.[371] Como se viu, o conceito de uma diferença quantitativa como a razão para a limitação do absoluto, ou do eu e do não-eu na sua posição absoluta inicial, como opostos absolutos, estava já presente no terceiro princípio dos *Fundamentos* de 1794/1795. Assim como para Fichte a quantidade era o único meio para tornar o eu e o não-eu compatíveis, limitando-os e tornando-os finitos, assim também para Schelling a indiferença, no absoluto, entre o real e o ideal só poderia ser diferenciada por meio de uma diferença "quantitativa". E Schelling reafirma este conceito em 1801 de modo que "a diferença quantitativa do subjectivo e do objectivo é o fundamento de toda a finitude."[372] Como iremos ver, Fichte entenderá novamente a quantidade como divisibilidade e a condição de possibilidade das formas da intuição, o espaço e o tempo, formas que condicionam todo o saber finito.

O absoluto e a diferença quantitativa são, ao lado do ser e da liberdade, os principais conceitos da WL de 1801/1802. Todo o sentido da nova exposição da filosofia de Fichte parece ser o de mostrar que a WL pode dar resposta às novas questões metafísicas levantadas pelo absoluto schellingiano, sem ter, para isso, de abandonar o seu próprio território original. A WL está agora confrontada com o problema de um absoluto metafísico e pelo problema de explicar como este absoluto pode "sair" para fora de si mesmo e expor-se no conhecimento.

Mas, além de se ver obrigado a lidar com novos temas, esta reorientação das prioridades filosóficas tem outra consequência principal, que é uma marca também do desenvolvimento subsequente do idealismo. Pressionado pela crítica de Schelling e pela nova direcção da filosofia para uma metafísica do absoluto, Fichte acentua, nesta nova versão da WL, muito mais do que nas duas versões precedentes, a questão epistemológica sobre a possibilidade do saber. Ocupado na tarefa de fundamentação e de construção do sistema do idealismo, Fichte tinha mantido silenciada ou em segundo plano, como questão ocasional, a questão kantiana da crítica da razão humana. Perante a nova necessidade filosófica, de fazer do absoluto o tema e conteúdo da filosofia,

---

[371] Schelling, op. cit, § 23.
[372] Ib. § 37.

vê-se, contudo, obrigado a retomar a questão crítica de um modo totalmente renovado. A extensão muito maior e a importância da parte introdutória, que tende a tornar-se uma parte integrante da exposição, deve ser vista como um resultado directo do diálogo crítico que Fichte se vê agora forçado a manter com a metafísica do absoluto de Schelling e de Hegel. A introdução não é mais, como nas duas *Introduções à Doutrina da Ciência* de 1797, uma defesa externa do seu ponto de vista contra outros, mas está integrada na própria WL como uma justificação científica do seu ponto de vista perante uma crítica que se apresentava como crítica interna dos seus supostos essenciais.

Fichte foi um inovador da filosofia com algumas criações, ou descobertas, importantes. Além das inovações dos *Fundamentos* de 1794/1795, como a transformação da estrutura transcendental da razão numa história da consciência e a utilização sistemática da dialéctica como método construtivo, ou da WL *nova methodo*, como sejam a inclusão do corpo e da intersubjectividade como condições transcendentais do saber, na *Exposição* de 1801/1802 é acrescentada uma introdução que é parte integrante da doutrina, como destruição sistemática de pontos de vista insuficientes sobre o absoluto. Esta concepção reencontra-se como o tema da *Fenomenologia do Espírito* de Hegel – mas voltarei ainda a esta aproximação mais abaixo.

Já se repetiu que o projecto filosófico até então de Fichte consistia em "explicar a representação". O termo "representação" está, porém, quase inteiramente ausente desta exposição. É substituído pelo "saber" ("Wissen"). Perante a crítica da WL e o novo projecto de Schelling, a ideia original de Fichte tinha de ser alargada. As questões anteriores, que visavam a explicação da representação por meio de uma reconstrução do acto originário do eu absoluto, e da construção de um sistema fundado sobre o eu, não são abandonados, mas colocados em relação com novas questões e temas.

Em face da exposição de Schelling do absoluto como a indiferença absoluta que limita o seu próprio ser por uma diferença quantitativa entre o ideal e o real, ou entre o subjectivo e o objectivo, a nova exposição da WL é uma reafirmação da limitação transcendental do saber. Um dos dispositivos principais dessa reafirmação é a tentativa de mostrar que a quantidade é introduzida somente pelo saber, que é um produto da finitude do saber, condição da sua reflexão. Depois dos esforços do autor de construção de um sistema do idealismo, nos anos a partir de 1796, a *Exposição* de 1801/1802 significa um retorno ao ponto de vista transcendental-crítico, no qual a análise do saber está directamente relacionada com uma posição crítica em relação à pretensão de conhecimento do absoluto ou do ser absoluto. O projecto de Fichte não é somente o de construir um sistema do saber, ou da representação, fundado na livre actividade do eu, mas de colocar um tal sistema em confronto com a questão crítica acerca do ser absoluto ou "em-si". O projecto é apresentar não só a construção sintética do saber, mas também a relação crítica do saber com o absoluto.

Confrontado com o renovado espinosismo dos seus críticos, Fichte apresenta na exposição de 1801/1802, uma doutrina transcendental-crítica igualmente renovada, que atribui a cada faculdade uma função particular na síntese do conhecimento objectivo. A exposição toma, assim, especial atenção aos diferentes papéis da intuição e do pensamento na síntese do saber.

Pela primeira vez, a WL se vê obrigada a tomar uma questão epistemológica como o seu foco principal. A questão já estava presente, de modo ainda exterior e prévio à doutrina, no opúsculo *Sobre o Conceito da Doutrina da Ciência* de 1794, onde Fichte defende que a "Wissenschaft" ("ciência") não pode ser um sistema arbitrário, ainda que coerente, mas que o seu conteúdo tem de ser algo que "se possa saber",[373] o conteúdo tem de ser "certo" ("gewiss"). Este problema de assegurar um fundamento para o sistema do saber ficou resolvido, nos *Fundamentos* de 1794/1795, pelos princípios transcendentais, ligados directamente a princípios lógicos, e "que qualquer um reconhecerá" como verdadeiros.[374] A questão epistemológica pareceu desarmadilhada quando Fichte favoreceu o desenvolvimento do sistema fundado sobre princípios que tomava como seguros. E o mesmo acontece, desde 1795 até 1799, na *Nova methodo*, onde a consciência é tomada como um facto, bem como o problema a ela referente, e a tarefa da WL é a de buscar as suas condições de possibilidade. Contudo, o principal desafio em 1801 não era somente construir a WL como um sistema mas, posto que esta era contestada, nos seus próprios fundamentos, como uma "filosofia da reflexão", o desafio era recupe-

---

[373] "das man wissen kann" (GA I/2, 113).
[374] Cf. GA I/2, 256, 264.

rar os fundamentos transcendental-críticos e inquirir acerca do que pode ser conhecido com segurança, ou o que significa afinal "saber" algo.

A questão epistemológica é agora sobre o que é o saber, se é possível uma ciência do saber e se, e como, é possível saber o denominado "absoluto". Como se viu, e de acordo com Schelling, Fichte retorna com uma análise extensiva ao seu próprio conceito de quantidade, que tinha estabelecido no terceiro princípio dos *Fundamentos*. Fichte concorda com Schelling em que a quantidade é a chave para a limitação do absoluto, mas esta limitação não é, segundo Fichte, uma limitação do ser, mas uma determinação do saber. Em consequência, a quantidade, segundo Fichte, não é uma limitação metafísica do ser absoluto, como exposto por Schelling mas, pelo contrário, o próprio resultado da limitação transcendental-crítica do conhecimento.

O desafio posto pelos novos desenvolvimentos obrigam Fichte a incluir uma parte preliminar na WL que não mais pode começar com a exposição de princípios ou com uma simples análise da consciência. A exposição de 1801/1802 começa, então, por uma *Introdução* muito geral, que anuncia a WL como a pura subjetividade, ou como a "vida" do pensamento, seguida por uma outra *Introdução* sobre o "Conceito da WL", e por um primeiro passo da exposição (§§ 5-15) que, embora incluído na 1ª Parte da *Exposição*, é também introdutório, na medida em que conduz o leitor até à "entrada" da WL.[375] Em geral, a WL é uma análise do "saber absoluto", em primeiro lugar da perspectiva formal (1ª Parte, §§ 5-22), e em seguida da perspectiva "material" (2.ª Parte, §§ 1-8).

Perante a crítica aos próprios fundamentos da WL, a nova exposição de Berlim confere um papel muito mais importante, por um lado, às considerações introdutórias, que se tornam parte integrante da exposição, e, por outro, à fundamentação epistemológica. Deveríamos mesmo falar de uma retomada da perspectiva crítica kantiana, em detrimento da perspectiva quase simplesmente, ou ingenuamente construtiva das duas primeiras versões. O ataque à WL nestes anos a partir de 1799 dirige-se sobretudo, além da sua concepção geral como filosofia da reflexão, como se disse, à alegada incapacidade de unificação sistemática entre forma e matéria, ou entre a consciência humana

---

[375] Cf. GA II/6, 169.

e o absoluto. O formalismo kantiano, de que Fichte é o continuador, é denunciado, por Schelling e Hegel, como incapacidade de um saber verdadeiro, como um saber que renuncia à partida à verdade, na terminologia hegeliana, como uma "reflexão exterior" à própria coisa de que trata. A limitação crítica é entendida como formalismo e como renúncia ou incapacidade de integração do elemento material com o elemento formal, da liberdade com a natureza ou do ser em si com o pensar.

Um problema central para superar este alegado enredo de dualidades, incapacidades e renúncias da razão é a necessidade de uma propedêutica que faça a condução do saber real, efectivo, ou da consciência tal como aparece a si mesma, até ao saber absoluto, ou seja, o ponto de vista da ciência. O projecto é hoje bem conhecido na sua versão hegeliana mais tardia de 1807, como a *Fenomenologia do Espírito*, que conduz a razão desde a certeza sensível até ao saber absoluto. Embora de modo essencialmente diverso da *Fenomenologia* de Hegel, a *Exposição* da WL de 1801/1802 contém, nos seus parágrafos 5 a 16 a primeiríssima versão deste programa propedêutico, de elevação da consciência fenomenológica, pela análise das suas contradições internas, até ao ponto de vista da denominada "ciência", onde não mais está sujeita aos dualismos próprios da consciência na sua naturalidade. Tanto no caso precursor de Fichte em 1801, quanto no caso subsequente de Hegel – e servindo-nos da descrição hegeliana, que é mais depurada, porquanto beneficia de ensaios antecedentes, – trata-se de uma resolução sistemática de posições insatisfatórias da consciência até à ultrapassagem da oposição geral entre sujeito e objecto, o que acontece como saber absoluto. Este último é o elemento da ciência, que é alcançado tanto no § 16 da *Exposição* fichteana de 1801/1802 quanto no final *da Fenomenologia do Espírito* hegeliana.

É legítimo interpretar este programa fichteano de 1801/1802 como a apreensão numa unidade das tentativas anteriores de 1794/1795 e de 1795/1799. Na versão inicial, a consciência não era propriamente a primeira questão. O eu era dado como princípio meramente teórico ou epistemológico, a par dos outros dois princípios. A consciência efectiva deveria surgir somente como deduzida no final da exposição, caso esta estivesse completa. Uma questão central, neste primeiro programa, era o carácter, total ou parcialmente imediato, dos três princípios. Eram três absolutos cuja mediação era dada somente no decorrer da exposição. Descobria-se que esta mediação era, na verdade, um pressuposto necessário da própria posição do primeiro princípio, mas essa descoberta era sistematicamente obscurecida pelo carácter imediato dos princípios. Ora, por um lado, que os princípios pressupusessem aquilo que deles derivava não parecia logicamente aceitável, ou parecia contradizer a própria ideia de princípios conforme apresentada por Fichte. E, por outro lado, que o filósofo, como resposta a esse problema, reclamasse a complementaridade de análise e síntese, ou que ambas derivam de uma tese inicial surgia sempre de modo esbatido, secundário ou contraditório perante a absoluta auto-posição do eu.

E do mesmo modo, que a auto-posição do eu na verdade pressupunha sempre a posição do terceiro princípio e, por conseguinte, também a do segundo, podia aparecer como uma mediação exterior, formal, essencialmente finita e posterior, dado o carácter principial e aparentemente inamovível do eu absoluto como princípio. Aquilo que Fichte descobriu com a primeira exposição é a inutilidade ou o carácter falso dos princípios dados enquanto princípios.[376] Ou antes, que toda a restante exposição de 1794/1795 se encarrega de anular a principialidade e o carácter não mediado dos princípios. Mas se é assim, não há razão para os manter como tal. Por isso, na *Nova methodo* o procedimento é inteiramente diverso. A consciência é tomada como ponto de partida, não como princípio, e são então descobertos os seus pressupostos. O primeiro destes pressupostos é uma consciência imediata, ou pura intuição intelectual que se tem de reflectir conceptualmente para que se possa clarificar a consciência tomada como ponto de partida.

O problema com a exposição de 1794/1795 é que algo que é próprio da consciência real, a oposição em relação ao não-eu, está apresentado como característica do eu absoluto. E, tal como estão expostos os três primeiros parágrafos de 1794/1795, a crítica de Schelling e Hegel não pode deixar de ser reconhecida como válida: este absoluto que ou abstrai absolutamente do não-eu, ou a ele se opõe, esta autonomia ou liberdade que somente se sabe opor ao mundo não deve ser o absoluto. E este mundo, que somente se pode

---

[376] Veja-se como a função de "Grundsatz" da WL de 1805 é desempenhada por um "teorema" (GA II/9, 189).

dar como oposto e obstáculo ao absoluto, é um mundo irreconciliado não mais recuperável para a razão.[377] Nestas condições, dir-se-á, com justiça, que não há qualquer absoluto. Que a exposição dos *Fundamentos* se encarregue, a partir do § 4, de descobrir isso mesmo – e não sucumbe portanto, no seu conteúdo, à referida crítica – ficou definitivamente afastado pelo modo desajeitado como foram apresentados os princípios.

Conforme se viu, era essencial aos *Fundamentos* a ambiguidade do eu absoluto, entre ser si mesmo e ser também, no mesmo passo, o eu finito. O eu absoluto era constantemente desmentido em si mesmo, negado e invertido no eu finito. A exposição torna-se então susceptível de más interpretações – como, por exemplo, quando Schelling afirma que o eu absoluto é o eu individual, ou quando Hegel o põe como pura identidade oposta ao mundo.[378]

Do que necessita a WL então? Em primeiro lugar, de que seja mostrado de modo consistente que a oposição entre eu e não-eu é somente própria do eu finito. Em segundo lugar, que se torne clara a ligação entre este eu finito e o eu absoluto. A ambiguidade aparecerá então resolvida.

Na versão *Nova methodo* de 1795-1799, a principialidade do eu está mediada com o carácter da consciência, de ser um pressupor da sua própria potencialidade, como determinidade perante uma determinabilidade. A consciência nas suas oposições, cujas condições são exploradas na *Nova methodo*, está ligada sistematicamente à posição de um saber absoluto como posição do eu absoluto, mas este está apresentado como pura intuição intelectual, e toda a problemática crítica e epistemológica permaneceu inquestionada. Este absoluto é doravante, a partir de 1801/1802, construído a partir da análise da consciência e, por conseguinte, não é somente um princípio, mas claramente também um resultado. Passa-se, assim, da consciência que pensa o seu objecto, a consciência propriamente natural, ao saber absoluto que é um eu absoluto, ou saber absoluto encerrado em si mesmo mas capaz de auto-desen-

---

[377] Observou-se que já na *Nova methodo* esta potência de recuperação do mundo para a razão era feita pela sua definição como "determinabilidade". V. Cap. 2 infra.

[378] Sobre a primeira crítica veja-se no denominado Anti-Fichte de 1806, Schelling, *Darlegung des wahren Verhältnisses der Naturphilosophie zu der verbesserten Fichteschen Lehre* (in SW VII, 66-67); Schelling, v. tb. SW 9, 90. Sobre a segunda crítica, ib. 52; tb. Hegel, *Differenzschrift* (in *Werke* 2, Frankfurt a. M., 1970, 52-53, 79, 88-89).

volvimento autónomo, conforme Fichte explicitamente reivindica. Aquilo que ele encontra perante si já não é um conteúdo estranho, como no caso do não--eu posto como princípio e acção incondicionada, mas um conteúdo retirado da sua própria reflexão interior.

A questão decisiva para compreender se há ou não alteração de perspectiva entre a primeira e a terceira versão da WL é saber o que é feito do carácter formalmente incondicionado do não-eu, de que modo este é processado nesta terceira versão. O termo não-eu está ausente da obra, e a pergunta é se a supressão de um tal princípio, bem como do terceiro corresponde a uma alteração do ponto de vista ou não.

2. A construção do saber

Da perspectiva crítica, que Fichte reassume em 1801/1802, o problema epistemológico consiste em que nenhum pensar do absoluto como ser, identidade ou indiferença entre sujeito e objecto, ou entre real e ideal, pode ser dito "verdadeiro" a menos que se possa mostrar que não se trata somente de uma projecção do pensar. "Ora, tal é o conceito vulgar do ser. Ele não parte de si, mas do pensar, e um tal ser é em si mesmo morto."[379] E todos os predicados que assim possam caracterizar o ser "são, então, inevitavelmente fantasias arbitrárias."[380] O ser é essencialmente um pensamento ou, mais exactamente, é o pensamento de algo que tem de ser posto fazendo abstracção de qualquer pensamento seu. O verdadeiro conhecimento do ser seria encontrado somente depois de que "os seus [sc. do conhecimento] produtos fossem subtraídos da verdade conhecida."[381] Segundo a WL, a reivindicação de predicar o ser, ou o absoluto, requer uma clarificação. A predicação é um acto do saber discursivo, e tem de ser explicado como tal. Por isso, não é possível um questionamento directo do ser, mas somente das condições da sua figuração no saber.

---

[379] "Dergleichen ist nun der gewöhnliche Begriff des Seyns. Es ist nicht von sich sondern aus dem Denken, und dieses Seyn ist in sich selbst todt" (GA II/6, 130).

[380] "[...] sind nun notwendig willkührliche Erdichtungen" (GA II/6, 131).

[381] "[...] die Producte derselben [sc. der Erkenntniß] von der erkannten Wahrheit abgezogen würden" (GA II/6, 129).

Segundo a *Exposição* de 1801/1802, o saber reivindica verdade. O saber não é qualquer aparência ou conteúdo da consciência, mas o conteúdo que pode ser caracterizado como verdadeiro, como aquilo que é.[382] Saber algo é "estar simplesmente certo" de que isso é também verdadeiro *acerca* de todos os casos similares e "para os infinitos seres racionais possíveis."[383] Pode caracterizar-se o que Fichte quer dizer com "saber" em contraste com a opinião. O saber é verdade objectiva enquanto oposta a um juízo flutuante. Trata-se de uma "consciência compreensiva" enquanto oposta à "mera percepção" ou à experiência,[384] os quais estão restringidos a um caso particular. A intuição não deve ser confundida com a percepção ou a experiência. Estas podem fornecer conhecimento empírico sobre algum objecto ou situação, na medida em que este objecto ou situação é objectivamente verdadeiro, isto é, válido para uma multiplicidade indefinida de seres racionais, e permanece verdadeiro, em qualquer ocasião e sob qualquer perspectiva, que o objecto ou a situação ocorreu deste modo naquele momento. A verdade objectiva, contudo, não é uma questão de experiência ou percepção, mas de trazer unidade a estas. E esta capacidade de apreender uma multiplicidade de casos numa unidade é a expressão da objectividade que Fichte denomina, em sentido rigoroso, "saber". Porque esta unidade é apresentada já como pré-conceptual, é uma unidade imediata de uma diversidade e é definida como "intuição". E, assim, o saber é primariamente um tipo de intuição.

O objecto da WL é a ciência, ou o saber do saber, ou seja, ao tomar o saber como o seu objecto, a WL terá como primeira tarefa expor o olhar geral que apreende numa unidade todos os casos possíveis do saber. A WL é, assim, a unidade de todo o saber possível e, consequentemente, "ela não é de modo nenhum o nosso objecto, mas o nosso instrumento, a nossa mão, o nosso pé, o nosso olho; nem mesmo aliás o nosso olho, mas unicamente a claridade do

---

[382] Porque a definição explícita de Fichte do "saber" na WL de 1801/1802 reserva o saber para o conteúdo dotado de validade universal, o saber parece corresponder à "representação acompanhada do sentimento de necessidade". Na verdade, Fichte não se ocupa da representação não acompanhada desse sentimento, ou do saber não dotado de objectividade, embora o devessse fazer para uma fenomenologia completa da saber.

[383] *"für* die unendlich möglichen VernunftWesen" (GA II/6, 136).

[384] GA II/6, 138.

olho."³⁸⁵ A WL é, segundo o autor, a condição última da subjectividade, é o que faz de nós sujeitos, ou o que fazemos enquanto sujeitos. Não é possível descrevê-la como um qualquer outro objecto do saber, na medida em que ela é o próprio saber em acção. A WL é a condição de "ver" ou de apreender conscientemente alguma coisa.

O método da exposição está, então, de acordo com esta concepção da subjectividade como a mera "clareza" que permite que tudo o resto apareça, seja visto e conhecido. Nos termos de Fichte, nós *somos* o conhecimento reflectido, i.e., saber do saber, de cada vez que pensamos ou intuímos o saber. Conforme a sua principal descoberta filosófica, o saber é um acto, algo que é realizado sobre algo de diferente de si mesmo. Esta tese encontra-se exposta na WL de 1801/1802 mais sistematicamente do que em qualquer outra exposição anterior. O método da exposição é, na sua parte inicial, que conduz o leitor até ao "saber absoluto", o de reflectir sobre o que está a ser feito quando algo é sabido. Trata-se sempre de dirigir a atenção para o que o sujeito está a fazer quando ele ou ela pensa ou intui algo. Este método deveria evitar os erros de toda a metafísica pré-crítica que reivindica poder predicar o absoluto sem considerar que uma tal predicação acontece sob as condições do saber. O retomar da filosofia crítica consiste, na exposição da WL em questão, numa reflexão sistemática sobre o que se faz quando se pensa.

O facto de dirigirmos a nossa atenção para o sujeito que realiza ou constrói o conhecimento vem a par da questão sobre a possibilidade de definir uma verdade objectiva, i.e., sob que condições pode algo ser afirmado objectivamente sobre o ser no seu sentido absoluto. Como pode o saber ser a pura transparência que não perturba aquilo é suposto revelar-se na sua total pureza? Como pode o saber ser a apreensão, ou a mostração do ser em si mesmo? Numa crítica ao sistema de Schelling, a tese principal de Fichte é que o ser não pode aparecer na sua integridade pelo esquecimento das condições do saber³⁸⁶ mas, pelo contrário, somente uma análise do saber pode revelar

---

³⁸⁵ "[...] sie ist auf keine Weise unser Gegenstand, sondern unser Werkzeug, unser Hand, unser Fuß, unser Auge; ja nicht einmal unser Auge, sondern nur die Klarheit des Auges" (GA II/6, 141).

³⁸⁶ Directamente sobre a questão v. W. Janke, sobre a "cegueira" de Schelling (W. Janke, *Die dreifache Vollendung des Deutschen Idealismus*, Amsterdam – New York, 2009, 79ss.).

se e como é possível o saber do ser em si. A filosofia, como exercício crítico, repousa na "reflexão absoluta", como Fichte irá definir mais tarde: a atenção a si mesmo na apreensão do ser absoluto.

3. A Introdução à WL 1801/1802 como condução ao "saber absoluto"

A introdução reúne em si dois tipos principais de problemas: o epistemológico e o propedêutico. Os dois estão intimamente interligados na introdução, de tal modo que a justificação do procedimento da WL corresponde à condução da consciência até ao saber absoluto. O começo é feito com a apresentação de um saber real, a que se segue a reflexão a seu respeito. Fichte define o que entende por "saber" através de um exemplo. Dados dois segmentos de recta que formam um ângulo, o leitor é convidado a construir um triângulo traçando uma terceira recta. Questiona então: "supões que o mesmo ângulo poderia ser fechado por alguma outra ou diversas outras linhas (ou seja, com alguma outra linha mais comprida ou mais curta), se não por aquela com que na verdade fechaste o ângulo?"[387] E isto, segundo Fichte, não é uma opinião, mas um saber que é certo. O saber é então qualquer conteúdo da consciência que possa reivindicar verdade ou objectividade, todo o conteúdo que pode ser caracterizado como verdadeiro, como aquilo que é.[388] Saber algo é "estar simplesmente certo" de que isso é também verdadeiro *acerca* de todos os casos similares e "para os infinitos seres racionais possíveis."[389] O saber é verdade objectiva enquanto oposta a um juízo flutuante. Trata-se de uma "consciência sinóptica",[390] que apreende muitos casos numa unidade. Esta consciência deve distinguir-se da "mera percepção" ou da experiência,[391] a qual

---

Não seria aqui possível discutir a rejeição de Hegel, na Introdução à *Fenomenologia*, desta prevenção crítica.

[387] "[...] nimmst du wohl an, daß derselbe Winkel mit noch einer oder mehrn andern (d.i. mit irgend einer längeren oder kürzern) Linien haben geschlossen werden können, ausser der, mit der du ihn wirklich geschlossen hast?" (GA II/6, 135).

[388] Ver nota 382 supra.

[389] *"für* die unendlich möglichen VernunftWesen" (GA II/6, 136).

[390] "zusammenfassendes Bewußtsein" (GA II/6, 138).

[391] GA II/6, 138.

está restringida a um caso particular. E esta capacidade de apreender uma multiplicidade de casos numa unidade, subjectiva e objectiva, é a expressão da objectividade que Fichte denomina, em sentido rigoroso, "saber". Fichte designa esta unidade simples de um diverso que está na base de todo e qualquer saber uma "intuição" – intuição empírica no caso de um saber sobre algo de empírico, intuição intelectual, no caso de ser a unidade qualitativa do saber em geral, ou o buscado "saber do saber".

O exemplo demonstra que o saber é, então, ao menos factualmente possível, e a reflexão sobre as condições de um tal saber, não na medida em que é *este* ou *aquele* saber, mas como saber em geral é um primeiro passo no terreno da WL. Se algo se puder saber sobre as condições gerais desse saber, será então possível um saber acerca do saber. Este saber do saber visado nesta questão, é denominado "saber absoluto".

Fichte observa que, de algum modo, o saber absoluto já está presente como uma intuição quando a leitora dirige a sua atenção para o facto de que ela sabe que sabe. Se o saber em geral é – como pretende o autor – uma intuição, o saber absoluto é uma espécie de unidade que recolhe a intuição, como uma "intuição da intuição".[392] A tarefa é pensar esta intuição de modo a determiná-la, fixá-la e apreendê-la assim numa descrição conceptual. "Aqui, onde se fala do saber absoluto, o leitor é convidado a este pensar do saber, como pensar do saber único e igual a si próprio em todo o saber particular, e pelo qual este último não é *este*, mas justamente *saber* em geral,"[393] ou seja, determinado qualitativamente, e não quantitativamente, como este ou aquele saber.

Fichte observa que a forma do saber é um "ser para si" ("Fürsichseyn") ou, descrito imageticamente, "estado vivo de luz" ("lebendige Lichtzustand"),

---

[392] GA II/6, 140.

[393] "Zu diesem Denken des Wissens nun, als des Einen und sich selbst gleichen im allem besonderen Wissen, und wodurch dieses letztere nicht *dieses*, sondern eben überhaupt *Wissen* ist, ist der Leser hier eingeladen, wo von dem absoluten Wissen gesprochen wird" (GA II/6, 145). A distinção entre qualidade e quantidade é introduzida no pensamento do saber absoluto que, como tal, não é "*um* saber (quantitativamente e na relação), mas é *o* saber (absolutamente qualitativo)". ("[nicht] *ein* Wissen (quantitative und in der Relation), sondern es ist *das* Wissen (absolute qualitativ)" (GA II/6, 145). A quantidade é relação e diferença, ao passo que a qualidade é o saber como idêntico a si.

cujo nome é "egoidade" ("Ichheit").[394] Que o saber absoluto é "Ichheit" resulta do facto de que o saber é sempre saber do saber, o que implica que tem de alguma maneira de ir para fora de si mesmo, de modo a poder reflectir integralmente sobre si mesmo. Fichte observa que ao se atender ao que se faz quando se pensa sobre o ser, ou também – como estamos aqui a fazer – sobre o saber absoluto, parecemos ir além, ou acima, do absoluto ser ou do saber absoluto.[395] Em ambos os casos, este ir além significa que não se está efectivamente a pensar nem o primeiro nem o segundo, mas apenas um elo de uma disjunção, uma parte de um todo e, consequentemente, não o saber absoluto nem o ser absoluto. E este é o problema que tem de ser ultrapassado antes que se possa falar de qualquer absoluto ou de um qualquer saber absoluto.

Ora, a WL, ao se definir como saber do saber, parece adoptar um ponto de vista "exterior" ao saber. O saber é entendido como o seu objecto. Há sempre, então, uma posição de um acto exterior ao saber, e esse acto é o saber do saber. Se o saber humano é um sistema reflexivo e acessível a si mesmo, há à partida um problema de "alienação" do saber em relação a si mesmo.[396] Aquilo que se faz, e aquilo que se é como o agente que realiza esse saber, não é idêntico ao saber-objecto que se encontra. É fácil verificar que há sempre um sujeito de tipo pragmático que é segregado pelo saber, tal como o indivíduo que olha, por exemplo, para uma paisagem se tem de saber como *realizando* essa observação, a qual não pertence à paisagem observada. Será preciso recorrer a um saber, digamos, de terceira ordem a fim de encontrar a relação entre o saber e o saber do saber, ou entre o saber facticamente disponível e o saber acerca de si ou, no exemplo, entre o saber da paisagem e o saber sobre a própria observação da mesma.

Mas, se segundo a hipótese filosófica de ser possível conhecer um saber absoluto, a paisagem a observar for então o próprio saber absoluto, será necessário um saber de terceira ordem, que se pode definir como a aparente necessidade de sair e ir além do saber absoluto para poder falar acerca dele. A interpretação dada por Fichte desta necessidade de sair do saber é que o

---

[394] GA II/6, 149, 150.
[395] GA II/6, 144.
[396] GA II/6, 139.

saber é capaz de ir, de facto, além de si. Esta noção de que o saber vai além de si para que se possa descrever como absoluto vem ligada, nestas condições à reflexão crítica e epistemológica sobre as próprias condições do saber.

A Introdução à nossa versão da WL segue uma sequência de reflexão e meta-reflexão pragmática, que se poderia definir pelo par conceptual interior/exterior. Assim, ao pensar-se o que o saber, facticamente admitido, é ou possa ser, *faz-se* algo de diverso. Ou seja, assume-se uma posição exterior ao próprio saber que se pretende definir, instituindo uma busca que poderia conduzir facilmente a uma reiteração infinita da reflexão. Fichte não admite uma reiteração nesses termos, mas opta por outra via de explicação deste aparente paradoxo.[397]

Tal é o paradoxo do saber do saber: o saber absoluto é visado por um saber que se apresenta como exterior a ele. Mas a esta necessidade de o saber ir além de si para que possa dar conta de si próprio como saber, e elevar-se à ciência da ciência ou ao saber absoluto, opõe-se também a exigência oposta. "Como saber, ele é absolutamente *o que* é e *porque* é. Como saber, ele não pode sair de si, porquanto deixaria assim justamente de ser um saber; para si mesmo, ele não pode ser nada fora de si mesmo."[398] Ao ser pensado como saber absoluto ele deve ser pensado como integrando em si também a sua reflexão e, por isso, também esse saber que se apresenta como exterior a ele. Nestes termos, o saber absoluto parece impossível em qualquer dos casos. Se ele não pode reflectir sobre as suas condições, não se abrange como totalidade e será sempre saber parcial. Se, pelo contrário, pode reflectir sobre elas, é conduzido para fora de si e, assim, perde a sua imanência, e já não é o saber em si mesmo.

---

[397] Em geral, cf. D. Henrich, *Between Kant and Hegel. Lectures on German Idealism* (Cambridge Mass., 2003): "the knower knows that he knows and he has to know that he knows, *ad infinitum*. If we were to construct self-consciousness as *immediate* self-consciousness, and did not evoke this complex structure that we are now calling the 'Self' (which precedes all self-reference), then this [...] paradox would necessarily arise" (ib. 264; v. tb. 242, 255, 263). O procedimento de Fichte é, de facto, o de integrar a reflexão no saber-objecto, o que é referido como o saber absoluto, conforme analisaremos em seguida.

[398] "Es ist als Wissen absolut *was* es ist und *weil* es ist. Denn mit dem Verschmelzen und Verströmen erst des Separaten, ganz davon abgesehen, was dieses separate sey, keinesweges aber etwa mit dem Separaten, als solchem, entsteht ein Wissen. Diese kann nun, als Wissen, nicht aus sich selbst herauszugehen, wodurch es ja eben aufhörte, ein Wissen zu seyn; es kann für dasselbe nichts seyn ausser ihm selbst" (GA II/6, 151).

Fichte parece considerar que a simples tomada de consciência deste paradoxo contém já o princípio da sua solução. Esta é uma "nova reflexão" que foi aqui realizada "silenciosamente",[399] e que bastará tornar explícita para se encontrar o princípio da resposta.

Esta componente, tornada agora explícita, pressupõe que o saber é um acto, o qual, "porque é *liberdade*, é um acto da *egoidade*, do *para si*."[400] Este acto pressuposto deve definir a WL definitivamente como dotada de uma componente pragmática insusceptível de ser traduzida em componente semântica. A tese de Fichte parece ser a de que o acto envolveria, por definição, a capacidade de se colocar fora de si mesmo, ou que o acto traz sempre, por definição, a sua reflexão. A ideia é a de que no acto o agente está sempre "fora" de si mesmo, ou torna-se outro. O acto é entendido como sempre auto-reflexivo.

Encontra-se então, novamente, o saber, mas agora "não mais, por assim dizer, como um saber mantido preso em si próprio, conforme descrevemos o saber até aqui (§ 10), mas ele é tal que se apreende, penetra e abarca totalmente; e assim se descobre [...] como chegámos acima ao aparente sair para fora de todo o saber."[401] O saber integra-se a si mesmo na sua própria descrição como momento activo, ou como uma intuição do próprio acto que, como se viu antes, é sempre auto-transparente. Se o acto do saber está integrado na descrição do ser do saber, o aparente sair de si reflexivo funda-se, na verdade, não numa "alienação" e perda de si do saber mas, pelo contrário, num "entrar em si do saber".[402]

Esta descrição do saber corresponde já à descrição com que se encerra a introdução, no § 15, onde se lê que o saber sai de si numa síntese que é

---

[399] GA II/6, 157.

[400] GA II/6, 154.

[401] "[...] nicht mehr ein gleichsam in sich selbst gefangen gehaltenes Wissen, wie wir das Wissen bisher (besonders § 10) beschrieben haben, sondern es ist ein sich selbst durchaus ergreifendes, durchdringendes umd umfassendes Wissen; wodurch sich auch schon vorläufig ergiebt, wie wir oben zu dem scheinbaren Herausgehen aus allem Wissen kamen" (GA II/6, 157).

[402] "In sich gehen des Wissens" (GA II/6, 157).

também auto-análise do saber, de tal modo que (segundo a expressão que se encontra também em Hegel), "ele vai juntamente consigo mesmo."[403]

A liberdade de um acto é, então, a condição transcendental do saber e, "assim, o saber e a liberdade estão pura e simplesmente unidos, de modo inseparável."[404] Esta conclusão corresponde à chamada "intuição intelectual", que marca o final da introdução e a passagem à auto-análise do saber.

4. Sobre os conceitos de ser e de liberdade na Introdução à Exposição de 1801/1802

A introdução tem, como se viu, uma função ao mesmo tempo propedêutica e crítica. A função propedêutica é realizada pela condução do saber facticamente existente, através da sua reflexão e meta-reflexão, até ao denominado saber absoluto. Neste percurso Fichte faz, aparentemente sem grande sequência, um convite à leitora para pensar simplesmente o absoluto, simplesmente como tal, sem interferência de nenhum outro pensamento. O convite é, assim, a experimentar justamente aquilo que a nova filosofia do absoluto pretende fazer, sem nenhum cuidado crítico-reflexivo. Afirma então que a leitora descobrirá que não pode pensar o absoluto senão segundo duas notas características: o absoluto é pensado, nomeadamente, como aquilo "que é", e "porque é". Segundo o autor, pensar o "absoluto" corresponde simplesmente a pensar aquilo *que é porque é*. A passagem onde isto é afirmado, passagem que marca decisivamente toda esta exposição, deve ser citada com alguma extensão: "na descrição do saber absoluto servimo-nos da seguinte orientação. Comece o leitor por pensar para si o *absoluto* simplesmente, como tal [...]. Ele achará, dizemos nós, que só o pode pensar com as duas características seguintes: em parte, que ele é *o que* é, repousando inteiramente sobre si e em si mesmo, sem qualquer alteração ou deslocação, firme, completo e encerrado em si; em

---

[403] "[...] es sich doch wiederum mit sich führte" (GA II/6, 168). Hegel chama-lhe tambem um "ir além imanente" ("immanente Hinausgehen") (Hegel, *Enzyklopädie der philosophischen Wissenscahften* I (in Werke 8, Frankfurt a. M., 1970, § 81).

[404] "Also, Wissen u. Freiheit sind schlechthin unzertrennlich vereinigt" (GA II/6, 161).

parte, que ele é, simplesmente *porque* é, por si mesmo e através de si mesmo, sem qualquer influência estranha [...].”[405]

Na sua simplicidade, a afirmação levanta dois problemas. O primeiro (1) é saber qual a relação entre a elevação reflexiva do saber além de si mesmo, feita como propedêutica ao saber do saber, e o convite a pensar o absoluto, convite que entronca na consideração crítica inicial, de que o começo da WL não é o absoluto, mas o saber absoluto, e que não se pode predicar o absoluto (§ 1). Trata-se de encontrar a ligação entre as duas funções, crítica e propedêutica, da introdução. (2) Outro problema é saber porque e como pode o absoluto receber estes dois predicados, o seu "*que*" e o seu "*porque*".

(1) A resposta à primeira questão é a solução para o problema da unidade da introdução, entre propedêutica e crítica. Esta unidade consiste em que é a condição crítica do saber que o obriga a elevar-se além de si. Ou, dito de outro modo, a única explicação para a necessidade reflexiva de o saber ir além de si, é que ele é crítico. Ele é reflexivo porque é crítico e inversamente. O saber é conduzido além de si mesmo porque não contém em si a totalidade do ser. Se contivesse essa totalidade, não iria certamente além de si, não encontraria uma perspectiva exterior a si mesmo. Caso não se encontrasse sempre além de si mesmo, conteria em si a totalidade e a infinidade integral do ser, e não seria crítico, mas absoluto no sentido de capaz de saber o ser em si mesmo e não como saber. Em linguagem kantiana, que na verdade está mais próxima desta versão da WL do que possa parecer, a cisão da razão em conceito e *ideia* é essencial ao projecto crítico. A ideia é a totalidade visada, mas jamais alcançável. Sem a cisão da razão em ideia e conceito, ou em entendimento e razão em sentido estrito, não haveria síntese pura ou saber objectivo, na medida em que a divisão da razão corresponde à sua limitação. A separação do saber em relação a si próprio depende de uma reflexão sobre uma totalidade somente visada mas não realizada. A divisão de uma totalidade, que é condição do

---

[405] "[...] in der Beschreibung [sc. des absoluten Wissens] selbst bedienen wir uns folgender Hinleitung. Denke sich der Leser zuförderst das *Absolute*, schelechthin als solches [...]. Er wird finden, behaupten wir, daß er es nur unter folgenden zwei Merkmalen denken könne, theils, dass es sey, *was* es sey, auf und in sich selbst ruhend durchaus ohne Wandel und Wanken, fest, vollendet und in sich geschlossen, theil, dass es sey, schlechthin *weil* es ist, vom sich selbst, und durch sich selbst, ohne allen fremdem Einfluß [...]" (GA II/6, 147).

saber fáctico é a tese mais forte desta introdução à WL. A tese de uma separação do saber e da consciência humana em relação a si própria, como auto-reflexão e como crítica de qualquer possibilidade de pensar o absoluto é tornada plausível quer pelo desenvolvimento propedêutico do estudo do saber quer pelo desenvolvimento crítico do pensar do absoluto.

(2) A segunda questão é a de como e porque o absoluto recebe, de todo, predicados e de porque estes dois, o "que" e o "porque" ("was" e "weil"), e não outros. Esta questão é de resposta mais difícil. A posição das duas características do absoluto aparece no texto como uma simples afirmação sem demonstração ou outra razão. As duas notas características do pensamento do absoluto são introduzidas como "orientação", e logo o autor acrescenta que "bem poderiam elas caracterizar não o absoluto, mas o saber absoluto".[406] Elas servem como descrição do saber absoluto, que é dotado, então, de um "que" e de um "porque", ou seja, de um *ser* (um *ti estí*) e de uma *razão* que, como *"porque"* absoluto (como uma causa), ou razão incondicionada, corresponde à liberdade. Estas duas notas características, apresentadas agora sem outra justificação senão uma aparente plausibilidade serão objeto de uma dedução mais tarde, nomeadamente, no parágrafo 24.[407]

A preocupação crítica está ligada à descrição do saber absoluto a partir destas notas, retiradas de uma experiência de "pensar o absoluto". A tese fichteana é que as características conceptuais atribuídas ao absoluto são próprias do saber absoluto. O saber absoluto é descrito como o *que é porque é*, ou seja, contém em si a sua própria razão e definição – o seu ser e a sua justificação. O saber absoluto deve corresponder a um fundamento último, que se justifica e define necessariamente a si mesmo. Não pode depender de outro nem para a sua definição nem para o seu ser, porque então não seria o saber absoluto. A ciência é auto-fundada[408] e, com ela, o saber absoluto.

Fichte descreve, assim, o saber na absoluta imanência da sua fundamentação, no seu "que", o seu puro ser absoluto que repousa em si mesmo. No entanto, a nota característica do "porque" é a que introduz o saber como

---

[406] GA II/6, 147.
[407] Cf. GA II/6, 194.
[408] GA II/6, 132.

liberdade auto-justificada. A sua absolutidade dá-se como a sua própria auto--justificação de ser porque é. A posição de uma razão imanente, que deve conferir sentido ao saber a partir de si mesmo é a nota característica que faz do saber, que é o puro pensar do ser, a sua própria auto-definição imanente, uma intuição sensível. A fórmula kantiana que está presente pouco abaixo da superfície desta exposição do saber absoluto faz do "porque" o motivo da quantificação do pensamento e do surgimento da intuição sensível. No entanto, estas determinações do saber irão desenvolver-se mais claramente mais abaixo, com o curso da exposição.

Como um marco orientador da situação teórica registem-se as teses gerais do autor até aqui. (1) O saber tem uma parte de actividade que não é jamais objectivável como um conteúdo do saber. (2) Por isso, o sujeito, que é pura actividade, não pode jamais ser encontrado entre os objectos da consciência.[409] (3) Porque é actividade não objectivável, o saber é necessariamente pertença de um sujeito como reflexão livre. (4) Esta reflexão livre requer que o saber não se possa jamais dar como completo e terminado, ou seja, nunca se conhece efectivamente o absoluto – ou seja, a completação do saber – como pretendiam os seus adversários. Esse conhecimento só seria possível com o esgotamento de todos os saberes quantitativamente possíveis, mas então não mais haveria um saber ou uma razão finita, dotada de intuição sensível. (5) Esta infinidade ou necessária incompletude do saber exprime-se, segundo a WL, como o carácter quantitativamente inesgotável da experiência. Por isso, a razão finita só pode intuir o ser de modo finito, ou seja, numa intuição empírica. (6) E Fichte pretende assim reconstruir a filosofia crítica de Kant como um sistema unificado da razão finita, a partir da ideia da reflexão absoluta do saber sobre si mesmo como actividade livre.

Como conclusão da leitura da introdução, deve-se observar que esta descrição do saber absoluto, ou seja, aquele que integra o seu próprio acto constitutivo, aparece alternativamente de dois modos: ou como um estado, um ser ou um pensamento do saber; ou como o acto livre que permite a compreen-

---

[409] Só o pode ser, naturalmente, como um corpo próprio objecto de intuição sensível, o que a exposição tentará deduzir mais tarde.

são da reflexão do saber.[410] A conjunção destes dois modos ou componentes do saber absoluto é entendida por Fichte como inseparabilidade entre liberdade e saber: "por isso, o saber e a liberdade estão simplesmente unidos, de modo inseparável."[411] Esta unidade deve também assentar tanto na liberdade quanto num *ser*, na medida em que a intuição alterna entre uma e outra perspectiva, a sua própria, a da liberdade do saber, e a do seu oposto, do privilégio do ser e do fixar pelo pensamento.[412] Assim, não pode haver "uma reflexão como acto, sem o substracto do *ser* absoluto do saber, como liberdade absoluta e como ser. Em contrapartida, sem reflexão não há um *ser*, repouso e estado do saber; porque então não seria justamente um saber."[413] Este é o "pensamento da identidade absoluta da liberdade e do saber", que pressupõe um dado que a liberdade possa conhecer.[414] E neste ponto, Fichte considera encontrada a intuição intelectual, ou seja, uma intuição que é pensamento e um pensamento que é intuição, como unidade entre ser e liberdade. Este é o "puro para" da "egoidade" ("Ichheit"), a partir do qual se dá doravante uma inversão do curso da investigação, que passa a ser somente uma análise do saber absoluto e da intuição intelectual.[415] Uma vez encontrada uma definição satisfatória do saber, desaparece a necessidade de uma orientação exterior, ou seja "desaparece a reflexão do mestre [Wissenschaftslehrer]" e o saber pode analisar-se a si mesmo.[416] Como se viu, esta orientação exterior é suspensa no final da introdução, substituída doravante pelo auto-movimento do saber.[417]

Metodologicamente, construiu-se o saber absoluto a partir de uma orientação externa, de cariz propedêutico, que começa por isolar o problema reflexivo do saber que tem de estar em si, embora não possa permanecer em

---

[410] Cf. GA II/6, 158.

[411] V. n. 404 supra.

[412] GA II/6, 162. Este alternar não é questão de uma alteração arbitrária de ponto de vista, mas uma actividade necessária realizada em última instância pela imaginação transcendental. V. GA II/1, 350, 359.

[413] "[...] keine Reflexion als Akt ohne absolutes *Seyn* des Wissens als absoluter Freiheit, u. Seyn in der Unterlage. Hinwiederum kein *Seyn*, Ruhe u. Zustand des Wissens, ohne Reflexion; denn sodann wäre es eben kein Wissen" (GA II/6, 164).

[414] "Gedanke der absoluten Identität der Freiheit und des Wissens" (GA II/6, 163).

[415] GA II/6, 166, 167.

[416] Cf. GA II/6, 168.

[417] Cf. GA II/6, 141.

si. Esta separação entre duas exigências opostas, deve-se ao acto livre pressuposto, que é irredutível à descrição conceptual e por isso se denomina intuição. Trata-se, agora, de uma denominada intuição intelectual que será também, posteriormente, sensível. Pensar este acto irredutível corresponde a alcançar uma nova posição, onde o saber é uma integração do acto com a descrição objectiva. A fórmula de resolução corresponde com toda a precisão à expressão analítico-sintética hegeliana de "ir-além consigo mesmo", conforme citado acima.

5. Excurso. O espaço do saber: a dialéctica do ponto e da linha

Um modo de tornar intuível esta dualidade é pela ilustração da diferença entre ponto e linha. Esta imagem é utilizada de modo recorrente por Fichte nesta exposição, sem uma explicação clara. O ponto é o estado do ser, sem dimensão existencial, mas um mero pressuposto da linha. A linha designa a concretização intuível e existencial do ponto. O ponto é um pressuposto pensável da linha, esta sim intuível. Esta dialéctica do ponto e da linha é exposta por Fichte no limite entre a imagem e a literalidade. Em primeiro lugar, trata-se certamente de uma imagem para ilustrar um conceito: de como o dimensional, o exterior, o acto realizado e exposto, pressupõe algo que lhe é oposto, sem dimensão, absolutamente encerrado em si. Em termos kantianos, uma intuição, como exterioridade do conceito, pressupõe um conceito. Mas em segundo lugar, dado o regime de luxúria reflexiva que Fichte faz permanentemente circular na linguagem da WL, esta imagem, ao nível da expressão, corresponde à condição efectiva da imagem sensível. Nela, efectivamente, não ocorrem pontos, mas somente figuras que são extensões de pontos. A linha é real na sensibilidade, e o espaço é a possibilidade do traçado de linhas, ou a própria linearidade. A imagem torna-se, pois, literal, justamente porque a imagem visa expor o que é ser uma imagem. A dialéctica do ponto e da linha é, por conseguinte, a figura do esquematismo, que faz ligar o pensar com a intuição.[418]

---

[418] Sobre o tempo cf. GA II/6, 238, 244-245; sobre o espaço cf. GA II/6, 232.

A mesma imagem-literal aparece também como expressão de uma das chaves conceptuais desta exposição da WL, i.e, como o "sair de si" do conceito-ponto não dimensional para as dimensões do espaço e do tempo. Mas esta imagem tem muitas outras virtualidades conceptuais, que a situam justamente no limite do conceito e na sua passagem à intuição. A linha corresponde à mobilidade do ponto, em geral ao devir próprio da intuição, que pressupõe, no entanto, a estabilidade imóvel do ponto. A linha é temporal e espacial, como repetição do ponto não dimensional que cria, por essa repetição e movimento, a dimensionalidade do espaço e do tempo. Mas a introdução da linha abre possibilidades conceptuais inéditas, que não estão presentes no ponto, a saber, a necessidade de determinar uma direcção.[419] Esta determinação não está de modo nenhum contida no ponto, e pode ser diferenciada em dois momentos:[420] em primeiro lugar, tem de ser definida, necessariamente, uma qualquer direcção; mas em segundo lugar, esta direcção em geral tem de ser concretizada, agora sem nenhuma determinação conceptual obrigatória, numa certa direcção. Fichte apresenta estes momentos como um momento do pensar, um momento de tipo sintético a priori (necessário) e um momento empírico. Trata-se de uma sucessão de obrigatoriedades transcendentais que Fichte compara ao próprio procedimento da WL. O paralelo implícito é (1) o do ponto como a necessidade puramente conceptual, (2) o traçar da linha como acto do esquematismo, (3) a necessidade de uma determinação geral de uma direcção para a linha como necessidade sintética a priori e, por fim, (4) a determinação da direcção particular como momento empírico a realizar obrigatoriamente na sensibilidade.

Mas o traçar da linha é associado por Fichte a um acto livre. Este acto tem essencialmente dois tempos, um de autonomia, que é ilustrado pelo simples acto de traçar a linha, a que se liga o do livre arbítrio, pelo facto de que o traçar da linha obriga a assumir a escolha de uma direcção concreta, e assim, a "recair na lei natural", porque não há direcção que não seja direcção determinada e, por isso, empírica.[421] Isto exprime imageticamente a depen-

---

[419] Cf. GA II/6, 288.
[420] Cf. GA II/6, 235.
[421] Cf. GA II/6, 298.

dência – real – do conceito, ou do pensar, em relação à sensibilidade. É uma chave da WL, porque exprime que não há conceito ou ideal do eu, ou livre autonomia do absoluto pôr-se a si que não esteja directamente concretizado numa intuição que já não é livre. Trata-se da ligação inseparável entre ideal e real. O ideal não pode ser, sem estar concretizado no real. Por isso, o eu absoluto, como vimos, tinha de estar aberto, em si mesmo, na sua posição original, à influência estranha do não-eu. É esta a dualidade de que Fichte está sempre em busca, a mesma que se escapa invariavelmente ao pensar que reconstrói outra e outra vez a dualidade, tal como a linha decai numa imparável divisibilidade.

A relação entre o ponto e a linha permite analisar nesta exposição sobretudo a dimensão física da liberdade, como possibilidade de acção e de assumir direcções da acção sobre o espaço físico. Não poderíamos aqui estudar a outra dimensão da liberdade, como ligação intersubjectiva que ocorre pela situação do apelo à autonomia, já plenamente desenvolvida nos *Fundamentos do Direito Natural* e na *Nova methodo*.[422]

6. Os princípios da auto-análise do saber

Após apresentar o saber absoluto como saber que não está encerrado em si, não obstante a sua absolutidade, mas capaz de se apreender *in actu*, a atenção é novamente dirigida para as duas qualidades próprias e alternativas do absoluto, o ser "o *que* é *porque* é". O "que" define o ser, a "qualidade", enquanto que o "porque" define a liberdade. O "porque" é a possibilidade de o ser sair de si e da ocorrência do saber, trata-se de buscar um fundamento fora do fundado. O "porque" designa a razão, a causalidade serial e, por outro lado, é a condição da própria possibilidade do questionamento reflexivo. Como se tinha visto anteriormente, é o próprio questionar e a discursividade que definem a consciência finita. Este questionar tem agora a forma daquilo que não é uma mera definição o "o que" ("was") que é a definição de um ser *quale*.

---

[422] Para esse tema seria necessário a leitura e análise da p. GA II/8, 306.

A posição central de Fichte, é a de que qualquer discurso acerca do absoluto tem de levar em conta isso mesmo, ou seja, que se trata de um discurso. Um saber que se pretenda absoluto como saber de um qualquer ser que se possa definir, ou como quer que se queira definir, será um saber do puro "o que" ("was"), que Fichte denomina também, do puro ser. O "o que" ("was") é o ser-algo que determina o predicado por meio de uma definição. Este ser que define o seu objecto não pode ser empregue para definir algum absoluto, e ainda menos para definir o que é o saber, ou seja, para constituir o saber absoluto como saber do saber. Para tal função, o seu confinamento ao predicado (ou seja, dizer "o que é") é fatal. O saber é mais do que o predicado, e do que qualquer *quale* ("o que"; "was") que possa ser descrito ou referido no predicado. Ele é a totalidade do saber, incluindo os elementos não predicativos.

O filósofo faz intervir aqui duas considerações. Uma: isso que é mais que o predicado não pode por definição estar reduzido a este, embora nele possa ser eventualmente representado ou "sabido". Se o saber é uma estrutura articulada e, como Fichte acentua, orgânica, cada parte desempenha o seu papel específico, e só o todo é funcional. Assim, descrever, no saber do saber, o todo numa parte, i.e., a totalidade do saber num predicado, não é a priori impossível (isto deve ser motivo de análise) mas levanta certamente um problema que merece reflexão. Pode pôr-se em dúvida se é possível uma representação adequada do objecto pretendido ao nível do seu ser predicativo, do seu *quale* ("was"). Fichte alude a esta conflito ao chamar a atenção para que "a forma desta intuição [do saber] é assim anulada pela sua matéria".[423]

Como habitualmente, de modo muito condensado (no § 16),[424] Fichte apresenta uma argumentação exactamente acerca da questão que abordamos: que consequências tem para o saber absoluto a sua definição predicativa, poderá dizer-se a sua 'objectivação' como um *quale* ("was"). Que resulta de se dizer 'o que é' o saber absoluto? Parte-se do princípio que o saber é uma representação de unidade, para-si e, por conseguinte, auto-referente ou auto-reflexivo. Assim, nada impede que ele se reflicta a si mesmo, ou aliás, ele deve poder

---

[423] GA II/6, 171.
[424] GA II/6, 171.

representar-se como aquilo que é numa unidade. Esta seria uma definição absoluta, um *quale* ("was") absoluto do saber.

Para uma exposição do saber absoluto como plenamente auto-exposto, Fichte parte da sua definição, o *quale* absoluto do saber. A definição do saber, o seu *quale*, é o ser (definição) do saber como um "absoluto repouso em si".[425] Entendemos por isto uma definição do que é o saber na sua essência, com exclusão dos seus acidentes, mutáveis e passageiros, e, neste sentido, como o saber "em repouso". A este "repouso" da definição do saber em si opõe-se a sua intuição: o saber não pode ser mero pensamento, ou mera definição, mas tem de incluir também um momento de intuição. Este momento de intuição a incluir pode ser entendido de diversos modos: (1) como a actividade própria do saber, a sua irredutível dimensão pragmática, já referida; (2) como a sua estrutura pré-predicativa, conforme estamos neste momento a destacar; (3) como a sua liberdade; (3) como a sua tomada de consciência, o ser para--si. Todos estes elementos são considerados por Fichte como não podendo caber num mero *quale*, numa definição, ou no *ser* sem mais. Fichte pretende que todos estes factores são um mesmo elemento, genericamente denominado "intuição", mas que pode ser desenvolvido de diferentes perspectivas.

Alguns argumentos se podem apresentar para estas equivalências, que parecem ser apresentadas por atacado, e que são a chave da leitura desta versão da WL. Vejamos. Um argumento aparentemente quase sempre pressuposto por Fichte é o da construção de oposições, a partir da diferença crítica elementar entre conceito e intuição. Na medida em que o ser (ser algo) corresponde a uma definição, ele é pensamento (ti esti, "o que é"), oposto à intuição, que é aquilo que não pode ser definido conceptualmente, i.e., pelo pensar. Por outro lado, dado que o ser é definição, ele é um ser-assim, que não pode ser de outro modo. O ser é designado "ser ligado" ("Gebundenseyn"), oposto à possibilidade da alteração acidental. O ser é então "Gebundenseyn", cuja negação é denominada por Fichte "liberdade". A liberdade é então associada à alteração de tipo acidental,[426] não conceptualizável, dir-se-ia, não previsível

---

[425] GA II/6, 171.

[426] Diga-se antes, cuja lógica não se reduz à do determinismo mecânico, que é por isso, da perspectiva deste, acidental.

por nenhum definição. Ecoam ainda aqui os termos dos *Fundamentos do Direito Natural*, onde se lê justamente que o homem não pode ser definido, e esta é a condição da sua liberdade.[427] O ser homem tem intuição porque não está preso na simples definição de ser o que é, mas porque tem de possuir um momento diferente daquilo que é simplesmente algo ("was"). O homem livre não é "algo" definido. Há assim uma ligação entre não-conceptualidade, intuição, e "liberdade". A integração destes elementos não-conceptuais numa descrição, ou definição do que *é* o saber, faz com que ele deixe de ser absoluto. "A forma desta intuição será anulada pela sua matéria." A forma, intuitiva, livre e não-conceptual é anulada pela matéria, ou seja, pela pura definição e ser do saber absoluto pensado.[428]

E como conclusão desta argumentação, Fichte pretende dar-nos a ver novas consequências, que seguem os seguintes passos: (1) um acto do eu está na origem do saber; (2) o saber objectivado no pensar não pode expor esse acto do eu; (3) logo, o saber objectivado não pode expor a sua origem ou 'génese'.[429] A questão é, nestes termos, como expor-se a si mesmo, como saber, numa definição? Fica sempre de fora o próprio saber dessa mesmíssima definição. A definição está dada, mas constitui somente um "saber sem consciência de si". E Fichte conclui – provisoriamente! – que este é "um saber o *quale* absoluto sem poder apresentar um 'de onde' ('woher'): 'de onde' ('woher') que seria, justamente, a génese."[430] Reside pois no próprio saber absoluto um princípio de 'descida', por assim dizer, ou seja de ocultação do saber absoluto a si próprio, ocultação pela qual se constitui o objecto do saber.

Como condição desta 'descida' Fichte apresenta uma exploração sistemática da sua reivindicação (implícita) de ter, com a sua WL, resolvido a questão primeira da metafísica clássica: porque há o ser e não o nada? A única res-

---

[427] Cf. *Grundlage des Naturrechts*, GA I/3, 379: "cada animal *é* o que é: só o homem não é originariamente coisa nenhuma. O que o homem deve ser, ele tem de se tornar" ("Iedes Thier *ist*, was es ist: der Mensch allein ist ursprünglich gar nichts. Was es seyn soll muß er werden").

[428] Ib. Não obstante esta "matéria da intuição" ser também, na passagem, apresentado como "forma do pensar", o que não levanta problemas de maior.

[429] GA II/6, 171. Esta tese já estava, na verdade, presente nas versões anteriores da WL, como se viu.

[430] GA II/6, 171.

posta possível é a *causa sui* espinosista (é porque é) entendida, porém, como auto-posição do sujeito, ou seja, como liberdade.[431] A liberdade é o que se escolhe a si e, como tal, pode ser ser dotado de uma razão, causa, fundamento ou "Grund". Fichte refere a razão como o *porque* ("weil"). E faz então equivaler o *porque* ("weil") à liberdade. Por isso, a génese em sentido absoluto é o "pôr-se a si mesmo", a auto-referência de um eu pensado como acto. A auto-transparência do acto de liberdade é aqui sempre a geratriz.

Compreende-se assim uma série de equivalências, que Fichte apresenta como óbvias e dá como pressupostas em toda a sua argumentação. Só a fixação destas equivalências permite ler o texto fichteano. Estas equivalências são, por exemplo, entre liberdade e auto-posição, entre auto-posição e ser-para, entre negação da conceptualidade do *quale* e intuição, logo, entre intuição e liberdade, entre intuição e ser-para, entre intuição e génese, entre "porque" ("weil") e liberdade, entre "porque" ("weil") e intuição, entre "que" ("was") e pensar, entre pensar e negação da liberdade, logo, entre pensar e necessidade, entre pensar e ser, etc. Trata-se do desenvolvimento da definição da auto-posição como definição metafísica básica. Deve observar-se que todo o desenvolvimento ocorre, inicialmente, pela identificação da liberdade com a intuição intelectual, intuição do acto e, subsequentemente, por mostrar de que modo esta intuição que equivale à liberdade também é intuição sensível, tempo e espaço, com o argumento de que também tempo e espaço – e logo a intuição sensível – são construídos a partir da livre actividade do eu.

A análise do *porque* é fundamental em todo o desenvolvimento da Exposição. Considera o autor: "se se perguntar a alguém, [...] por exemplo, porque tudo o que é contingente tem de ter fora dele um fundamento para o seu ser-assim, ele dirá que isso é pura e simplesmente assim, sem que admita fornecer uma ligação deste seu saber com todo o seu restante saber."[432] A questão é especialmente importante porque, por um lado, situa-nos no terreno da questão metafísica clássica, de dar razão ou causa do ser. A questão é, por isso, a

---

[431] V. Cap. 1 n. 116 supra.
[432] "Wenn aber jemand gefragt wird, woher er z.B. wisse, daß alles Zufällige einen Grund seines soseyns ausser sich haben müsse, so sagt er das sey schlechthin so, ohne uns eine Verbindung dieses seines Wissens mit seinem übrigen Wissen oder Thun angeben zu wollen" (GA II/6, 171).

de dar razão do princípio de razão, de que tudo tem uma razão. A resposta é que isso é simplesmente assim, que não há outra razão. O princípio de razão não é demonstrável, há nele algo de absoluto, e definitivamente contingente. Este é o salto entre intuição e conceito, entre real e ideal, entre analítico e sintético. Mas o que faz questão é o facto de que pensamos efectivamente esta unidade. Como a pensamos?, pergunta-se a seguir Fichte. Pensamos esta unidade como *pergunta*, não como determinação, conforme já se encontrou nas duas versões anteriores da WL. Trata-se da auto-exteriorização do pensar necessário na contingência, que se explica pela ligação demonstrada entre ser e liberdade. Esta contingência é a pergunta própria da liberdade, do ser--para, constitutiva do eu. Por isso, a contingência funda-se na auto-posição, na liberdade.

Esta reflexão que une a génese e o pensar, é realizada facticamente, mas sem elo conceptual de ligação. Pergunta-se então, qual a determinação do saber que a torna possível? Há aqui um pensar da unidade, e a questão é como é possível esse pensar. Como é possível que se pense a definição objectiva e o sujeito que livremente a pensa num mesmo todo? "O acto é, por conseguinte, ele mesmo *pensado*, e *somente* pensado, não intuído."[433] E como este acto, apesar de ser pensado é, ainda assim, "acto, i.e., liberdade"?[434] Encontra-se aqui uma das passagens fundamentais para a compreensão do que é o saber: "o acto é, por conseguinte, ele mesmo *pensado* e *somente* pensado. Mas como, então, é ele ainda assim acto, i.e. liberdade?" e a resposta é: "simplesmente na medida em que ao *pensar* é acrescentado um *porque* absoluto, em que é *repetido* neste 'porque' e esclarecido a partir de si mesmo."[435] E a ligação da liberdade com o ser é apresentada do seguinte modo: "ele [sc. o pensar] é, mas nesta perspectiva absoluta do *porque*, e nesta pergunta absoluta pelo 'porque' sai-se dele [sc. do pensar]; pela *absolutidade* do 'porque' (*ele é, porque é*),

---

[433] "Der Akt sonach wird selbst *gedacht* und *nur* gedacht, nicht angeschaut" (GA II/6, 174).
[434] GA II/6, 174.
[435] "Wie sonach ist er doch Akt, d.i. Freiheit? Lediglich, inwiefern dem *Denken* ein absolutes *weil* hinzugefügt, es in diesem Weil *wiederholt*, u. aus sich selbst erklärt wird" (GA II/6, 174).

não se sai dele,"[436] o que resulta a já conhecida duplicidade interior/exterior veiculada agora pelo mero perguntar pela razão.

Fichte pretende encontrar aqui finalmente a necessidade desta duplicidade de perspectiva, e o saber divide-se em um "interior e um exterior". Descobre--se "como o ultrapassar o saber, que anteriormente era somente uma necessidade do sistema, torna-se aqui importante," ou seja, uma necessidade interna, como lei do próprio pensar.[437]

O saber sai de si sem o fazer, o que Fichte exprime com a seguinte expressão: "aus sich [...] aus sich" ("sai de si [...] a partir de si").[438] Ou seja, ele sai de si, torna-se fundamento, "weil", razão suficiente, que faz uma mediação além da determinação somente conceptual. Sai de si, mas como esse sair é *a partir de si*, ele "não sai" efectivamente de si. É também a necessidade da liberdade, ou seja, o facto de que o conceito (pura necessidade) tem de se pôr fora de si, ou seja, na sua negação, que deve ser entendida como liberdade. Se há saber, então ele funda-se na necessidade da liberdade.[439]

A exposição do saber colocou-se entre necessidade e liberdade, entre o pensamento que reconhece que o saber tem de ser pensado, e tem de ser pensado como se reflectindo livremente, numa ligação necessária entre a sua posição primeira e a sua livre repetição ou reflexão. O pensar que não sai de si no saber aparece como o ser absoluto que repousa em si, "para fora do qual não se pode sair, nem se pode perguntar porquê". Verifica-se que este é, na verdade, o ser absoluto, que anula a reflexão. Este era a matéria que anulava a forma da intuição que, no entanto, se reconhece como necessária. O seu pensar, com a própria auto-reflexão do *quale*, foi a solução apresentada, como questão, e por força da própria questão. O saber não pode, por conseguinte ser nem o *quale* posto simplesmente na sua definição, nem a sua livre reflexão necessária. "O ponto médio e foco específico do saber absoluto está encontrado. Não reside no apreender-se como saber (por meio da liberdade formal) nem tão-pouco no anular-se no ser absoluto, mas simplesmente

---

[436] GA II/6, 174-175.
[437] GA II/6, 175-176.
[438] GA II/6, 174.
[439] GA II/6, 181.

entre ambos; e um não é possível sem o outro."⁴⁴⁰ O saber "oscila então entre o seu ser e o seu não-ser: como o tem certamente de fazer, posto que traz em si, sabendo-a, a sua origem."⁴⁴¹ Esta última expressão, ou seja, trazer em si a sua origem, sabendo-a, descreve a intuição intelectual. A liberdade sabe--se como transparente a si mesma, ou como livre actividade que se intui a si.

"Trazer em si a sua origem" é agora a fórmula própria do saber absoluto. Trazer em si a sua origem é um outro modo de dizer que o saber pode perguntar pela sua origem, ou que tem um "porque", um 'de onde', uma génese. Esta é a fórmula própria da liberdade que se apreende a si, da possibilidade da imagem (representação), mas também do devir. E o facto de trazer em si a sua origem, permite definir o saber como reflectindo sobre o seu ser e não--ser, ou sobre o ser e o não-ser simultaneamente.

Observe-se, contudo, que não se trata de fazer equivaler o *quale* ("was") ao ser e o *porque* ("weil"), a liberdade, ao não-ser. A liberdade nega o ser, mas não como não-ser, ou nada simplesmente. Ela é pensada agora como o ser que traz em si sua origem, ou o ser que se expõe como devir. O ser é devir, liberdade e, por isso, origem e, consequentemente, síntese entre ser e não-ser. Esta última conclusão não constitui uma contradição em nenhum dos sentidos mais correntes do termo, porquanto aquilo que se tem vindo a fazer até aqui é justamente uma permanente distinção de aspectos. Sobre a contradição e o princípio da contradição, Fichte é muito breve. "Evitais a contradição. Mas como é então possível o princípio da vossa lógica, de que não se pode pensar uma contradição[?] Aí tens contudo de ter de algum modo apreendido a contradição, dado que ela se mostra."⁴⁴² A realidade é este "manter-se do nada como *quale*".⁴⁴³

---

⁴⁴⁰ "Der eigentliche Fokus, und Mittelpunkt des absoluten Wissens ist hiermit gefunden. Er liegt nicht im sich fassen als Wissen (vermittelst der formalen Freiheit) auch nicht im sich vernichten an dem absoluten Seyn, sondern schlechthin zwischen beiden; u. eines von beiden ist nicht möglich, ohne das zweite" (GA II/6, 182).

⁴⁴¹ "Es schwebt zwischen seinem Seyn, und seinem Nichtseyn: wie es wohl muß, da es seinem absoluten Ursprung wissend in sich trägt" (GA II/6, 182-183).

⁴⁴² "Sie hüten sich vor dem *Widerspruche*. Wie ist es denn aber nur der Saz ihrer Logik selbst, daß man keinen Widerspruch denken könne, möglich. Da müssen sie den Widerspruch doch auf irgend eine Weise angefaßt haben, da sie ja seiner Meldung thun" (GA II/6, 184-185).

⁴⁴³ "dieses sich Halten des *Nichts* zum *Was*" (GA II/6, 186).

Uma condição do acto livre é, evidentemente, poder também não ser, ou seja, a sua liberdade "formal". Isto designa Fichte como "trazer em si a origem". O haver o saber é igualmente contingente, pode ou não haver e, neste sentido, ele é "formalmente" livre.[444] Ele é saber absoluto somente na condição de poder reflectir integralmente sobre si mesmo, de "sair de si" e observar-se totalmente a partir e fora. E a "interioridade" deste apreender-se e circunscrever-se é o "pensamento da necessidade da liberdade de todo o saber."[445]

A denominada "liberdade formal" é o poder ser ou não da liberdade. Uma vez que se siga o método próprio da filosofia transcendental, de questionar sempre a condição de possibilidade de um determinado conhecimento, conclusão ou intelecção, a tese da contingência do saber é a questão central da primeira parte da exposição. O saber ser "formalmente" livre significa que não há nenhum conceito que obrigue à sua existência. A sua não existência é igualmente pensável. Isto significa que o saber tem de conter um elemento a posteriori, facticamente dado. Há, na expressão de Fichte, uma necessidade da liberdade, ou a sua intenção é demonstrar a indemonstrabilidade da existência do saber. Como se observou a propósito dos *Fundamentos* de 1794/1795, a completude da doutrina é contraditória. Ela completa-se com uma contradição. Ou a solução dessa contradição é uma nova incompletude. O saber é, na sua unidade básica, indemonstrável, mas esta indemonstrabilidade, ou facticidade, é necessária. A WL confirma-se na *Exposição* de 1801/1802, como sistematização da incompletude.

Esta situação é interpretada por Fichte como a apreensão da sua figura completa em plena reflexão. Esta é uma visão dupla, "como de um exterior e de um interior",[446] ou, noutros termos, o saber comporta-se relativamente a si mesmo como um "anular, para poder pôr, [e um] pôr, para poder anular."[447] O saber é, por isso, transição, ou "oscilar" ("Schweben"),[448] entre ser e não ser de si mesmo, entre ser absoluto e ser si mesmo. O ser absoluto é, assim, a

---

[444] GA II/6, 187.

[445] GA II/6, 187.

[446] "als eines äusseren, u. als eines innern" (GA II/6, 176).

[447] GA II/6, 178. A. Schnell dá especial relevo a esta estrutura de posição e negação na sua interpretação da WL (cf. A. Schnell, op. cit., 34-35, 75, 87).

[448] Cf. GA II/6, 183.

designação do saber posto sem liberdade, do qual só se pode falar com sentido a partir do ponto de vista do saber disponível, que se tem de entender como livremente posto.

"A liberdade seria [...] então a identidade entre ser e não-ser,"[449] ou seja a génese reflectida do saber, ou o pensar que se separa da sua pura identidade e pergunta pelo porquê, ou pela razão. Este pensar, assim separado de si, é a liberdade. Este é o acto que pode ser ou não-ser, a possibilidade da intuição de pôr ou não o seu objecto. O saber é, por conseguinte, livre intuição de si.[450] O saber é o "deter-se do *nada* como *quale*, o verdadeiro carácter interior da realidade."[451] Esta é a contradição do pensar que se mostra como movimento, ou mobilidade. Por isso a realidade é essencialmente móvel, submetida à potencialidade e à intuição.

A determinação da liberdade formal pelo ser absoluto significa que a liberdade depende do seu próprio esquecimento e anulação como ser absoluto. Ela não é si mesma sem esta auto-anulação e posição de si como não sendo. A determinação da liberdade pelo ser absoluto é a sua própria anulação como condição do seu ser, ou seja, o saber como realidade posta na intuição. O saber é síntese de pensar e intuição, da contradição e da solução permanente da contradição na mobilidade e intuição de si e do mundo.

A liberdade encontra-se sempre como determinada pelo absoluto, ou pelo seu não-ser. Isto significa a recuperação da teoria da real como o obstáculo perante a posição da liberdade. A auto-posição do eu só é reflectida e consciente na medida em que se define em relação ao seu não ser. O acto de liberdade é transparente na condição de conhecer a sua origem. Este saber a origem é o saber-se como limitado, e por isso, como determinado pelo seu não-ser, e logo, pelo ser absoluto. Se a liberdade formal é indeterminável, a liberdade material é determinada pelo ser. O saber "não assenta sobre o ser absoluto, mas sobre uma determinação da liberdade – não da liberdade formal, como se compreende, porque esta é absolutamente indeterminável –

---

[449] "Freiheit wäre nach diesem absolute Idendität des *Seyns* u. des *Nichtseyns*" (GA II/6, 185n).

[450] Cf. GA II/6, 214.

[451] "[...] dieses sich Halten des *Nichts* zum *Was*, der eigentliche wahre innere *Charakter der Wiklichkeit*" (GA II/6, 186).

mas de uma liberdade absolutamente real por meio do ser absoluto."[452] Este é o saber finito, ou a origem da finitude, a síntese entre a liberdade e a sua determinação pelo ser.

Isto designa Fichte finalmente com a quantitabilidade, o saber quantitativo. A liberdade é quantificação no sentido em que é limitada necessariamente. Esta determinação da liberdade não afecta a sua absolutidade formal, ou seja, que é auto-posição, mas determina a liberdade materialmente, isto é, ela, dentro de si mesma, é um ser quantificável e separado. O saber foi desde o início entendido como uma unidade de uma diversidade. Esta tese inicial aparece novamente como conclusão da primeira parte da exposição, onde se interroga de que modo a liberdade formal pode ser determinada pelo ser absoluto. Não se trata então da perspectiva do saber qualitativo, *o saber em geral*, mas do saber quantitativamente, ou seja, *deste* saber, ou de *um* saber determinado. O saber só pode tomar consciência de si na medida em que é um saber quantitativamente determinado.

A transição da liberdade formal para a liberdade material é a transição do puro facto de haver o saber e das suas condições, para uma análise interna do próprio ser do saber. O saber não pode ser sem um conteúdo diferenciável, ou seja, em que a liberdade é positivamente determinada por uma limitação.

A quantificação da liberdade é uma forma de referir a relação entre pensamento e intuição. "De onde provém então (no saber) [a diferença entre] o (ser) absoluto e a quantitabilidade? Resposta: justamente de uma disjunção desse superior, do pensar e da intuição na intuição ou reflexão que se coloca perante si."[453] O pensar é apenas qualitativo e conceptual, a intuição corresponde à sua colocação numa quantidade determinada, neste ou naquele caso ou exemplificação do saber. Para Fichte este é o começo da separabilidade essencial a todo o objecto que se dá à intuição real.

---

[452] "[...] nicht auf dem absoluten Seyn, sondern auf eine Bestimmung der – nicht formalen, wie sich versteht, denn diese ist durchaus unbestimmbar – sondern einer *absolut realen* Freiheit durch das absolute Seyn" (GA II/6, 226-227).

[453] "Woher denn also nun (im Wissen) das absolute (Seyn) u die Quantitabilität? Antwort: Eben aus einer Disjunction jenes höhern, des Denkens, u der Anschauung, in der vor sich hinstellenden Anschauung oder Reflexion" (GA II/6, 215).

O primado da liberdade significa que ao niilismo do saber que se sabe como a simples negação do ser absoluto, responde uma perspectiva realista superior, onde o saber é entendido como liberdade ética. O ser é entendido como anulação da liberdade, como agregação à pura actividade do eu de algo que a trava e constitui, assim, a matéria do saber. Este real apresenta-se pois, segundo Fichte, como negação da actividade do eu. Acima dele, como absoluta positividade, encontra-se a realidade ética da intersubjectividade, deduzida já na WL *nova methodo* e aqui novamente presente como consequência necessária da "quantificação" objectiva e subjectiva do saber, que se divide numa multiplicidade de tempos e espaços, por um lado, e de eus dotados de corpo, por outro. O real superior é positividade integral, de que o saber como negação do ser é somente o reflexo.

7. Sobre a segunda parte da Exposição de 1801/1802

A segunda parte vai ser a análise da "liberdade quantitativa" do conteúdo concreto do saber. A liberdade quantifica-se pela sua determinação pelo ser absoluto, ou seja, como se viu, pela sua própria negação numa forma estável e intuível do seu acto original. A liberdade depara-se então consigo mesma como a quantidade disponível para a sua actuação e como uma esfera dos actos possíveis,[454] como se viu na *Nova methodo*. A determinabilidade dessa versão aparece agora como a necessária quantitabilidade do saber. A tese central é que o quantificar não depende do ser ou da identidade absoluta, que não se pode auto-diferenciar em quantidade, conforme pretendia Schelling. O mundo não é "expressão, espelho" ou símbolo do (ser) absoluto, mas é "imagem e expressão da liberdade [...] formal, é esta para si e em si: é a luta descrita entre o ser e o não-ser, a absoluta contradição interior."[455]

Espaço e tempo são justamente esta contradição do conceito, que apenas permite um 'fechamento' incompleto, ou seja, séries indefinidas de quantida-

---

[454] GA II/6, 220.
[455] "[...] die Welt ist Bild u. Ausdruck der formalen [...] Freiheit, ist diese für, und in sich: ist der beschriebne Kampf des Seyns u. Nichtseyns, der absolute innere Widerspruch" (GA II/6, 226).

des, ou de lugares distintos para a efectivação de saberes e acções materialmente determinados. Esta é a intuição estável, ou "nada mais do que a própria quantitabilidade", o espaço.[456] Por outro lado, a quantitabilidade como constructibilidade numa série é o tempo.

Em geral, o mundo aparece como independente do saber dado que o saber "tem de se pressupor a si mesmo para poder descrever o seu surgimento e liberdade."[457] Na síntese suprema o saber encontra-se em pontos de reflexão, indefinidamente repetíveis, que entram em interacção entre si.[458] Estes são os vários "eus" cujo ser é força física e corpo no espaço e no tempo, de tal modo que mundo e eu são indissociáveis.[459] É condição do saber a limitação da liberdade por outra liberdade, e que sejam percepcionadas outras substâncias livres como forças no mundo sensível. É condição quantitativa e material de todo o saber a percepção de inteligências dotadas de corpos no mundo.[460] Cada uma delas é uma certa quantidade, um ponto de vista sobre o mundo comum da natureza. A inteligência é necessariamente múltipla, como intuição e quantidade, e somente da perspectiva do puro pensar se pode encontrar uma unidade formal e ideal do saber, unidade que não é real. O saber quantificado e realizado está, por isso, sujeito à inevitável capacidade de diferenciação de pontos de vista ou de perspectivas. Somente no pensar a WL se eleva acima do saber concreto e real, ou seja da vida. A WL distingue-se por conseguinte da vida, sendo uma simples construção teórica, mas aquela construção teórica que permite justamente ver, através de si, a vida.[461] A WL realiza o ideal da total transparência, ou seja, da visão correcta da vida, uma vez postas de lado todas as perspectivas ou construções teóricas unilaterais. O seu absoluto é a relação das inteligências segundo a lei moral.

---

[456] Cf. GA II/6, 231, 232.
[457] "[...] das Wissen sich selbst voraussetzen muß, um seine Entstehung, u. Freiheit auch nur beschreiben zu können" (GA II/6, 246).
[458] GA II/6, 281.
[459] GA II/6, 305, 306.
[460] GA II/6, 306.
[461] Cf. GA II/6, 323.

5. O Termo de um Desenvolvimento: A Primeira Versão da Doutrina da Ciência de 1804

1. A conclusão de um trajecto do pensamento

A versão de 1801/1802 da Doutrina da Ciência é a última que o autor preparou para publicação, embora somente a Introdução, ou seja, até ao § 10. Nos dois anos seguintes registam-se em cartas e outros documentos, da parte do próprio Fichte ou em segunda mão, a intenção do autor de publicar em breve uma exposição mais perfeita da Doutrina. Esta intenção não é, porém, jamais realizada, sendo substituída progressivamente pelo projecto de somente expor a Doutrina da Ciência oralmente.[462] Fichte evidencia, nesses anos, um crescente pessimismo quanto à possibilidade de uma versão escrita poder jamais esclarecer o público acerca do sentido autêntico da WL.

A primeira versão de 1804, de que nos ocupamos neste capítulo, apresenta uma organização bastante diferente da exposição anterior. Está dividida em 30 Lições, que incluem três Lições de Prolegómenos, e uma análise do saber em vários estádios e perspectivas, que se completa com o enunciado dos pontos

---

[462] Em 5 de Janeiro de 1804 Fichte faz publicar no "Berliner Nachrichten Von Staats- und Gelehrten Sachen" um anúncio do primeiro ciclo de conferências da primeira exposição da WL nesse ano. Lê-se aí que o autor "prefere escolher esse meio de comunicação, porquanto não tenciona dar à estampa o resultado das suas novas investigações de há vários anos, uma vez que esta filosofia não se deixa aprender historicamente. A sua compreensão pressupõe a arte de filosofar, a qual se aprende e exercita de modo mais certo pela exposição e discussão orais" ("[...] wähle diesen Weg der Mittheilung um so lieber, da er das Resultat seiner neuen vieljährigen Untersuchungen nicht durch den Druck bekannt zu machen gedenkt, indem diese Philosophie sich nicht historisch erlernen läßt; sondern ihr Verständniß die Kunst zu philosophieren voraussetzt, welche am sichersten durch mündlichen Vortrag und Unterredung erlernt und geübt wird") (cit. in "Vorwort", in GA II/7, 48). V. tb. GA II/7, 38-41.

de vista do saber sobre o real, nomeadamente, a empiria, o direito, a moral, a religião e a filosofia ou a ciência. Como desenvolvimento interior à própria WL encontra-se nesta versão uma referência explícita, embora sumária, àquilo que, nas versões anteriores, tinha ficado por resolver. Segundo Fichte, todas as versões até aqui detiveram-se numa perspectiva fáctica sobre esta unidade ou interdependência entre o ponto de vista da WL e do ponto de vista do "saber real".[463] Teria ficado por realizar uma compreensão explícita da relação entre a auto-compreensão integral do saber e o saber real. A auto-compreensão integral do saber ficou alcançada, a partir de 1801/1802, quando é explicitado o domínio crítico do saber por si mesmo. Em 1804, a intenção é realizar uma intelecção explícita do fundamento último dessa relação, ou seja, "genetizar" essa intelecção, retirando-lhe todo o seu carácter de dado. Esta genetização vai acontecer, como se irá ver, pelo novo conceito de "luz", a partir do qual se podem unificar toda a facticidade e o inteligir produtivo ou genético.[464]

---

[463] Cf. GA II/7, 192.

[464] W. Janke descreve do seguinte modo o desenvolvimento entre as versões de 1801/1802 e de 1804: "esta exposição madura [a WL de 1804] assume, numa reflexão transcendental, a tarefa de resolver a velha questão da unidade da unidade e da multiplicidade do ser. [...] Este percurso do pensamento prossegue além da versão da WL de 1801/1802. Esta tinha desenvolvido uma ciência do puro saber que, na intuição intelectual, permite inteleccionar o modo como aquela se produz. Agora, porém, a fundamentação vai mais abaixo. Isto acontece porquanto o puro saber absoluto se compreende como fenómeno do absoluto que, na sua génese, é impenetrável. Isto pressupõe um ser absoluto que ilumina o seu próprio ex-istir como saber" ("Diese reife Fassung [sc. die WL 1804] übernimmt in transzendentaler Besonnenheit die alte Aufgabe, die metaphysische Frage nach der Einheit von Einheit und Vielheit des Seins zu lösen. [...] Dieser Gedankengange geht über die Fassung der Wissenschaftslehre 1801-02 hinaus. Diese hatte eine Wissenschaft vom reinen Wissen, das in intellektueller Anschauung das Wie ihrer Hervorbringung zur Einsicht bringt, entfaltet. Jetzt aber reicht die Grundlegung tiefer. Das geschieht dadurch, daß reines, absolutes Wissen als Erscheinung des in seiner Genesis undurchdringlichen Absoluten begriffen wird. Das setzt ein absoules Sein voraus, das seinem eigenen Da-sein als Wissen einleuchtet") (W. Janke, *Die dreifache Vollendung des Deutschen Idealismus*, Amsterdam – New York, 2009, 256). Acreditamos que todas estes princípios estão já criticamente presentes em 1801/1802. O desenvolvimento posterior diz respeito sobretudo a um aprofundamento conceptual que leva à susbtituição de conceitos como o de "quantitabilidade" pelo de "existência" e o da "pura génese" pelo da "luz". Estes desenvolvimentos conceptuais permitem conceder à WL um mais claro alcance metafísico, e conferir à génese um aspecto estável, estabilidade que parece faltar à versão de 1801/1802, onde a pura génese é apresentada de modo principalmente agónico. Sobre o conceito de "luz" cf. I. Thomas-Fogiel, para quem "ce qu'entreprend de penser Fichte, par cet appel à la notion de lumière, est l'essence même de la réflexivité" (op. cit., 204).

Nesta versão de 1804, aparecem já definidos a maior parte dos conceitos, temas e questões que irão marcar com uma relativa estabilidade o período central da WL, que antecede as formulações finais, a partir de 1810. Com base no que ficou realizado na exposição de 1801/1802, e como fruto de uma elaboração intensa ao longo dos dois anos seguintes,[465] o autor adquire então uma concepção da WL que apresenta uma forma durável.[466] Assim, as diferenças entre as exposições deste período são sobretudo de enfoque. Fichte parece ter uma perspectiva geral definida e satisfatória da WL, desenvolvendo sucessivamente aspectos que estavam somente esboçados, ou apresentados de modo pouco acentuado, em cada uma das versões anteriores. Falamos essencialmente de um total de cinco exposições, incluindo a de que nos ocupamos: duas de 1804, uma de 1805 e outra de 1807. Estas exposições parecem demonstrar que a WL é um todo orgânico, onde cada parte conduz às outras, ou onde qualquer elemento pode desempenhar uma função central. Não se poderia falar aqui, porém, de algum modo fixo de proceder, ou de um sistema cujas partes sejam enunciáveis segundo algum esquema fixo. O sistema pode ser percorrido dos mais diferentes modos, com uma base estável, que tentaremos expor a partir desta primeira versão de 1804, que representa um ponto de chegada para a WL da maturidade. Esta versão representa, pois, simultaneamente o ponto de chegada de todo o desenvolvimento já estudado e a primeira forma da WL que se seguirá nos anos seguintes, cuja interpretação ultrapassaria os limites desta investigação.

Os grandes temas que emergem a partir de 1804 são o saber como imagem do absoluto ou como a sua "forma existencial", a apresentação do eu como "luz", a análise do saber como "ver", a relação do saber e do seu objecto apresentada como oscilação entre realismo e idealismo.

Ficou estabelecido na versão anterior que a WL é uma perspectiva crítica sobre a filosofia do absoluto, ou antes, uma filosofia crítica e reflexiva do absoluto. Este designa a unidade entre liberdade e natureza, entre a consciência e o seu objecto, e deverá ser o fundamento de um saber que não

---

[465] V. nota 1 supra.

[466] Não se trata ainda de uma forma definitiva uma vez que haverá inovações no período final, que já não poderemos tomar em linha de conta nesta investigação.

se apresente como simples opinião. O saber não fundamentado é opinião, e torna-se mero instrumento de outras instâncias que passam então elas a desempenhar a função de absoluto. Além de unidade entre liberdade e natureza, da consciência e do objecto, e de ciência em oposição à opinião, o saber constitui, finalmente, uma ética onde todas as faculdades do homem operam em unidade. O absoluto será a unificação de dualidades que são a expressão justamente dessa falta de uma unidade fundamental e auto-fundamentada o saber. Como filosofia crítica do absoluto, a WL não vai simplesmente eliminar qualquer menção a este, mas pretende compreender de que modo essa unidade é projectada ou projectável pelo saber humano. A tese central é que o absoluto, ou seja, essa unidade e fundamentação – correspondam ou não elas a um objecto real – faz, positiva ou negativamente, parte integrante da consciência e do saber humanos. Aliás, a tese de Fichte é filosoficamente ainda mais significativa, porquanto é a de que essa unidade e fundamentação é não só parte integrante do saber, como também o seu constituinte essencial. Como tal, a função da WL consiste em mostrar que o saber é, essencialmente, derivável da unidade auto-fundamentadora, ou uma expressão desta unidade. Em termos kantianos, poder-se-á dizer que a WL seria como uma crítica da razão onde se tratasse de mostrar que as categorias do entendimento e as formas da intuição são deriváveis a partir da razão, como faculdade das ideias incondicionadas.[467] Conforme pretendia Kant, a razão seria, então, essencialmente crítica. Ou, formulado de outro modo, crítica e saber são interdependentes e, dir-se-ia mesmo, inter-constitutivos.[468] Na mesma medida em que a crítica se torna na base de todo o saber, o absoluto torna-se objecto de uma referência necessária. Em 1801/1802 a perspectiva crítica é acentuada pela sua Introdução, cuja função era a de fazer evidenciar a inadequação de procurar pensar o absoluto como mais um objecto do pensar, o que significa submetê-lo às

---

[467] Ver A. Philonenko, *La liberté humaine dans la philosophie de Fichte*, Paris, 1966. "On pourra dire d'une manière très générale qu'au fond Fichte a suivi la «Critique de la raison pure» en partant du fin. De l'illusion transcendantale elle redescend jusqu'au schématisme de l'imagination transcendantale et au temps en suivant la dialectique des systèmes qui lui permet de dégager les categories à partir des Idées [...]" (ib. 334).

[468] Já em Kant se encontra a tese de que a própria existência da razão está dependente da crítica.

categorias e formas do pensar. Na medida em que aparecia como um produto do pensar, perdia toda a validade objectiva.[469]

Mas se é válida a tese geral de que a crítica é constitutiva do saber, então a Introdução, onde é criticada e rejeitada a ideia de que se possa pensar o absoluto sem mais, não deve ser uma introdução externa, e deve ser mais do que um meio de conduzir o indivíduo à WL, ou uma simples crítica à filosofia do absoluto. A introdução crítica deve ser entendida como constituição do próprio saber. A doutrina assume então a tradicional forma platónica de ascensão e descida,[470] onde os mesmos elementos, ou pontos de vista sobre o saber que são encontrados na ascensão são recuperados na descida. A ascensão é feita por meio de evidências "fácticas", e na descida os mesmos pontos de vista são reencontrados, agora esclarecidos pelo que Fichte chama a "evidência genética". Ou seja, apresentam-se inicialmente com uma evidência "fáctica", como pontos de vista que a consciência assume sobre o absoluto, pontos de vista que se vão revelando sucessivamente como insuficientes. Assim, o que foi objecto de uma evidência "fáctica", transforma-se em evidência "genética", o que era contingente, em necessário. Esta passagem do problemático e contingente ao necessário e categórico é uma preocupação essencial desta versão de 1804.

Uma novidade importante desta versão em relação à anterior é, assim, que o que era introdução passa a ser apresentado de modo mais integrado ao longo da exposição. A introdução passa a integrar a WL como sua primeira parte, ou o seu percurso "ascendente" até ao ponto de vista onde o saber não mais se distingue o seu objecto, a que se segue um percurso "descendente", onde a consciência se reencontra, plenamente esclarecida. No primeiro percurso, mostra-se que a consciência necessita do absoluto como sua condição de possibilidade, ao passo que no percurso descendente, mostra-se, correspondentemente, que o absoluto se manifesta como consciência. Este esboço

---

[469] Como conclusão da introdução, encontrou-se um saber que não mais objectiva o absoluto, mas é, ele mesmo, saber absoluto, que se apresenta sob a forma da intuição intelectual. Em seguida, a análise do saber absoluto ou da intuição intelectual vai permitir encontrar novamente a diferença constitutiva do saber concreto, nomeadamente, a chamada "quantitabilidade".

[470] Poderia especificar-se que a evidência fáctica corresponde à hipoteticidade, e que a evidência genética corresponde à dialéctica descendente.

geral do percurso permite-nos definir o sentido do absoluto para Fichte nesta fase do seu pensamento. De modo nenhum há um abandono da perspectiva crítica sobre o seu pensamento. O local, no caminho da WL, onde o absoluto se deveria situar é o centro da exposição, entre a ascensão e o retorno, mas o que se encontra aí, já segundo a exposição de 1801/1802 é, não o absoluto, mas o saber absoluto, e isso não se altera nas versões posteriores a 1801/1802. O estudo deve ser, por isso, deslocado de qualquer perspectiva objectivadora sobre o absoluto, para o estudo do saber absoluto, cujo conteúdo básico é a intuição intelectual. O saber absoluto não tem exterior, nem pode, por definição, ter algum exterior – daí a importância de explicar "geneticamente" a relação entre o ponto de vista da WL e o "saber real", ou como este se gera pela auto-limitação do saber absoluto. Mas se de todo o saber absoluto pode ser enunciado ou concebido, esse enunciado ou concepção sua tem de partir de uma análise interior a ele, e não a partir de qualquer ponto de vista exterior. Uma vez dado o saber absoluto, essa sua ocorrência só pode ser dita, pensada ou de algum modo tematizada como a sua análise. Dado o facto de o nosso pensamento ou, eventualmente, a nossa intuição, o visar ou procurar definir, para que este pensamento possa ter alguma validade, ele tem de se entender como resultante e parte integrante do saber absoluto. Qualquer outra perspectiva invalida a tentativa de uma fundamentação última do saber.

Fichte recorre, a título ainda introdutório e num percurso de tipo ascendente, comparável à Introdução da *Exposição* de 1801/1802, à figura conceptual do "nós" da WL, ou seja, do actor que facticamente pensa o saber e concebe a sua fundamentação. E, consequentemente, o sujeito do pensamento ou da concepção do absoluto só se pode compreender também como o resultado da análise, ou da auto-análise do saber absoluto, se, de todo, o pensamento de uma fundamentação última do saber deve ter validade.

Em todo o percurso existe, porém, uma circularidade, na medida em que não há propriamente a confirmação, pela experiência ou por uma demonstração, do saber absoluto. O raciocínio é feito antes segundo a seguinte forma: se deve haver um saber absoluto, então ele se tem de exprimir como uma hipótese problemática. A circularidade não é viciosa porque não se trata simplesmente de partir da hipótese da saber absoluto para demonstrar a sua realidade, e de partir desta para confirmar a hipótese. O que Fichte pretende fornecer é uma intelecção de que o saber absoluto só se pode manifestar como uma hipótese, e que esta tem, por sua vez, como condição, o saber absoluto. Uma vez que essa hipótese é facticamente posta, então ela só pode ser condicionada, geneticamente, pelo saber absoluto. Do modo o mais sucinto, dir-se-ia que se trata de uma dedução genética da facticidade, ou seja, da demonstração de que deve haver uma facticidade indemonstrável como elemento integrante da WL. A necessidade da contingência seria então a expressão mais simples da filosofia transcendental tardia de Fichte. Fica assim satisfeito o interesse epistemológico do saber, numa nova demonstração, agora não da incompletude, como nos *Fundamentos* de 1794/1795, mas da contingência necessária do saber.

Há mais do que uma formulação das transformações e consequências desta forma geral do sistema. Segundo uma nota acrescentada logo à primeira Lição, "nada pode permanecer, no seu princípio, inconceptualizável, ou seja, inexplicável para a WL. É certo que esta põe um *inconceptualizável*, embora não inconceptualizável para si, mas para a consciência."[471] Ou então, numa outra formulação: "problematicidade = subjectividade = ponto de vista da WL – e necessidade = objectividade = ponto de vista do saber real, são ambos incondicionalmente impossíveis, e só na sua condicionalidade recíproca são possíveis: i.e., *nenhum dos dois é o absoluto*, mas a *condicionalidade* recíproca *de ambos* [...] é o absoluto, unicamente a partir do qual ambos provêm, segundo a sua possibilidade."[472] Em geral, esta oposição vai ser equacionada com a relação entre essência e existência, bem como entre inteligência e intuição. Na sua versão de 1801/1802, a oposição entre ser e liberdade era já uma primeira forma desta mesma oposição, que surge aqui numa forma, por assim dizer, clássica.

2. O princípio da WL 1804/I

A exposição parte de algumas noções gerais sobre o significado e o método da WL, apresentadas nas três primeiras Lições, que permitem enten-

---

[471] GA II/7, 69.
[472] GA II/7, 192

der, de modo não sistemático, os principais tópicos que vão aparecer em todo o desenvolvimento da exposição até à Lição 30.

O tema definitório da WL é dado pela própria concepção mais geral da filosofia segundo Fichte: trata-se de "reconduzir todo o diverso à unidade absoluta."[473] Na medida em que a filosofia é, em qualquer caso, saber, esta recondução deve realizar-se, por conseguinte, no saber e também como saber.

No que toca à apresentação do método, a introdução refere que a referida recondução do diverso à unidade deve ser feita na evidência denominada "genética", ou seja, que envolve a compreensão das razões por que determinada afirmação é feita, ou que explicita as condições de possibilidade que uma intelecção alcançada pressupõe. Num primeiro movimento, até à Lição 9, a exposição será uma série de pontos de vista ou de intelecções que vão sendo alcançadas com uma liberdade da reflexão, ou por orientação do filósofo. A partir daí, num segundo movimento, a exposição obedecerá, essencialmente, à auto-análise do saber.

Ao procurar indicar as causas e princípios últimos de qualquer intelecção alcançada, a WL pode ser por isso entendida como uma metafísica do saber, que estudará a acção e o processo de recondução à unidade do "diverso", conforme Fichte enuncia, de acordo com o vocabulário kantiano. O saber é sempre uma unidade, ou uma recondução à unidade, em especial da "cisão originária" entre "o mundo e a consciência (objecto e sujeito)."[474]

A WL não pode, em consequência, deixar de ser uma teoria da consciência, ou seja, da própria posição do sujeito que de algum modo se diferencia do seu objecto. Se a filosofia pode então ser definida como a recondução à unidade do diverso, é porque a unidade é entendida sempre como um investimento do sujeito. Poderia observar-se aqui que Fichte não toma em atenção a eventual possibilidade uma unidade objectiva e das suas condições.[475] Por

---

[473] "Alles Mannigfaltige auf absolute Einheit zurückzuführen" (GA II/7, 68).

[474] "ursprüngliche Spaltung [zwischen] Welt, u, Bewußseyn (Objekt u., Subjekt)" (GA II/7, 70).

[475] Este tipo de análise está presente, por exemplo, na Filosofia da Natureza de Schelling ou de Hegel. Mas também aqui se confirma que a análise das condições da unidade objectiva mostram que a subjectividade está já sempre nela presente em potência. A unidade mais elementar na natureza é já um esboço de subjectividade, ou o início de um processo de emergência.

ser impensável uma unidade objectiva, a natureza "não tem interior"[476] e, por isso, não seria cabível procurar nela a unidade senão como um reflexo da subjectividade. Esta não consideração de uma unidade objectiva funda-se no argumento fichteano de que toda a consideração, tematização ou apercepção da unidade é realizada por um sujeito, ou presente a uma consciência. A unidade que não aparece não deve ser, segundo Fichte, tema da filosofia, e só por abstracção ou pela "irreflexão" ("Unbesonnenheit") própria da utilização não-filosófica do saber, e situada então necessariamente fora do domínio da filosofia, pode uma unidade não medida pelo saber ou pela subjectividade ser tema de um qualquer discurso.

Assim, a par da disjunção primeiramente referida que aparece como ocorrendo entre a consciência e o mundo, ou o objecto, deve-se considerar ainda uma segunda diferença, que deriva directamente da decisão metodológica sobre o procedimento filosófico. A necessidade de atender a esta diferença deriva do modo como Fichte interpreta a filosofia transcendental: como uma reflexão sobre as condições de possibilidade de ocorrência de toda e qualquer afirmação, ou intelecção. A filosofia deve ser entendida como reflexão sobre condições de possibilidade. Esta diferença tem um carácter metodológico, e é o motivo de todo o movimento da exposição. Trata-se de questionar sempre como e porque se fez determinada afirmação acerca do saber, ou da consciência, ou de saber como se pôde alcançar uma determinada posição do saber. E o movimento da exposição será sempre a de realizar uma afirmação, ou intelecção, reflectir acerca dela, e entendê-la como um facto (facticamente). A explicação das suas condições de possibilidade corresponderá à definição da sua "génese", e proporcionará uma afirmação "genética". Esta diferença, de cariz metodológico, e implicada necessariamente pela definição reflexiva da filosofia, parte da diferença entre esta unidade absoluta (=A) e a "consciência subjectiva do filósofo" (=B).[477]

Dadas estas precisões preliminares, que situam a WL no domínio do aparecer à consciência do objecto e do modo de proceder transcendental, a WL

---

[476] "[...] es ist in ihnen [das absolute äussere, die Phänomene] als solchen gar kein inneres" (GA II/7, 104). O contexto faz referência explícita aos fenómenos e à exterioridade como a natureza.

[477] "subjektive Bewußtsein des W.L." (GA II/7, 74).

tem como ponto de partida, ou princípio, na Lição 4, o conceito da "exposição absoluta, como absolutamente se expondo."[478] Fichte esclarece o conceito de "exposição absoluta" como se segue. "Exposição exactamente não [como se expondo] fora de si e perdendo-se a si mesma num produto separado (como um obra de arte, em relação ao artista), mas que também permanece em si. [Exposição] exteriorizando-se absolutamente: logo, de tal modo que o ser substancial e a exteriorização fossem concebíveis como inteiramente inseparados."[479] Esta pura exposição aparece como expondo-se "absolutamente", o que parece significar que, de algum modo, a diferença entre interior e exterior está anulada numa pura exposição.

O princípio da exposição, no entanto, diz mais do que o simples conceito da exposição em sentido absoluto, porquanto põe a relação entre exposição e a sua reflexão ou consciência. O que o princípio enuncia é que a exposição não pode ocorrer sem ter ou sem ser *para* a consciência. A primeira distinção estabelecida é entre um elemento, grafado A e outro, grafado B, ou seja, entre a simples exposição (A) e a exposição *como se expondo* (B). No próprio conceito da pura exposição está presente uma simultânea identidade e não--identidade entre A e B.

Esta distinção, que aparece como "princípio" permite compreender o sentido de toda a exposição subsequente. Fichte retira duas consequências principais deste primeiro enunciado do princípio da "exposição absoluta". Em primeiro lugar, observa que B introduz a diferença entre ideal e real, na medida em que A aparece como real pressuposto, e B como o ideal que apenas reflecte acerca de A. Em segundo lugar, e de acordo com o princípio metodológico enunciado, chama-nos a atenção para a relação entre os dois termos.

Há uma unidade reflectida entre A e B, ou seja, há "um e o mesmo eu"[480] nos dois elementos. Esta permanência do eu nos diferentes elos da disjunção em causa exprime, por um lado, a unidade sempre presente em toda a

---

[478] "absolute Darstellung, als sich absolut darstellend" (GA II/7, 85).

[479] "Darstellung, nicht gerade ausser sich, u. sich selbst verlierend in einem abgeschienen Produkte (als da ein Kunstwerk, in Beziehung auf den Künstler) sondern auch wohl in sich bleibend: nur absolute äussernd: also daß das substantielle Seyn, u. die Aeusserung als durchaus unzertennlich begrifflich würden" (GA II/7, 85).

[480] "ein u. dasselbe Ich" (GA II/7, 86).

diferenciação no interior do saber e das suas condições. Onde quer que se olhe para uma dualidade, é pressuposta uma unidade em si mesma reflectida. Esta unidade reflectida é o saber na sua unidade-na-diversidade própria, é o que efectua a passagem entre os dois elos, mas é também o que se identifica somente na medida em que se diferencia desses elos objectivados perante ele. Esta função de unidade é apresentada primeiramente apenas como um facto, o mero facto do ver, o puro "que" ("daß") que deve, em seguida, inteligir-se a si próprio não só como a instância que constata a disjunção, mas como a sua fonte. Fichte observa, sistematicamente, que se procurarmos definir, ou inteligir esta unidade do diverso, encontramos nela o princípio da dualidade. Então, denomina-a "génese", e a intelecção realizada é uma "intuição genética", e não mais "fáctica".

Aquilo que permite prosseguir é o reconhecimento de que esta relação de identidade e não-identidade entre o aparecer simples e o aparecer que aparece enquanto tal, obedece a uma legalidade e necessidade. Esta relação necessária é o saber em si, que Fichte denomina "pura sequência", "vida interior" do saber em si, "absoluto sair e ser lançado para fora a partir do primeiro, [...] puro salto na pura identidade" ou, afinal, "intuição intelectual".[481] Esta relação que define o saber aparece aqui como um facto dado, que não conhece ainda a sua génese e condições. Tem-se então a evidência de uma unidade na base da disjunção do saber, mas uma unidade que depende da nossa reflexão sobre ela, e a questão é sobre o estatuto dessa evidência e a problematicidade desta evidência. A questão poderia colocar-se o seguinte modo: qual o estatuto do saber desta sequência e unidade necessária? No estado em que se dá, não está reflectido se se trata de mais do que um mero acidente e reflexo dispensável dessa unidade e sequência do saber em si mesmo. Daí poder ser afirmada a "problematicidade" da intelecção realizada.[482]

---

[481] "[...] absolutes Herausgehen u. herausgeworfen werden aus dem ersten [...], reiner Sprung, saltus, bei reiner Identität" (GA II/7, 87).

[482] Cf. GA II/7, 96.

3. A problematicidade da evidência

A questão levantada sobre a problematicidade da evidência significa que toda a evidência que é alcançada sobre o saber pressupõe a própria existência deste. Pela referência à evidência e à questão do eu, o problema pode ser visto a partir do enunciado da certeza cartesiana, segundo a qual tudo o que é visto clara e distintamente, ou seja, que é visto como evidente, é verdadeiro. Este é, na verdade, o paradigma da filosofia da consciência. A questão que Fichte levanta a este enunciado e a este paradigma é que a evidência do saber sobre si mesmo dá por garantido que há essa evidência e o saber dela. Neste sentido, a evidência é sempre problemática, porque a existência dessa evidência não é necessária. Se não houver saber, então não há evidência. A evidência mais perfeita coexiste aqui com a integral contingência. No entanto, *posto que* há saber, então ele é evidente, o que Fichte sublinha com a alegada "faticidade" do saber ou da evidência. Deve-se observar que caso o saber não exista, não há evidência, nem nenhuma necessidade do objecto da intelecção realizada. O saber é um simples facto, uma mera existência e, como tal, problemático. Contudo, numa outra perspectiva, ele tem a evidência, e, por isso, contém a necessidade de si mesmo. Em toda a evidência não se passa da afirmação de que 'se existo, então existo necessariamente'. Mas permanece sempre a facticidade e problematicidade na base.

O modo de suprimir esta problematicidade é a aquisição de uma evidência genética. Isto está contido na própria evidência da lei. A lei significa que podemos compreender a necessidade da existência do saber. Esta lei é a lei da reflexão, ou seja, que o saber só pode existir como se sabendo diferente do ser em sentido imanente, ou seja, absoluto. Ou seja, que o saber só pode existir na disjunção, e na sua própria problematicidade. A lei do saber e da consciência é, portanto, o saber da sua própria problematicidade como necessária. Poder-se-ia dizer que a lei é saber que o saber é necessariamente problemático. Toda a sucessiva verificação que Fichte irá realizar, sobre se esta intelecção é problemática ou necessária não acrescenta, em última instância, nada de essencialmente novo. Ao longo dessa investigação vão-se encontrar outras dualidades como necessárias, mas a unidade central não será essencialmente diversa desta definição inicial, porquanto Fichte a entende como inseparável do carácter transcendental da filosofia. Na verdade, este resultado, que se pode encontrar logo no início da apresentação, acabará por ser definitivo, como um esclarecimento absoluto do saber por si mesmo, e fundamentação última que não implica um fechamento em si.

A doutrina continua porque há sempre a intelecção de que se viu algo de necessário, ou seja, que se evidenciou, na verdade, que o saber *só* pode existir como manifestação de um outro absoluto além de si mesmo, ou seja, do não--relativo, do que não "empalideceu" na manifestação. Este seria a necessidade absoluta, não marcada pela problematicidade do saber e da consciência, ou o próprio ser, definido como "singulum de vida", "em si mesma, por si mesma e a partir de si mesma",[483] modelo de que o aparecer é simples imagem, ou antes, que faz do aparecer uma simples imagem (Bild), de uma realidade originária (Urseyn, Urrealität).

Isto é, a cada momento há a tese realista suposta de que a lei que se inteligiu, a sequência que se viu e que, de algum modo, se compreendeu que não pode ser de outro modo, é efectivamente uma necessidade real. Mas esta necessidade real significaria a ultrapassagem da restrição crítica. Ora, se a condição do aparecer é justamente a problematicidade do mesmo, a questão é que embora neste aparecer se conheça a necessidade, ele não deixa de ser problemático, num sentido – dito formalmente – mas num outro, do conteúdo do que nele é afirmado, ou seja da lei – dito materialmente – ele é necessário, ou uma intelecção necessária. Fichte encontra-se, assim, numa situação de antinomia de tipo pragmático. O *facto* de que diz algo é problemático, o *conteúdo* do que diz é categórico. Deve observar-se que a antinomia acontece porque a afirmação é auto-referente, ou seja, sobre o próprio dizer, ou sobre o próprio saber. Se fosse sobre qualquer outro objecto, não resultaria paradoxal. Se se afirmar, como Fichte começa por fazer na exposição de 1794/1795, que "A→A", o conteúdo é necessário, independentemente do facto de a afirmação ser problemática. Ou este último facto é irrelevante no que se refere ao conteúdo do que é dito. O problema só surge porque o enunciado da WL é sobre o próprio saber, ou sobre a justificação de todo o saber, ou de todo

---

[483] "singulum des Lebens" (GA II/8, 242); "es ist durchaus von sich, in sich, durch sich" (GA II/8, 228).

o dizer em geral. Assim, qualquer tese a que se chegue, qualquer afirmação de conteúdo necessário sobre si mesmo, é condicionada pela problematicidade do dizer. Tal como vimos segundo Descartes, 'tudo o que é evidente é verdadeiro'; mas, para que haja evidência é preciso antes que o eu seja. Se o eu não existir não faz sentido falar em evidência. Trata-se, claramente, como Fichte não se cansa de recordar ao longo desta exposição, de uma evidência condicionada. A auto-evidência do saber é necessária, mas, para o caso de um enunciado sobre o saber, diferentemente de todos os outros enunciados, põe-se o problema da existência. Na verdade não há uma verdadeira evidência da existência, ou antes, Fichte não nega que haja uma evidência, mas designa-se como não-genética, ou somente fáctica. Põe-se aqui justamente o mesmo problema que se põe em todos os outros casos, se se tentar passar de uma afirmação meramente formal, por exemplo, 'A→A', para uma afirmação material, sobre a existência.[484] O problema é sempre o da passagem de um enunciado meramente formal para um enunciado material.[485] Fica assim dito que não se pode falar acerca do fundamento do saber, ou sobre o saber do saber, sem falar da questão da existência, conclusão que Fichte retira explicitamente nesta versão da WL, e que vai tornar o tema central da versão que irá proferir no ano seguinte.[486] Conclui daí que o saber não pode ser tematizado como um qualquer outro objecto, separando a sua essência da sua existência. Segundo Kant, a predicação, e mesmo a definição essencial do objecto é totalmente independente da sua existência. Esta só é dada pela sua "posição", ou pela experiência, segundo a filosofia crítica. A questão que aqui aparece, e que faz da WL nestas exposições, além de uma teoria da consciência, também uma metafísica do saber, é se seria possível falar sobre o saber do saber sem questionar a sua existência. A resposta de Fichte é negativa, porque a filosofia, ao visar um enunciado necessário sobre o saber, levanta inevitavelmente a questão pela sua existência e, assim, a dualidade entre essência e existência.

---

[484] O problema já estava posto desde o *Conceito da Doutrina da Ciência* de 1794 (cf. GA I/2, 121-122. Neste sentido, não há nada de essencialmente novo na WL tardia.

[485] O uso invulgar dos termos material e formal por Fichte faz com que o uso agora esteja invertido em relação ao uso no contexto anterior.

[486] Cf. GA II/9, 185ss.

Como se irá verificar, essa dualidade vai ser referida à dualidade entre inteligir e intuir.

Entretanto, a essência alcançada, ou aquilo que é inteligido, é a lei objectiva do aparecer de si mesmo, ou da consciência. Esta lei objectiva coincide com aquilo que foi feito até aqui, ou seja, a separação do sujeito em relação ao objecto, ou entre o saber-sujeito e o saber-objecto. Descobre-se então que o que se tinha realizado antes era necessário e expressão da própria lei objectiva (ou subjectiva-objectiva) do saber. Ou seja, decobre-se que a presença do aspecto pragmático do enunciado, da problematicidade, não é eliminável, mas parte integrante da definição do saber. Há aqui uma forma não eliminável da existência, a que Fichte chama "forma existencial" (externa ou interna, consoante a perspectiva assumida). Esta forma não é somente a do enunciado problemático em cada caso sobre o saber, mas de todo o enunciado em geral. Generaliza-se este lugar não explicável para o saber como condição em geral de todo o saber. O enunciado válido sobre o saber é que existe este inconceptualizável. Este, que se revela como intuição, é condição de toda a fenomenalização em geral.

4. Superação da problematicidade da evidência

Este ponto final da introdução é alcançado no final da Lição 9 e estende os seus prolongamentos e consequências até à Lição 10, na qual não é ainda iniciado nenhum questionamento novo.

Este ponto final é exposto, conceptualmente como a *unidade* que era buscada desde a definição da filosofia de que partiu a WL (na Lição 4). Define-se assim a unidade "absoluta" do saber, perante a qual está a sua unidade em oposição à disjunção, unidade absoluta que só se pode expor e dar ao saber justamente nessa forma de unidade distinta da disjunção. Esta unidade separada é a "unidade *qua* unidade" (115), fórmula que repete a 'exposição *qua* se expondo', que é inerente ao próprio sentido de qualquer exposição. A WL aparecerá doravante como uma ontologia da imagem. O saber encontra então uma unidade absoluta, mas, ao encontrar a sua própria essência como tal, ele só pode ser aparecer na medida em que se opõe a essa unidade em sentido absoluto. Nesse saber de si como unidade, o saber recupera, no seu próprio conceito, a diferença entre conceito e intuição, a essência e a existência do saber. Assim, a 10ª Lição abre com a afirmação de que "o que vivemos e fizemos na última lição é o mais elevado vôo que pode assumir a pura clareza da razão que se dirige exclusivamente para o uno,"[487] e continua na página seguinte: "chegamos agora à disjunção, diferenciar, cindir e, com efeito, ao [diferenciar e cindir] absoluto, ao que de mais elevado pode ser diferenciado."[488]

Com a definição do aparecer como relação entre essência e existência, a WL aproxima-se do seu primeiro ponto de completação, onde o saber passará à sua exposição para si mesmo e a partir de si mesmo, e não a partir de uma intelecção fáctica exterior, que o objectiva.

Este ponto final da introdução é precedido pelo que Fichte assinala como um "último recurso ao apelo" ("Aufforderung")[489] a pensar a necessidade do saber e reflectir sobre as condições desse pensamento. Esta intelecção mais elevada tem como resultado o abandono da orientação exterior ou da liberdade arbitrária da reflexão. "Que isto é assim, soubêmo-lo *nós*, a WL, conforme doravante [...] quero passar a denominar o nosso sujeito, uma vez que intelecciónamos em conjunto, fundidos com a unidade da intelecção."[490] Esta é uma consequência metodológica da maior importância para a concepção da exposição, mas que conhecíamos já da *Exposição* de 1801/1802.[491]

Vai-se agora compreender as condições da intuição intelectual, que ficou identificada desde o início da exposição,[492] e foi suposta em toda a exposição. Alcança-se então um conceito que deve permitir derivar a disjunção.

---

[487] "[...] was wir in der letzten Stunde gelebt, u. getrieben, ist der höchste Flug, den die reine Klarheit der nur aufs Eine gerichteten Vernunft nehmen kann" (GA II/7, 116).

[488] "[...] wir kommen nun zur Disjunktion, unterscheiden, spalten, und zwar zur absoluten, dem höchsten was unterscheiden werden kann" (GA II/7, 117).

[489] GA II/7, 113.

[490] Dieses, *daß* ses also sey, wusten doch Wir, die W.L. wie *ich* (de ich allein nur rede) von nun an *unser*, da wir gemeinschaftlich einsahen, zur Einheit der Einsicht verschmolzendes Subjekt nennen will" (GA II/7, 117) Cf. também GA II/7, 112, 113.

[491] Observe-se que Philonenko pretende encontrá-la já nos *Fundamentos* de 1794/1795.

[492] Cf. GA II/7, 87.

Evidenciou-se que a *exposição como exposição* envolve o conceito da existência como exterioridade do conceito, ou seja, a relação entre a essência do saber, como a sequência necessária dos seus elementos, e a existência de toda essa situação. Esta definição destina-se a preparar uma perspectiva onde a problematicidade é, senão eliminada, pelo menos concebida em todo o seu alcance como necessária. A relação não é mais entre um saber originário e um outro saber reflectido e contingente, exterior aa primeiro, mas entre essência em si, que é o inteligir e a sua "forma existencial". A totalidade do saber está unificada sob um conceito, ou uma essência do saber, e desta unidade da concepção se deve deixar derivar tudo o resto.[493]

Intelige-se finalmente que a exterioridade é "um saber *que não se conceptualiza*. Assim, o saber transparente que se conceptualiza é intelecccionado como *um e o mesmo* que o ser, fora do qual não há nenhum outro, ou seja, o ser absoluto que abrange todo o ser e que anula todo o ser fora de si."[494] Ser e saber estão, assim, unificados, e o próprio saber dessa unidade aparece então para si mesmo já como a sua separação ou a despedida desta unidade. O saber conhece então absolutamente o que é e como é: ele é a própria unidade absoluta do ser. Mas esta intelecção, de que é unidade absoluta com o ser, ele não a pode justificar, porque nela o saber encontra que se tem de saber necessariamente como diferente do ser. Esta situação teórica – e, espera--se, da própria intelecção do ouvinte –, de simultânea identidade e diferença, não conduz Fichte a uma desistência do projecto de fundamentação última, ou de constituição de um sistema do saber humano, ao menos nos seus princípios, e a um cepticismo definitivo sobre as possibilidades de uma auto-fundamentação do saber. Fichte não entende esta situação, aparentemente contraditória, como uma impossibilidade de fundamentação, mas procura antes de mais expô-la, por meio de uma descrição e aplicação de conceitos. Entende a situação alcançada não como falsa, por ser contraditória ou paradoxal, mas, pelo contrário, aceita a contradição como exposição verdadeira do saber na

---

[493] GA II/7, 108.

[494] "[...] ein sich *nicht begreifendes* Wissen. Mithin wird das sich selbst begreifende durchsichtige Wissen eingesehen als *Eins u. dasselbe*, mit dem Seyn, ausser welchem kein anderes, also mit dem absoluten, alles Seyn umfassenden Seyn, u, alles Seyn ausser sich vernichtenden Seyn" (GA II/7, 114).

sua integral reflexão sobre si mesmo. Esta situação é um facto, uma situação resultante de uma experiência real do pensar. Esta aporia revela-se como conceptualmente produtiva e como resolúvel por um pensar mais aprofundado. O saber, tal como aparece é, na verdade, a resolução da aporia que se encontra na sua base.[495] Vejamos como a aporia é conceptualizada.

a) A primeira forma de conceptualizar esta aporia é a já referida distinção entre essência ou ser e existência. O saber é a existência do absoluto, ou do que poderíamos referir como indiferença entre objectivo e subjectivo, real e ideal. Uma ideia central nesta distinção é que uma essência ou ser em si mesmo imanente, não sujeito a qualquer devir ou alteração, dá-se existência com os predicados opostos, sendo então considerado como "emanente" e sujeito ao devir e ao ser-para-outro. A existência é a mesma essência, posta como sujeita à exposição, posta como fenómeno e exposta ao devir. Trata-se de uma reapresentação do mesmo tópico que, na *Exposição* de 1801/1802 apareceu como a "quantitabilidade" do saber.

b) Entender o saber como existência do ser, ou do absoluto significa, igualmente, entendê-lo como *imagem* deste. A existência é existência *da* essência, o que significa que é ainda a essência mas sob a forma da exterioridade e do aparecer. O saber é, então, a imagem do absoluto. O saber expõe-se não como uma exposição vazia de si mesmo, mas como sendo preenchido pela referência, ou como sendo um reflexo do ser. Ele é referência necessária ao que não é ele mesmo, o próprio ser. O ser surge *no* saber e, mais especificamente, também *como* saber. O saber traz na sua base a unidade entre real e ideal, subjectivo e objectivo, e encontra-se como a exposição da diferença entre estes termos. A função da WL é mostrar que a condição da exposição da diferença entre estes termos é a intelecção da identidade na sua base. A WL poderá ser então uma teoria da imagem como exposição da diferença e unidade entre o subjectivo e o objectivo. A WL mais tardia, a partir de 1810 dará especial atenção ao conceito de imagem.

---

[495] V. o comentário à questão equivalente na segunda vesão de 1804: "il ne s'agit nullement de résorber dans une explication rationelle le caractère non génétique de la projection, mais de comprendre ce caractère non génétique même comme constituant, en tant que tel, le príncipe d'une génese" (J. Ch. Goddard, op.cit., 69).

c) Estrutural ou metodologicamente, a posição alcançada significa que o ponto central de unificação da WL não é directamente alcançável. Alcançá-lo e, de algum modo, referi-lo, é não somente o momento final da ascensão teórica, mas também já um passo no caminho da 'decida' teórica desde a unidade em direcção à divisão imposta pelo saber e pela consciência.

d) Uma fórmula central desta aporia é a já citada "conceptualização do inconceptualizável como inconceptualizável", apresentada por Fichte logo no início da doutrina. Com esta fórmula fica claro tipo de fundamentação para o saber fornecida pelo autor. Há, por um lado, uma conceptualização e, logo, uma fundamentação conceptual do saber, razão por que Fichte afirma que a partir do conceito tudo o resto se pode derivar.[496] Este conceito é a compreensão dos dois termos essenciais do saber que são (i) que o saber só pode expor o absoluto como cindido, e (ii) que a própria exposição do absoluto é a razão dessa cisão, ou que a exposição tem por condição a cisão. Este saber da WL é um conceito reconhecido como necessário, e como uma tomada de consciência inevitável à exposição auto-reflexiva do saber consciente. Assim, a posição fichteana assemelha-se mais a uma fundamentação sem fundacionalismo, ou seja, à apresentação de um saber absoluto e de um fundamento último sob uma forma negativa. O fundamento não é exponível directamente no conceito, mas esta não-exposição directa está absolutamente determinada.

A ideia de Fichte, como se disse, é que esta impossibilidade da exposição não deve conduzir a um abandono do projecto de fundamentação e do sistema do saber humano. A estratégia do autor é antes mostrar como o conceito alcançado serve justamente para melhor apreender a experiência e dar razão da sua necessária incompletude. A existência da experiência como factor necessário do saber é, então, a expressão directa da incompletude do conceito. Demonstra-se, assim, que a característica central da experiência, a de não ser derivável de um conceito a priori, é uma componente necessária do saber. Fichte reencontra mais uma vez, como um tema central, a divisão das faculdades entre conceito e intuição, própria da crítica kantiana.

---

[496] GA II/7, 108.

5. O termo de um desenvolvimento. A auto-exposição do saber

A situação geral que se encontra é, por conseguinte, a de uma unidade somente visada, mas não realizada, ou poder-se-ia dizer, "invisível" na medida, justamente, em que é a condição de toda a visibilidade. Tendo alcançado esta posição, Fichte considera, porém, que é possível ir mais além na promoção da unidade do saber buscada pela filosofia. A reexposição daquilo que está na base desta unidade diferenciada permitirá alcançar o ponto de vista da WL, e será a função das próximas dez Lições, ou seja, da Lição 10 à Lição 20.

A análise deste ponto mais alto parte da detecção quer das insuficiências essenciais encontradas no saber, quer da consideração das contradições e oposições internas nele presentes, tomando em consideração agora que as insuficiências não são da teoria, mas pertencem à essência interna do saber e são o que lhe confere as suas características fácticas. Fichte defende mesmo um tipo de inversão que faz do saber, na medida em que é absoluto, ou "posto simplesmente" por si mesmo, segundo a sua expressão original dos *Fundamentos* de 1794/1795, paradoxalmente, a razão da sua relatividade. A origem das disjunções está em que o saber "é sempre simplesmente *produtor* de si, em si e a partir de si mesmo, e que é justamente neste produzir absoluto interior a partir do nada que reside talvez o fundamento da sua disjunção, bem como da sua unidade."[497]

Assim, com base, na própria essência do saber, "a partir de agora [tudo] depende de decompor em nós mesmos esta génese primitiva nas suas disjunções originárias e, assim, de produzir em nós um tal *diverso* e a sua *conexão*."[498]

Tratar-se-á, então, até à Lição 20, de um processamento dessa facticidade do saber até uma unidade integral com a sua génese, o que se traduz sempre como uma unidade de intuição e inteligir.

---

[497] "[...] immer schlechthin in und von sich selber sich *erzeugend* sey, und daß in dieser innern absoluten Erzeugung eben aus Nichts der Grund seiner Disjunktion, so wie seiner Einheit liegen möge" (GA II/7, 137).

[498] "[...] von nun an kommt es darauf an diese Urgenesis in uns selber in ihre ursprünglichen Disjunktionen zu zerlegen u, so ein *Mannigfaltiges* u. den *Zusammenhang dieses Mannigfaltigen in Uns zu erzeugen*" (GA II/7, 133).

O procedimento seguinte é a exposição da produtividade conceptual e intuitiva da contradição presente na reflexão do saber sobre si mesmo. A aporia ou insuficiência central encontrada foi a necessidade de pressupor um "inteleccionar de um não ver".[499] Esta é "contradição absoluta", ou a "unidade e disjunção em absoluta unidade essencial".[500]

Os vários elementos que vão integrando o desenvolvimento subsequente são os seguintes.

1. Em primeiro lugar, encontra-se a unidade entre a unidade e a sequência, ou seja, a unidade é entendida como condição necessária, e este entendimento próprio é denominado uma "sequência", porque se trata da ligação necessária do saber à sua condição. E vemos então produzir-se a unidade entre a sequência e a unidade, a partir do argumento de que o saber é, também, a ligação entre a unidade e a sua exposição no diverso, e é, então, ligação ou "continuidade" e "sequência" entre os dois. O saber deverá por isso ser uma "fusão da unidade na sequência e inversamente. A unidade é uma sequência e esta é também aquela."[501]

E isto permite mostrar que o carácter contraditório do saber tem, simultaneamente, resultados positivos. Fichte apresenta a título de exemplo o espaço, entendido como ligação entre a sequência e a unidade. "Quem deseja dar uma satisfação à sua fantasia, pode encontrá-la em qualquer representação de um objecto no espaço, uma vez que se irá encontrá-lo, afinal, como a objectividade primitiva desta consciência vazia em si."[502]

2. Na facticidade, a unidade dá-se só problematicamente, como um dever-ser não necessário. Até este ponto central do desenvolvimento, a problematicidade esteve sempre presente como a posição idealista, ou a perspectiva de que todo o saber é dependente do "nós", saber-sujeito, que se colocou sempre como alienado fora do saber-objecto, oscilando entre considerar a

---

[499] "Einsehen eines Nichtsehens" (GA II/7, 128).

[500] "absolute Widerspruch", "Einheit, u. disjungirend selbst in absoluter WesensEinheit" (GA II/7, 130).

[501] "Verschmelzen der Einheit in die Folge, u. umgekehrt. Die Einheit sey Folge, und die Folge selbst sey die Einheit" (GA II/7, 129).

[502] "Wer Erleichterung für seine Phantasie wünscht, der kann sie an jeder Vorstellung einer Objekts im Raume finden, wie denn der Raum zuletzt sich als die ursprüngliche Objektivität dieses leeres Bewußtseyns an sich, ohne alle Realität, finden wird." (GA II/7, 130).

sua perspectiva como objectiva e realista, ou como subjetiva e idealista.[503] Em qualquer caso, se a intuição é pensada como expressão da essência interna do saber, então ela é necessária, mas a dependência de um "se ela deve ser" reintroduz um "soll" e, com ele, a problematicidade.[504] *Se* há uma intuição, então ela é inteligida como necessária.

Este "se há" é uma expressão de problematicidade, que pode ser dita também algo que "deve-ser". Fichte formula a situação do seguinte modo: "se deve haver o saber, então tem de haver uma intuição, e um inteligir dessa intuição". O saber permanece, então ao nível de algo que somente "deve ser" ("Soll"). No "soll" encontra-se a perspectiva subjectiva, uma vez que a tarefa é posta por "nós". Mas a perspectiva oposta também pode reivindicar a sua validade, ou seja, que *nós* somos essa tarefa, dependemos dela ou somos postos, na verdade, por ela.[505] Não é uma tarefa qualquer, mas a que constitui o nosso ser. O dever-ser do saber é condição objectiva de possibilidade do saber. E obtém-se, assim, uma perspectiva objectiva, que refuta a anterior, subjectiva. Mas Fichte não se dá por satisfeito com esta objectividade absoluta, questionando-se por uma nova reflexão, segundo a qual nós, que vimos essa transformação do subjectivo em objectivo, somos então o absoluto.[506] Esta nossa reflexão é a reflexão absoluta.

3. Como se viu, o inteligir absoluto alcançado (Lição 9), pressupôs um "ver invisível",[507] o que significou uma insuficiência[508] e a necessidade de interrogar mais além pela unidade e fundamento do saber. E Fichte reflecte então (Lição 17) sobre essa visão do invisível. Este dito "invisível" foi de facto visto nessa intelecção da insuficiência do fundamento até então apresentado. E a WL corresponde ao inteligir absoluto,[509] onde o ver se torna visível a si

---

[503] Esta problematicidade aparece, por exemplo, sob a forma da "pergunta" que leva à dúvida, à reflexão e, finalmente à indiferença perante o ser ou o não-ser do objecto (cf. GA II/7, 167). Agora, a própria contradição inerente ao saber desenvolve, a partir de si, a problematicidade do saber.

[504] Cf. GA II/7, 141.

[505] Cf. GA II/7, 145.

[506] Cf. GA II/7, 149.

[507] GA II/7, 134.

[508] GA II/7, 138.

[509] GA II/7, Cf. 159.

mesmo. Esta posição é o inteligir da própria WL, que supõe a transparência do ver a si mesmo. Trata-se, ainda, de uma evidência fáctica, que conduz à necessidade da sua "genetização". O que se busca é a própria reflexão absoluta, que não separe sujeito e objecto.[510]

A questão pela reflexão absoluta conduz directamente ao ponto de chegada desta auto-exposição do saber. A reflexão absoluta é a pura génese, que cria o ser a partir do nada.[511] Nela temos o absoluto numa imagem, e somos essa imagem, "representação, imagem, reflexo, exteriorização, substituto."[512] A descoberta essencial no ponto de chegada desta dedução é "que caso a reflexão seja, só pode ser simplesmente a exteriorização do uno absoluto."[513] Se a reflexão é, então é expressão do uno absoluto. A possibilidade desta intelecção é denominada por Fichte como "luz".[514]

Neste ponto, Fichte introduz a referência ao Absoluto como Deus, o que parece confirmar a viragem da WL para um doutrina do Absoluto como transcendente ao saber e, por isso, como dificilmente compatível com a concepção transcendental conforme conhecida das exposições do período de Iena. A luz é a "expressão interior viva do Absoluto existente, ambos em *unidade absoluta*: a sua *existência* e a existência viva do Absoluto, ou seja, Deus; dado que o que vive absolutamente em si, é Deus, e não houve jamais nenhum outro conceito de Deus além deste."[515] Esta é, na verdade, a primeira vez que a figura de Deus desempenha uma função constitutiva na WL. Pode ser estabelecido um contraste com a referência à "consciência de Deus" nos *Fundamentos* de 1794/1795, consciência que é dita como para nós fora de todo o horizonte do pensamento.[516] A "luz" é aqui um limite do pensar, aquém

---

[510] Cf. GA II/7, 162.
[511] Cf. GA II/7, 150.
[512] "Repräsentation, Bild, Wiederschein, Aeusserung, Stellvertretter" (GA II/7, 152).
[513] "[...] daß, falls die Reflexion ist, sie schlechthin nur Aeusserung des Einen absoluten, seyn [kann]" (GA II/7, 175).
[514] Ib.
[515] "[...] innere lebendige Aeusserung des Absoluten existent, beides in *absoluter Einheit*: seine *Existenz*, u. die lebendige Existenz des Absoluten d.h. Gottes, denn das absolut in sich lebendige ist Gott und es hat nie einen andern Begriff von Gott gegeben, als diesen" (GA II/7, 176).
[516] "[...] nur ist für uns der Begriff eines solchen Bewustseyns undenkbar" (GA I/2, 390-391).

do qual se situa sempre a consciência. Este Absoluto continua, nesta versão, como impensável, no sentido de inconceptualizável. A WL assume agora, com efeito, uma formulação teológica, que permanece, no entanto, uma possibilidade inerente à "vida", como "dever ser".

A forma existencial, como modificação do Absoluto, é "justamente o eu"[517]. E assim, "o ponto de vista da WL está suficientemente descrito. É a exposição da luz na forma existencial ou na forma da unidade absolutamente encerrada em si."[518] O ponto de vista da WL situa-se então além do eu ou da consciência. Ele mostra que a base da consciência é a impossibilidade de ver a sua origem. Além da consciência e do eu, Fichte pretende localizar, por fim, como condição primeira de possibilidade, o que denomina "luz". Trata-se de um conceito analítico-sintético capaz de, a partir de si mesmo, gerar tanto a facticidade quando a ligação necessária do inteligir.

Não querem estes traços teológicos dizer que a contingência da reflexão esteja superada, e que a reflexão, por definição finita, seja reflexão necessária, o que faria dela uma consciência divina ou absoluta. Ela mantém o princípio problemático, que é o "deve-ser" ("soll").[519] "O resultado da reflexão é o uno na forma da existência,"[520] onde a existência traz sempre, criticamente, um princípio de facticidade, de a posteriori, de problematicidadde conceptual. Trata-se de uma "necessidade condicionada". Este é o "ponto de unidade" entre o "absoluto substante" e o seu acidente, o saber. Este ponto de unidade é o "soll": se a reflexão "deve" existir, então existe como imagem do absoluto. Não sabemos é se *deve* existir. Note-se que a existência mantém-se sempre como fáctica, ou contingente, acidental, livre génese de si mesma.

---

[517] "eben Ich" (GA II/7, 176)

[518] "Der Standpunkt der WL ist sattsam beschrieben. Er ist das Darstellen des Lichts, in der Existential- oder absolut in sich geschloßnen *Einheits* Form" (GA II/7, 179).

[519] GA II/7, 175. Segundo W. Janke, "a lei moral como fim último não é o princípio supremo. Ela existe como meio para trazer à intuição e fenomenalizar o ser, ou o absoluto, ou Deus" ("das Sittengesetz als Endzweck ist nicht obertes Prinzip. Es ist da als Mittel, um das Sein oder das Absolute und Gott zur Anschauung und zur Erscheinung zu bringen") (W. Janke, op. cit., 240). Embora o "Soll" abranja aqui efectivamente mais do que a simples lei moral, não poderíamos concordar que em Fichte esta possa aparecer jamais como instrumentalizada, como um "meio" para outros fins, ainda que este fim seja a intuição e manifestação do absoluto. A relação meio-fim não é aqui uma categorização adequada.

[520] GA II/7, 175.

A sua acidentalidade é sempre um "dever-ser". Isto significa que a reflexão só se pode assumir como imagem do absoluto, embora não esteja demonstrado que exista necessariamente. Não há resposta ao porquê da sua existência, e a iniciativa de apropriação parte sempre, do saber, ainda que não possa dispensar a intelecção do movimento oposto, do absoluto em direcção ao saber. Também nesta intuição de algum absoluto, deve operar o princípio da Dedução da Representação nos *Fundamentos* de 1794/1795, onde a intuição requer uma sobreposição de duas direcções da actividade, centrípeta e centrífuga.[521]

Fichte vai então explicar-se sobre a "problematicidade que permanece"[522] na forma da "luz". A reflexão é entendida como expressão da autonomia perante qualquer conteúdo dado e, por isso, como expressão de uma génese absoluta. Se a reflexão *é*, ou *existe*, então só o pode ser como expressão do uno absoluto. Este reflectir em si mesmo do pensar como reflexão absoluta, é uma intelecção autónoma da "luz" onde o ser absoluto se expõe. Este é um saber e luz imanente, que não pode ser visto de fora, não é exponível, porque é a exposição pura e simples, e por isso só pode ser "vivida". Trata-se, escreve Fichte, da "exposição da luz em si".[523] Exprime-se como podendo ser ou não ser, mas também como exposição do absoluto, e a "luz" é então simultaneamente ser fáctico e ser absoluto.[524] Este é o ponto de vista da WL. A partir daqui tratar-se-á da passagem, ou da ponte do absoluto para o relativo. Nesta transformação que, para o nosso presente estudo, é a transformação final, a WL torna-se numa teologia crítica e transcendental. Ela remete, em última instância para a facticidade da vida, mostrando que ela *deve* encontrar um fundamento, que a tarefa é necessária, mas que essa fundamentação está sempre no hiato entre o ponto de vista da irremediável limitação e facticidade da consciência real e o ponto de vista de uma fundamentação última. Este último é legítimo, mas, como tarefa, reenvia ao primeiro.

Na primeira versão da Doutrina da Ciência de 1804, partimos, então do saber como consciência que se expõe a si. Assistimos em seguida a um

---

[521] Cf. GA I/2, 371-373.
[522] GA II/7, 175.
[523] GA II/7, 176.
[524] GA II/7, 176.

primeiro momento de avanço, até à necessária problematicidade do saber, ou da facticidade, como condição da sua explicação genética (Lição 10). Num segundo momento, observamos uma elevação até à denominada "luz absoluta", onde o ser e a imagem do saber estão identificados, para o próprio saber, como a sua condição necessária (Lição 19). O terceiro e último momento (até à Lição 30), a que não dedicaremos um estudo pormenorizado por razões de espaço, consiste no estabelecimento da relação entre o ponto de vista da WL e o ponto de vista comum, o que, segundo Fichte, não tinha sido jamais realizado em nenhuma das versões anteriores. Esta explicação parte da descoberta, ou do fazer sublinhar os modos de problematicidade na luz, não a partir de fora, mas como um simples esclarecimento dentro da posição já alcançada. Esta "ponte" entre o ponto de vista da WL e o ponto de vista comum é enquadrado em diversas dualidades, como subjectivo e objectivo, ideal e real, problemático e categórico, existencial e essencial (v. Lição 22), intuição e inteligir, inconceptualizável e conceptualizável (Lição 24). Aquilo que é basicamente necessário para entender esta "ponte" é que o pensamento de uma génese absoluta é auto-anulador (Lição 25). Em 1804/I esta auto-anulação da génese produz "figurações" (Gestaltungen) diferentes da consciência, que se vão identificar como os pontos de vista da natureza, do direito, da ética e da religião. A auto-anulação da génese como dispositivo de produção do real reproduz, afinal, a descoberta do § 5 da primeira exposição de 1794/1795. Aqui, a auto-posição absoluta revelava-se como integrando em si necessariamente o não-eu – não obstante a sua necessária manutenção como auto-posição absoluta. A resolução mantém-se por intermédio de um "dever ser", um "construir" que é também fazer imagem ou representar ("Bilden"). A WL não nos oferece por isso, finalmente, uma resolução última do saber, mas sempre o estar aquém ou já além dessa resolução, ou seja, ou na perspectiva da consciência que ainda se considera alienada do seu objecto, ou da consciência que já se sabe inevitavelmente dele cindida, numa oscilação final. Dá-nos apenas o saber de que é esta condição que permite construir um sistema do saber. O ponto médio das duas séries, dir-se-iam ascendente e descendente, permanece sempre auto-anulador, para todos os efeitos discursivos e explicativos da consciência finita. A WL mostra que é possível a recondução do ponto de vista da vida ao ponto de vista da fundamentação última, mas justamente só como possibilidade. Assim, "uma vez que a WL é condicionada, quanto à sua possibilidade, pela construção da facticidade, assim, (1) na direcção ascendente, a experiência e a vida precedem a WL e ninguém nasceu nela; (2) mas o filósofo, pela possibilidade da sua ciência, permanece também ligado à facticidade e à vida."[525] O salto final da WL 1804/I, que se apoia num saber em si mesmo contraditório e auto-anulador, em direcção à exposição tranquila da "luz" transcendental do saber não oferece mais um conceito no percurso "ascencional", mas faz recordar que a oposição inerente ao saber deve pressupor e visar uma unidade anterior. A WL acaba finalmente por reenviar à mediação necessária da vida e à sua problematicidade inerente, onde permanecemos ainda.

---

[525] "Da die WL in ihrer Möglichkeit bedingt ist durch die Construktion der Faktizität, so geht 1.) in aufsteigender Richtung Erfahrung u Leben der W.L. vorher, u es wird keiner in ihr gebohren 2.) bleibt auch der wirklicher W.Lehrer, durch die Möglichkeit seiner eignen Wissenschaft fortdauernd an Facticität, u Leben gebunden" (GA II/7, 230)

BIBLIOGRAFIA

1.1. Edições de Johann Gottlieb Fichte:

Gesamtausgabe der Bayerischen Akademie der Wissenschaften, Hrsg. von Reihard Lauth & Hans Jacob, Friedrich Frommann, Stuttgart – Bad Cannstatt, 1962-.
Wissenschaftslehre nova methodo, ed. Fuchs, Felix Meiner, Hamburg, 1982.

1.2. Edições de Immanuel Kant:

Gesammelte Schriften, Preussische Akademie der Wissenschaften, Berlin, 1900-.
Kritik der reinen Vernunft, ed. Timmermann, Hamburg, 1998.
Werke, Darmstadt, 1983.

1.3. Edições de Georg Wilhelm Friedrich Hegel:

Werke, ed. Moldenhauer & Michel, Frankfurt a.M., 1970.
Phänomenologie des Geistes, ed. Wessels & Clairmont, Hamburg, 1988.
Wissenschaft der Logik. Die Lehre vom Wesen (1813), ed. Gawoll, Hamburg, 1992.

1.4. Edições de Friedrich Joseph Wilhelm von Schelling

Sämmtliche Werke, ed. K. F. A. Schelling, Stuttgart – Augsburg, 1856-1861.
Ausgewählte Werbe, Darmstadt, 1968.
System des transzendentalen Idealismus, ed. Brandt & Müller, Hamburg, 1992.
Darstellung meines Systems, in *Zeitschrift für speculative Physik*, Band 2, ed. Durner, Hamburg, 2001.
Philosophische Untersuchungen über das Wesen der menschlichen Freiheit, ed. Buchheim, Hamburg, 1997.

2. Traduções:

Essais philosophiques choisis (1794-1795), trad. L. Ferry e A. Renaut, Paris, 1984.

Sobre o Conceito da Doutrina-da-Ciência ou da Assim Chamada Filosofia, in *A Doutrina-da-Ciência de 1794 e Outros Escritos*, trad. R. R. Torres Filho, São Paulo, 1988, pp. 3-33.

A Doutrina-da-Ciência de 1794 e outros Escritos, trad. R. R. Torres Filho, São Paulo, 1988[3].

Primeira e Segunda Introdução à Doutrina da Ciência, trad. F. Portela, in F. Gil, (coord.), *Recepção da Crítica da Razão Pura. Antologia de Escritos (1786-1844)*, Lisboa, 1992, pp. 313-357.

Fundamentos da Doutrina da Ciência Completa, trad. D. Ferrer, Lisboa, 1997.

La Doctrine de la science Nova methodo, trad. I. Radrizzani, Lausanne, 1989.

Doctrine de la science nova methodo, trad. I. Thomas-Fogiel, Paris, 2000.

A Doutrina da Ciência e o Saber Absoluto, in *A Doutrina-da-Ciência de 1794 e Outros Escritos*, trad. R. R. Torres Filho, São Paulo, 1988, pp. 253-293.

The Science of Knowing J. G. Fichte's 1804 Lectures on the Wissenschaftslehre, trad. W. E. Wright, New York, 2005.

F. GIL (Coord.), *Recepção da Crítica da Razão Pura. Antologia de Escritos sobre Kant (1786-1844)*, Fundação Calouste Gulbenkian, Lisboa, 1992.

3. Bibliografia secundária e obras citadas:

P. BAUMANNS, *Fichtes ursprüngliches System. Sein Standort zwischen Kant und Hegel*, Stuttgart, 1972.

B. BOURGEOIS, *L'idéalisme de Fichte*, Paris, 1995.

J. BRACHTENDORF, "Towards a Completion of German Idealism: Fichte's Transition from his *Grundlage der gesammten Wissenschaftslehre* to the *Wissensschaftslehre nova methodo*", in D. Breazeale & T. Rockmore (ed.), *New Essays on Fichte's Later Jena Wissenschaftslehre*, Evanston, 2002.

C. KRONE, *Fichtes Theorie konkreter Subjektivität. Untersuchungen zur "Wissenschaftslehte nova methodo"*, Göttingen, 2005.

A. DENKER, "Fichtes Wissenschaftslehre und die philosophische Anfänge Heideggers", in *Fichte-Studien* 13 (1997), 32-49.

P.-PH. DRUET, *Fichte*, Présentation, choix de textes inédits en français, Paris, 1977.

E. DÍAZ ESTÉVEZ, *El teorema de Gödel*, Universidad de Navarra, 1975.

R. R. TORRES FILHO, *O Espírito e a Letra. A Crítica da Imaginação Pura, em Fichte*, São Paulo, 1975.

D. FERRER, "Self-Reference in Fichte's Late *Wissenschaftslehre*", in E. Balsemão Pires, B. Nonnemacher & S. Büttner-von Stülpnagel (eds.), *Relations of the Self*, Imprensa da Universidade de Coimbra, Coimbra 2010, pp. 141-153.

D. FERRER, "Fenómeno, Reflexão e Absoluto. Para uma Interpretação Não-Metafísica da *Doutrina da Ciência* de Fichte", in AA.VV. Razão e Liberdade. Homenagem a Manuel José do Carmo Ferreira, Centro de Filosofia, Lisboa, 2010, Volume II, pp. 1197-1216.

D. FERRER, "Subjectividade e Método Crítico em Kant", in L. Ribeiro dos Santos (Coord.), *Kant: Posteridade e Actualidade. Colóquio Internacional*, Lisboa, 2007, 193-206.

D. FERRER, "Hegels Fichte-Kritik und die späte Wissenschaftslehre", in *Fichte-Studien* 30 (2006), 173-185.

D. FERRER, "Die pragmatische Argumentation in Fichtes Wissenschaftslehre 1801/1802", in *Fichte-Studien* 20 (2003), pp. 133-144.

D. FERRER, "Über das wahre Subjekt des Denkens. Die Auseinandersetzung zwischen Fichte und Schelling um 1806" (http://www.europhilosophie.eu/recherche/IMG/pdf/6b-Ferrer-Fichte-Schelling_Auseinandersetzung.pdf).

D. FERRER, *Metafísica e Crítica em Fichte. A Doutrina da Ciência de 1805*, (Diss.) Faculdade de Letras de Lisboa, 1992.

F. FISCHBACH, *Fichte et Hegel: la reconnaissance*, Paris, 1999.

F. GIL; V. LÓPEZ-DOMÍNGUEZ; M. L. COUTO SOARES (Coord.), *Fichte: Crença, Imaginação e Temporalidade*, Campo das Letras, Porto, 2003.

J.-CH. GODDARD, *Fichte. L'émancipation philosophique*, Paris, 2003.

J.-CH. GODDARD; A. SCHNELL (dir.), *L'être et le phénomène*, Paris, 2009.

R. GOLDSTEIN, *Incompleteness. The Proof and Paradox of Kurt Gödel*, New York, 2006.

J. GREVE; A. SCHNABEL, *Emergenz. Zur Analyse und Erklärung komplexer Strukturen*, Frankfurt a.M., 2011.

Ph. GROSOS, *Système et subjectivité. Étude sur la signification et l'enjeu du concept de système: Fichte, Hegel, Schelling*, Paris, 1996.

M. GUÉROULT, MARTIAL, *L'évolution et la structure de la Doctrine de la science chez Fichte*, 1930, Hildesheim - Zürich - New York, 1982.

D. HENRICH, *Fichtes ursprüngliche Einsicht*, Frankfurt a. M., 1967.

D. HENRICH, *Between Kant and Hegel. Lectures on German Idealism*, Cambridge Mass., 2003.

W. JANKE, *Fichte. Sein und Reflexion: Die Grundlage der kritischen Vernunft*, Berlin, 1970.

W. JANKE, *Vom Bilde des Absoluten*, Berlin, 1992.

W. JANKE, *Die dreifache Vollendung des Deutschen Idealismus: Schelling, Hegel und Fichtes ungeschriebene Lehren*, Amsterdam - New York, 2009.

Ch. Krijnen, *Philosophie als System. Prinzipientheoretische Untersuchungen zum Systemgedanken bei Hegel, im Neukantismus und in der Gegenwartsphilosophie*, Würzburg, 2008.

R. Lauth,"Genèse du 'Fondement de toute Doctrine de la Science' de Fichte à partir de ses 'Méditations personnelles sur l'Elementarphilosophie'", in *Archives de Philosophie* 34 (1971), 51-79.

R. Lauth, *Hegel critique de la Doctrine de la Science de Fichte*, Paris, 1987.

X. Léon, *Fichte et son temps*, 3. vols., Armand Colin, Paris, 1922, 1924, 1927.

W. Metz, *Kategoriendeduktion und produktive Einbildungskraft in der theoretischen Philosophie Kants und Fichtes*, Stuttgart, 1991.

F. Neuhouser, *Fichte's Theory of Subjectivity*, Cambridge Mass., 1990.

L. Pareyson, *Fichte. Il sistema della libertá*, Milano / Mursia, 1976.

A. Philonenko, *La liberte humaine dans la philosophie de Fichte*, Paris, 1966.

A. Philonenko, *L'oeuvre de Fichte*, Vrin, Paris, 1984.

R. Picardi, *Il concetto e la storia: La filosofia della istoria di Fichte*, Bologna, 2009.

I. Radrizzani, *Vers la fondation de l'intersubjectivité chez Fichte. Des Principes à la Nova methodo*, Vrin, Paris, 1993.

M. Richir, *Le rien et son apparence. Fondements pour une phenomenologie. (Fichte: Doctrine de la Science 1794/1795)*, Ousia, Bruxelles, 1989.

J. Rivera de Rosales, "El método transcendental. Su desarrollo en el Fichte de Jena" in D. Ferrer (coord.), *Método e Métodos do Pensamento Filosófico*, Imprensa da Univesidade de Coimbra, Coimbra, 2007, pp. 79-100.

R. Schäffer, *Johann Gottlieb Fichtes 'Grundlage der gesamten Wissenschaftslehre' von 1794*, WBG, Darmstadt, 2006.

U. Schlosser, *Das Erfassen des Einleuchtens. Fichtes Wissenschaftslehre von 1804*, Berlim, 2001.

A. Schmidt, *Der Grund des Wissens. Fichtes Wissenschaftslehre in den Versionen von 1794/95, 1804/II und 1812*, Paderborn - München et al., 2004.

A. Schnell, *Réflexion et spéculation: L'idéalisme transcendantal chez Fichte et Schelling*, Grenoble, 2009.

U. Schwabe, *Individuelles und transindividuelles Ich. Die Selbstindividuation reiner Subjektivität und Fichtes Wissenschaftslehre. Mit einem durchlaufenden Kommentar zur Wissenschaftslehre nova methodo*, Paderborn - München, 2007.

S. Sedgwick (ed.), *The Reception of Kant's Critical Philosophy. Fichte, Schelling, and Hegel*, Cambridge - New York, 2000.

M. Siemek, *Die Idee des Transzendentalismus bei Fichte und Kant*, Hamburg, 1983.

I. Thomas-Fogiel, *Fichte. Réflexion et argumentation*, Paris, 2004.

S. Turró, *Fichte. De la conciència a l'absolut*, Barcelona, 2011.

R. R. Williams, *Recognition. Fichte and Hegel on the Other*, Albany, 1992.

M. WUNDT, *Fichte-Forschungen,* Stuttgart, 1929.

G. ZÖLLER, *Fichte's Transcendental Philosophy. The Original Duplicity of Intelligence and Will*, Cambridge Mass., 1998.

www.ingramcontent.com/pod-product-compliance
Lightning Source LLC
Chambersburg PA
CBHW070741160426
43192CB00009B/1522